I0892775

EN EL
LIMBO

ESTANISLAO BACHRACH

En el limbo

Aprende a diseñar tus emociones para convertirte en quien siempre quisiste ser

Grijalbo

Papel certificado por el Forest Stewardship Council®

MIXTO
Papel | Apoyando la silvicultura responsable
FSC® C117695

Penguin Random House Grupo Editorial

Primera edición: mayo de 2021
Tercera reimpresión: marzo de 2025

© 2020, Estanislao Bachrach
© 2020, Penguin Random House Grupo Editorial, S.A.
Humberto I, 555, Buenos Aires
© 2021, Penguin Random House Grupo Editorial, S. A. U.
Travessera de Gràcia, 47-49. 08021 Barcelona
© 2020, Max Aguirre, por las ilustraciones del interior

Penguin Random House Grupo Editorial apoya la protección de la propiedad intelectual. La propiedad intelectual estimula la creatividad, defiende la diversidad en el ámbito de las ideas y el conocimiento, promueve la libre expresión y favorece una cultura viva. Gracias por comprar una edición autorizada de este libro y por respetar las leyes de propiedad intelectual al no reproducir ni distribuir ninguna parte de esta obra por ningún medio sin permiso. Al hacerlo está respaldando a los autores y permitiendo que PRHGE continúe publicando libros para todos los lectores. De conformidad con lo dispuesto en el artículo 67.3 del Real Decreto Ley 24/2021, de 2 de noviembre, PRHGE se reserva expresamente los derechos de reproducción y de uso de esta obra y de todos sus elementos mediante medios de lectura mecánica y otros medios adecuados a tal fin. Diríjase a CEDRO (Centro Español de Derechos Reprográficos, http://www.cedro.org) si necesita reproducir algún fragmento de esta obra.
En caso de necesidad, contacte con: seguridadproductos@penguinrandomhouse.com

Printed in Spain – Impreso en España

ISBN: 978-84-253-5972-9
Depósito legal: B-6.657-2021

Compuesto en Pleca Digital, S. L. U.

Impreso en QP Print

GR 5 9 7 2 B

Dedicado a mis maestros emocionales:
Uma y Valentín

Índice

INTERMEDIO

La vuelta al mundo en emociones

SEGUNDA PARTE

Siento, luego existo

Limbo. Del latín *limbus*. Significa «borde», «límite». El término fue acuñado en 1878 por el médico francés Paul Broca, quien describió *le grand lobulo limbique* como una zona ubicada hacia el borde inferior de la glándula pineal. Se utiliza el vocablo «límbico» para referirse a una región del cerebro donde aparentemente se encuentra el centro de comando de tus emociones. Está formado por diferentes áreas, como el tálamo, hipotálamo, amígdala, cuerpo calloso, septo y mesencéfalo.

Diseño. Del italiano *disegno*. Significa «boceto», «bosquejo» o «esquema que se realiza, ya sea mentalmente o en un soporte material, antes de concretar la producción de algo». Es el resultado final de un proceso, cuyo objetivo es buscar una solución idónea a cierta problemática particular, pero tratando en lo posible de ser práctico y a la vez estético en lo que se hace. Es necesaria la aplicación de distintos **métodos y técnicas** para así poder lograr la apariencia más apropiada y emblemática posible.

Emociones. Espero que puedas responderlo tú cuando termines de leer *En el limbo*.

Nota al lector

Quiero acompañarte al *limbus*, al límite, al borde de tu zona de confort. Ese lugar que tal vez aún no conoces pero que es fundamental descubrir para tener mayores posibilidades de llegar a ser tu «yo» más genuino. Estoy seguro de que piensas que «uno es como es», pero eso no es verdad. Tú puedes convertirte en esa persona que siempre quisiste ser pero creías, hasta ahora, imposible. Para ello es necesaria la aplicación de distintos métodos y técnicas que irás encontrando en estas páginas. Al fin y al cabo, definir qué es una emoción no será lo importante, pero sí el camino. Conocerlas —conocerte— y aprender a regularlas marcará la diferencia. ¿Sabes que es posible convertirte en un verdadero diseñador y arquitecto de ti mismo? Te aseguro que puedes lograrlo. Una y otra vez.

El futuro de la humanidad

Voy a proponerte un desafío para que lo pienses durante toda la lectura de *En el limbo*. Imagínate que el presidente del planeta Tierra —imagina que existe uno— se te acerca y te dice: «Hola, aquí te presento a las treinta personas que van a dirigir el destino de la humanidad en los próximos cincuenta años (no interesa quiénes son ni cómo los eligieron). Quiero que te encierres con ellos durante un mes para que los capacites, formes, entrenes y ayudes a que hagan bien su trabajo. Tienes 31 días y todos los recursos financieros, humanos y logísticos que necesites. ¡Mucha suerte!». ¿Qué harías con ellos durante ese mes?

Prólogo

> La mayoría de las parejas están compuestas por dos niños asustados y traumatizados que esperan mutuamente que el otro les sane sus heridas.
>
> KRISHNANANDA

Einstein decía que Dios no juega a los dados con el mundo. Nada es casualidad. Hoy, 2 de septiembre de 2019 y después de tres años de investigaciones, me siento preparado para escribir mi cuarto libro: *En el limbo*. La pregunta central que dispara esta obra es la siguiente: ¿Qué sabe la biología moderna sobre el cerebro y su relación con las emociones?

Nada es casualidad. Te voy a contar una pequeña experiencia personal para que empieces a familiarizarte con la temática de este libro. El 2 de septiembre de 2018, hace exactamente un año, la madre de mis hijos y yo decidimos separarnos. Si hubo momentos en mi vida que me enseñaron, en carne propia, acerca de las emociones y su regulación fueron los doce últimos meses que acabo de vivir. Dicen que **uno enseña lo que tiene que aprender**. Separarse tras doce años de matrimonio y con dos hijos es realmente un desafío emocional. Pero, si uno se da permiso y pone intención, es una gran oportunidad para conocerse mejor. **El modo en que interpretas lo que te está pasando influye de manera directa en cómo te sientes.**

Separarse es un duelo que sobrevuela diferentes etapas y cada una de ellas es un tsunami de emociones. Y si bien no es un duelo por la muerte de un ser querido, expertos en el tema aseguran que la separación de una pareja se vive como una pérdida. En definitiva, es un duelo. En 2009 murió mi padre y en 2016, mi madre, por lo cual me consideraba bastante experto en el arte del duelo y pensaba que estaba mejor preparado para afrontarlo. Tal vez por eso decidí que fuese un momento para abrirme, restaurar y escuchar. Lo que se aproximaba debía ser tomado con curiosidad y aceptación, sin importar lo que sucediese. Claro, todo esto iba a ser posible después de la primera etapa del duelo: **la negación**. El hecho de negar la realidad te permite amortiguar el impacto y aplazar parte del dolor. Esto ayuda a que el cambio de estado de ánimo —emociones sostenidas en el tiempo— no sea tan de golpe y así tu organismo no se vea afectado. Como explica Elisabeth Kübler-Ross, psiquiatra especialista en duelos, la negación puede ser explícita o no explícita, es decir, que, aunque te expreses verbalmente aceptando la información que te expresa la realidad, en la práctica te comportas como si eso fuese una ficción transitoria, un papel que te toca interpretar sin que te lo creas del todo. Sin embargo, esa negación natural e inicial no puede ser sostenida por mucho tiempo, porque te haría daño y chocaría con la realidad. Reconozco ciertas emociones que atravesé en esta etapa: **incomodidad**, **desgana**, **inseguridad**, **desorientación**, **confusión**, **desorganización**, **desesperación**.

Luego llegó la **etapa de la ira**, producto de la **frustración** que genera saber que alguien muy importante para ti ha dejado de quererte; parece que no se puede hacer nada para arreglar o revertir la situación. Separarse es el resultado de una decisión, y por eso en general se buscan culpables. Así, en esta etapa de la crisis lo que domina es la disrupción, el choque de dos —o más— ideas con una carga emocional muy fuerte, hasta el punto de alcanzar estallidos de **ira**. «Es más importante tener razón que ser feliz.» Por eso aparece una fuerte sensación de **enfado** que se proyecta en todas las direcciones, responsabilizando al otro del fracaso de la pareja. Se percibe como **injusto** y la **rabia** puede incluso dirigirse contra personas, animales y objetos que no tienen nada que ver. Otras emociones que atravesé en esta etapa: **irritación**, **tensión**, **nervios**, **enfado**, **molestia**, **indignación**, **rabia**.

La tercera etapa de un duelo es la de **negociación**. En esta etapa intentas crear una suerte de ficción que te permita ver la separación como una posibilidad de que estás en posición de impedir que ocurra. De algún modo, te ofreces a la fantasía de que tienes el control de la situación. Fantaseas con la idea de revertir el proceso y buscas estrategias para hacerlo posible. Por ejemplo, es frecuente intentar negociar cambios en tu estilo de vida. Esta etapa es breve porque tampoco encaja con la realidad y, además, resulta agotador estar pensando todo el tiempo en soluciones. Emociones que atravesé durante esta etapa: **vergüenza**, **ansiedad**, **confianza**, **energía**, **seguridad**. Luego llega la etapa de la **depresión**. No la que es considerada un trastorno mental, sino un conjunto de síntomas similares. **Aquí vuelves al presente con una profunda sensación de vacío**. Aparece una fuerte **tristeza** que no se puede mitigar mediante excusas ni mediante la imaginación y que te lleva, a veces, a entrar en una crisis en todos los aspectos de tu vida. No solo tienes que aprender a aceptar que la otra persona se ha ido, sino que además hay que empezar a vivir una realidad nueva. Es normal que te aísles y te notes más **cansado**, incapaz de pensar que vas a salir de ese estado. Emociones que atravesé durante esta etapa: **tristeza**, **malhumor**, **infelicidad**, **pena**, **disgusto**, **desánimo**, **decepción**. Finalmente, hoy estoy escribiendo este nuevo libro en mi última etapa, la de **aceptación**. Aceptas cuando aprendes a seguir viviendo

FRUSTRACIÓN
NEGACIÓN
IRA
DERRESIÓN
ISTEZA
NEGOCIA

en un mundo donde la pareja ya no está como pareja. En parte, esta fase se da porque la huella del dolor emocional del duelo se va extinguiendo con el tiempo, pero también es necesario reorganizar activamente las ideas que conforman tu nuevo esquema mental. Evolucionas. No diría que es una etapa **feliz**, al menos no al principio, y se caracteriza más bien por la falta de emociones intensas y por el cansancio. Pero poco a poco va volviendo tu capacidad de experimentar **alegría** y **placer**, y a partir de esa situación las cosas suelen volver a la normalidad. A tu nueva normalidad. Emociones que estoy atravesando durante esta etapa: **entusiasmo**, **cansancio**, **satisfacción**.

Puede llevarte toda la vida aprender a manejar tus emociones. Sobre todo si eres, como yo, de los que crecieron pensando que ciertas emociones son malas. Quizá te decían que enfadarte estaba mal, que algunas alegrías eran poco civilizadas o que no estaba bien llorar. Entonces, en lugar de aceptar tus emociones, te enseñaban a empujarlas lejos, reprimirlas. Es verdad: es muy fácil que las emociones te lleven de paseo, pero eso no tiene que intimidarte. Una de las ideas de *En el limbo* es que aprendas a registrarlas sin que te secuestren, que cultives la habilidad de sentir y escuchar desde un lugar lo más neutral posible, aceptando lo que sientes. En lugar de categorizarlas (en este libro verás que lo hago, pero solo con fines prácticos), mirar las emociones como lo hacemos al ver las nubes pasar en el cielo. No juzgamos a las nubes como buenas o malas, solo vemos cómo alguna pasa más rápido que otra, aquella es más grandota y mullida, y otra es larga y finita. Las nubes son solo nubes y las dejamos ser. **Como las nubes, las emociones son transitorias**. Puedes permitir que te atraviesen y usarlas para evolucionar o simplemente dejar que se disuelvan. Dales su espacio. Cuanto mejor las entiendas y aceptes tus pensamientos y comportamientos, mejor ubicadas estarán en un lugar de mayor sabiduría y claridad. No existen las emociones buenas o malas, sí hay algunas más bellas y otras más feas. **Lo bueno no es siempre bello y lo malo no es siempre feo**. O, dicho de otra forma, lo bello que te sucede en la vida no es siempre bueno y lo feo no es siempre malo. Por ejemplo, con respecto a mi duelo, me siento en un momento feo, pero interpreto —con mis pensamientos— que es bueno lo que me está pasando. Creo que cuando se trata de lo que sientes no puede haber «deberías» o «no deberías». Lo que sientes es parte de lo que eres y muchas veces su origen está más allá de tu control. Cuando te convenzas de esto te aseguro que te va a ser fácil tomar decisiones constructivas sobre aquello que debes hacer con esas emociones.

Hace unas semanas tuve la suerte de ser invitado a un almuerzo con Robert Thurman, primer monje budista occidental. En la conversación le pregunté cuál era para él la herramienta o habilidad más importante de nuestra mente para lograr equilibrio y mayor bienestar. Lo pensó unos segundos y me dijo:

—Me llevó cincuenta y dos años darme cuenta de qué es la autocompasión.

A lo cual pregunté:

—Pero ¿la autocompasión no es sentir lástima hacia uno mismo y sentir los dolores propios como más profundos e importantes que los de los demás?

—La autocompasión es ser **amable** con uno mismo cuando uno se siente inadecuado, incompetente, inepto, poco atractivo. Es tomar **perspectiva** y recordar que nuestro sufrimiento es compartido por muchos y, más aún, que la imperfección y el dolor son parte de la experiencia humana. Y es tu capacidad de **observar abiertamente** tus experiencias sin identificarte con ellas. Desde una actitud autocompasiva tomas una perspectiva equilibrada hacia tus emociones, de manera que tu dolor no es negado ni reprimido, pero tampoco te identificas completamente con él. —Esa fue su respuesta.

Y con estas tres características me sumerjo a escribir *En el limbo*. Siendo **amable** conmigo mismo en un momento difícil para poder ser amable con vosotros y compartir mis tres años de investigaciones. Queriendo brindar una **perspectiva desde la biología del cerebro** y sus emociones, recordando que lo que yo siento vosotros lo sentís. Y pidiéndoos que al leer **observéis abiertamente sin creer en lo que estáis leyendo**, sino que os convirtáis en vuestros propios conejillos de Indias y experimentéis a través de la lectura aquello que os provoque curiosidad. Como dice la psicóloga Kristin Neff: «No siempre puedes obtener lo que quieres. No siempre puedes ser la persona que quieres ser. Y cuando niegas o te resistes a esta realidad, el sufrimiento surge en forma de estrés, frustración y autocrítica. Sin embargo, cuando aceptas esta realidad con benevolencia, generas emociones positivas, como la compasión y el cuidado, que te ayudan a enfrentar tu situación». Te invito a leer con el deseo de que te ayude a enfrentar los desafíos de tu vida a través del conocimiento, una de las armas más poderosas que tiene el ser humano. Si estás leyendo este libro, es muy probable que no sea casualidad.

AMABILIDAD
PERSPECTIVA
OBSERVACIÓN

Introducción

Si tu madre te dice que te quiere, verifícalo.

ARNOLD DORNFIELD

Hace menos de un año fui a buscar a mi hijo Valentín, de ocho años, a un cumpleaños. Era viernes a las 19.30. Hora punta, tráfico y mucha gente queriendo salir de la ciudad. Tardé al menos veinte minutos en aparcar en doble fila mientras los conductores de detrás me aturdían con sus bocinas. En el cumple habían jugado al fútbol. Al entrar vi a Valentín con carita de preocupado; claramente había llorado. Le di un gran abrazo, pero me separó empujándome de su cuerpito transpirado. Caminamos en silencio hasta el coche. Lo sentí contener el llanto hasta que cerró la puerta. Mientras trataba de maniobrar en el *cul-de-sac* del campo de fútbol, me empezó a contar lo que había pasado. Debo admitir que lo oía pero no lo escuchaba. Estaba cansado y un poco estresado por el tráfico. Pero al menos me hablaba de lo sucedido. Una copa. Una copa que el cumpleañero le había dado al mejor jugador. Ese era el tema. Valentín argumentaba que se la habían dado porque era el mejor amigo del cumpleañero y no por haber jugado mejor. Decía que se la merecía él. Mi reacción: «Pero ¿qué te importa esa copa, Valen? Lo importante es que lo pasaste bien jugando al fútbol. ¿Qué importa a quién se la dio? Esa copa no significa nada, ¿cómo vas a ponerte mal por eso?». Hubo un silencio durante varias calles. Suspiré. Se había calmado. Había entendido. *¿Había entendido?* Al llegar al garaje de casa y apagar el motor del coche me di la vuelta pensando que se había quedado dormido, pero estaba bien despierto, pensativo. Mirándome fijamente y con una seguridad sorprendente, me dijo con voz suave: «Papá, ¡esa copa era importante para mí!». Bajé rápido y me coloqué junto a él en el asiento de atrás. Lo tomé de las manos y por suerte se dejó. Aunque quizá ya era tarde, al menos tenía que pedirle perdón y tratar de remediar la situación. Le dije que tenía razón, que si era importante para él entonces era importante. Le pedí que me contara todo de nuevo, con lujo de detalles. Me esforcé para no interrumpirlo. Maldita ansiedad. Boceté calma y comprensión en mi cara y cuerpo y nos fuimos relajando, casi hundiéndonos en el asiento. Le pregunté qué otras cosas eran importantes para él y luego él quiso saber de las mías. Nos empezamos a reír porque en algunas coincidíamos y en otras no. Pasarían unos diez minutos. Al subir en el ascensor me miró y volvió a decir: «Papá, ¡esa copa era importante para mí!».

Como demuestra el modo en que reaccioné ante lo que le sucedía a Valentín, se entiende la siguiente conceptualización: *tus acciones y comportamientos son la consecuencia directa de cómo te sientes y, por ende, de tus emociones.* Yo me comporté mal con mi hijo porque me sentía cansado, estresado y agotado previamente. Muchas veces no te das cuenta del daño que puedes estar haciéndote o haciéndole a alguien, incluso a aquellos que más quieres. De niño dependes emocionalmente mucho de tus padres y sin darte cuenta buscas su aprobación, su cariño y su comprensión. Esto hace que por momentos busques tanto fuera que te alejes de tu interior. Así se da un mecanismo por el cual empiezas a desconectar de tu esencia, justo allí, donde reside tu fuente inagotable de cariño. Es normal que esto te lleve a buscar fuera lo que no sientes que tienes dentro. Que puedas dejar de *reaccionar* cuando tú lo decidas —no siempre es malo— pero que puedas empezar a *responder* es uno de los objetivos más apasionantes del viaje que te propongo hacer a través de este libro.

¿Tengo entonces la verdad sobre el mundo de las emociones? No. ¿Quién la tiene? ¿La verdad? ¿Importa tanto? —ya me estoy sintiendo filósofo—. Más allá de si importa o no la verdad, sí podemos afirmar que son siempre tus creencias las que le dicen a tu cerebro qué es verdad y qué es fantasía, o sea, qué es verdad **para ti**. Eso que crees. Después de tres años de investigar sobre las emociones, en artículos científicos, entrevistas, incluso a través de mi propia mente y cuerpo, no creo haber llegado a ninguna definición científica de lo que es una emoción. No encontré ningún autor que la defina con evidencia científica y diga: «Una emoción es esto y no se discute». Sin embargo, me queda claro, y a la comunidad científica también, que **sin emociones no podrías tomar decisiones**. Y que cuanto más las conozcas y aprendas a regularlas, mejores decisiones vas a tomar para tu vida. Así es, si bien las diferentes ramas de la biología y otras disciplinas asociadas (y no tanto) no se ponen de acuerdo acerca de la naturaleza exacta de las emociones, sí coinciden en su importancia vital tanto para sobrevivir como especie cuanto para tu bienestar. A pesar de que este mundo límbico es responsable del 95 % de las decisiones que tomas, la educación formal no nos enseña nada acerca de él. Tus padres, por lo general, tampoco son grandes maestros cuando de este terreno se trata. Porque además, como veremos, es muy difícil enseñar algo que tú mismo no conoces sobre ti. Recuerdo que mis padres me decían que estar triste estaba mal. ¿A ti también te pasó? Para las maestras de mi escuela era lo mismo estar enfadado, frustrado o decepcionado.

Te propongo lo que estuve haciendo para mí durante los últimos años. Número uno: bajar las expectativas sobre las verdades de la ciencia (esta creencia de «si es ciencia, funciona; si estudió en Harvard, debe saber mucho; hay experimentos que lo demuestran»). Número dos: no uses los datos, ejercicios, métodos e historias de este libro para autoconvencerte de algo. Al revés, abre todo lo posible tu mente para hacer frente a tus creencias, presunciones, mitos, verdades reveladas y fórmulas mágicas. Sé que es muy difícil, pero vale la pena. Número tres: está en ti el encontrar el tesoro entre estas páginas. Pero lo más importante es que, si lo encuentras, sepas cuidarlo y hacerlo tuyo. La idea es que te sirva de camino, de herramienta, de espacio y aire, de puente para ir construyendo una mejor versión de ti mismo. Para que entiendas que solo tú tienes la llave para ser feliz. Para que sepas y tengas el coraje de enfrentar los momentos de tensión de tu vida; quizá con miedo, está bien, pero con la mayor calma posible. Para que te arrepientas menos de las decisiones que vas tomando y sobre todo para eso que siempre nos dicen pero hacemos poco: aprender de tus errores y de los demás para ser mejores personas, profesionales, vecinos, colegas, hijos, abuelos o padres.

Espero que te des cuenta de que aceptar de forma radical tus emociones es la puerta a la auténtica felicidad. Que la exactitud en las palabras que uses para describir lo que sientes es esencial. Que tus talentos e inteligencias pueden ser desarrollados a lo largo de toda tu vida y que para ello el esfuerzo es central. Que dejes de considerar el éxito de los demás como una amenaza y que lo tomes como oportunidades para aprender. Que dejes de negar u omitir una emoción y que te preguntes qué es lo que esa emoción está tratando de decirte. Que las uses como datos o señales de que algo allí te importa mucho. **Que sepas que tú eres el dueño de tus emociones y que ellas no son tu dueño. Tú puedes diseñarlas y así diseñar tu propia vida.**

Ruut Veenhoven es el director de la base de datos mundial de la felicidad y la define así: «Es cuánto te gusta la vida que llevas».

Y a ti, ¿cuánto te gusta la vida que llevas?

PRIMERA PARTE

La fórmula de tus emociones

EJERCICIO. Antes de empezar

Cataloga del 1 al 10 cómo te sientes en las siguientes dimensiones:

- Estado de humor general:
- Cómo te sientes en relación con...
  - la familia: ....
  - los amigos: ....
  - la vida social: ....
  - las relaciones amorosas: ....
  - el trabajo: ....
  - los recursos económicos: ....
  - los estudios: ....
  - la alimentación: ....
  - el contacto con la naturaleza: ....
  - el ejercicio físico: ....
  - la salud general: ....
  - la creatividad: ....
  - el ocio: ....
  - el empleo del tiempo: ....
  - el sentido de propósito: ....
  - tu pasado: ....
  - tu presente: ....
  - tu futuro: ....

Estás a punto de leer un libro sobre emociones y autoconocimiento. Por favor, completa las siguientes frases para aprovechar al máximo y personalizar el aprendizaje que vas a transitar.

1. Describe en dos o tres frases la situación o situaciones que te motivan a querer leer este libro o mejorar tu comprensión sobre las emociones.

....

....

....

2. Completa la frase: *Quiero y estoy tratando de aprender...*

....

3. Completa la frase: *Porque quiero descubrir...*

....

4. Completa la frase: *Para poder ayudar / ayudarme...*

....

1

«La» inteligencia

IE *PHONE HOME*

Esta es una definición muy sencilla de **inteligencia emocional** (IE): **es tu habilidad para percibir, comprender, gestionar y utilizar tus emociones de manera efectiva**. Este modo de definir la inteligencia emocional a nivel científico es, podríamos decir, bastante nuevo. Fue elaborado inicialmente en 1990 por los doctores John Mayer y Peter Salovey, quienes decían que la inteligencia emocional era «la habilidad para regular las emociones y los sentimientos para luego usarlos para guiar nuestros comportamientos». Sin embargo, mucho antes, en 1964, fue Michael Beldoch quien investigó y definió académicamente por primera vez el concepto de inteligencia emocional. Como todas las otras inteligencias descritas, el **coeficiente** de inteligencia emocional (EQ) también varía entre las personas. La mayoría tiene muy poca idea de cómo distinguir las emociones y explorar el poder que tienen en tu mente y cuerpo, en tu vida. Ser más fluido en el idioma de las emociones puede ayudarte a sobrevivir mejor a tu relación de pareja, en tu trabajo, y para tener una relación más sana con los demás. Muchos estudios llevados a cabo durante años muestran una y otra vez que mejorar tu EQ empodera tu mente, ayudándote a gozar de una vida más feliz. La inteligencia emocional, en la vida real, sería definida como **el**

modo en que llevas, gestionas y expresas tus emociones, sentimientos y estados de ánimo de la manera más eficiente. Si eres una persona equilibrada, empática y sociable, muy probablemente seas más consciente de tus emociones que una persona desmotivada y poco empática. En los medios de prensa y en el público en general la inteligencia emocional se puso más de moda gracias al gran trabajo realizado en 1995 por Daniel Goleman, que describió las siguientes cualidades o características presentes en las personas emocionalmente inteligentes:

- Habilidad para reconocer sus propias emociones.
- Habilidad para relacionarse con las emociones de los demás.
- Habilidad para escuchar a los otros sin juzgarlos.
- Habilidad para participar activamente de la comunicación interpersonal, comprendiendo las señales no verbales del comportamiento.
- Habilidad para gestionar los pensamientos y sentimientos propios.
- Habilidad para manejar y expresar las emociones de una manera socialmente aceptada.
- Habilidad para recibir críticas de manera positiva y ser capaz de beneficiarse de ellas.
- Habilidad para poder perdonar, olvidar y moverse en la vida de manera racional.

Un proverbio que me gusta mucho dice: «La inteligencia emocional es la habilidad para crear un equilibrio entre saber lo que no sabes y lo que sabes que puede ser mejorado».

Si el IQ (coeficiente de inteligencia racional) representa cuán ingenioso eres para analizar y comprender las cosas de manera lógica, el EQ sería cuán ingenioso eres para adaptarte a la realidad y sobrevivir en armonía con los demás. Salovey y Mayer, y más tarde Goleman, identificaron cuatro factores en los cuales puedes trabajar para mejorar tu inteligencia emocional: 1) **tu autoconocimiento**, 2) **el manejar tus emociones**, 3) **el comprender las emociones de los demás** y 4) **tus habilidades sociales**. De estos cuatro factores se desprenden los dominios de la inteligencia emocional.

Emociones variables

El científico británico J. B. S. Haldane decía que cuando aparecen nuevas ideas en el mundo de la ciencia lo primero que se escucha de los colegas es que «lo que dicen no tiene sentido»; luego, con el tiempo, se convierte en «esto es raro pero interesante», para seguir con «esto es verdad, ¿y qué?», y finalmente terminar con un rotundo «siempre dije que esto era así». ¿Será igual en el mundo de las emociones? Cada vez existe mayor evidencia científica que demuestra que nos hallamos ante un cambio de paradigma en cuanto a la comprensión de qué son las emociones. Desde el abordaje de las emociones primarias de Paul Ekman en los años setenta hasta la nueva teoría construccionista de Lisa Feldman Barrett, unos años atrás, ha pasado mucha agua bajo el puente.

Podríamos afirmar que estamos frente a una revolución respecto de la comprensión de las emociones, pero también de la mente y el cerebro en general. Esto es clave: **tu mente son tus pensamientos y emociones. Tu mente es tu cerebro en acción**. Es decir, es tu cerebro el que te permite pensar y sentir.

Esta revolución obliga a repensar nuestras actitudes sobre las enfermedades mentales y físicas, nuestra comprensión sobre las relaciones personales y nuestros enfoques acerca de cómo educar a los niños y en último lugar, pero no menos importante, nuestra mirada sobre nosotros mismos, con independencia de la edad que tengas.

En el mundo de hoy existe una notable falta de ayuda y motivación en la educación, familias y ambientes sociales para la **comunicación, expresión y comprensión de las experiencias emocionales** que vives a diario. Las escuelas, en su mayoría, se focalizan en los logros académicos para sobrevivir en esta sociedad tecnológica, lo cual te deja con menos posibilidades de un desarrollo emocional. Te propone conceptos externos a tu vida en lugar de **focalizarte en tu realidad interna**, tu mundo de pensamientos y emociones. En *En el limbo* me focalizaré en que te motives a llevar tu atención y curiosidad a esta, tu realidad interna. El precio por no conocer y/o gestionar mal tus emociones es muy alto y evidente. Si no te tomas un tiempo para explorar, sentir y pensar acerca de las experiencias emocionales clave que fueron dándole forma a tu vida, para bien y para mal, tu mochila emocional puede dañar tu calidad de vida y provocarte, incluso, malestares físicos y mentales. Sin un tiempo para pensar cómo estás llevando tu vida adelante y qué podrías y querrías cambiar, es muy probable que quedes atrapado en un formato de sensaciones, emociones y pensamientos que no contribuyen a tu bienestar ni la toma de buenas decisiones.

Charles Darwin observó que las especies no son un tipo de ser con una serie fija de atributos, sino una población de individuos ricos en su variedad. De manera análoga, palabras como «ira», «alegría» o «miedo» nombran una población de diversos estados biológicos que dependen mucho del contexto. Si estás enfadado con tu madre, a veces tu corazón irá más rápido, otras decrecerá su ritmo cardíaco y otras quedará sin cambios. Fruncirás el ceño o quizá sonreirás. Te quedarás en silencio o gritarás. **La variación es la norma. Y con las emociones también.** Es importante destacar que estos descubrimientos científicos no solo quedan como simples conceptos nuevos en el ámbito académico. Cuando un oficial de seguridad aeroportuaria está entrenado y tiene confianza en asunciones como que, por ejemplo, las expresiones faciales y los movimientos del cuerpo son indicadores nobles de los sentimientos y las emociones de las personas, el dinero de los contribuyentes que pagamos impuestos para entrenar a ese oficial está siendo malgastado. Cuando la comunidad médica se pregunta cuál es la relación entre la ira y el cáncer está asumiendo que la ira causa o dispara solo una cosa en el cuerpo, y eso es un error.

La facilidad con la cual sientes emociones y el poco o nulo esfuerzo que haces para asumir las emociones en los demás **no significa que cada emoción tenga un patrón distintivo, o huella, en la cara, cuerpo o tu propio cerebro.** Cientos de experimentos y artículos científicos demuestran esto último. En lugar de preguntarse dónde están las emociones o qué patrones corporales las definen, hoy la ciencia moderna basa sus experimentos en entender cómo tu cerebro, con tu ayuda, construye estas experiencias increíbles.

Mi propuesta es que aprendas *todo* —al menos lo que yo sé— sobre el mundo de las emociones y los más novedosos hallazgos del mundo científico (y a veces no tan científicos). Los ejercicios ayudarán a que te conozcas mejor a ti y a tus sensaciones internas y percepciones externas; mejorarás tu vocabulario emocional; gestionarás de forma más eficiente lo que sientes en función del contexto o situación y conocerás con más profundidad a los demás. Todo esto hará que todas tus relaciones interpersonales se vean beneficiadas y que te arrepientas menos de las decisiones que tomas en tu vida personal y profesional.

Hace más de diez años que trabajo motivando a la gente a conocer primero y fortalecer luego su inteligencia emocional, y no me canso de escuchar que lo que más experimentan cuando lo logran es arrepentirse menos de las decisiones que toman. Es decir, a mayor inteligencia emocional, menor arrepentimiento de las decisiones que tomaste en tu vida. Por otra parte, mi experiencia —y la de otros consultores internacionales— indica que aproximadamente solo el 20 % de las personas que leerán este libro experimentará, utilizando las herramientas que comparto, un **crecimiento personal y profesional**. Yo mismo he sido mi primer conejillo de Indias durante estos últimos tres años y el grado de avance en la comprensión de quién soy, cuál es mi propósito, qué quiero, pero sobre todo qué no quiero seguir repitiendo en mi vida ha sido verdaderamente alucinante. Hoy puedo decir con mucha honestidad y humildad que soy mejor persona, mejor padre y mejor profesional que unos años atrás. Pero, sobre todo, que siento un mayor bienestar en mi vida.

La fórmula de las emociones

Fue en alguna noche de octubre de 2017. Me acosté en la cama de abajo del cuarto de mi hijo Valentín. Me disponía a contarle un cuento antes de dormir cuando mi mente hizo un rápido cálculo matemático. Mil quinientos: el número aproximado de cuentos que había inventado desde su nacimiento para ese momento tan especial del día, la noche. Seguro que él tenía sus preferidos: el del dragón bebé marrón y naranja fosforito que se pierde; la mariposa y la libélula que querían conocer el mar; el castor que enseña a nadar a otros animales del bosque; el extraterrestre que llega al patio del colegio; el niño que se convertía en minisuperhéroe y golpeaba la puerta de la casa del Hombre Araña, y alguno más. Cuanto más cansado me encontraba, más repetía un cuento y menos creatividad tenía. Iba a comenzar a improvisar una historia cuando Valen me dijo con una vocecita quebrada:

—Fue un año difícil para mí, papá.

—Cuéntame, ¿qué pasó este último año que fue tan difícil para ti? —le susurré para que en el cuarto de al lado su hermana mayor, Uma, no escuchara nuestra conversación.

—Primero, los dos puntos que me dieron en la cabeza. En realidad no me caí del tobogán, me golpeé con las hamacas —me dijo, desvelando el secreto que tenía guardado hacía ya un tiempo.

—¿Qué más?

—El hospital, la operación de la pelotita en el cuello. Me acuerdo mucho de que cuando volvimos a casa lloraste de alegría. No sabía que se podía llorar de alegría.

¿Cuándo fue la última vez que lloraste de alegría? ¿Eres de contener las lágrimas cuando quieres llorar de alegría por miedo o vergüenza de lo que otros digan o piensen?

En efecto, en febrero de 2017 le habían extraído un pequeñísimo quiste —la pelotita— que estaba pegadito a su tiroides, lo cual, además de un gran susto, requirió de cirugía con anestesia total y treinta horas de estar ingresado. Aunque todo salió bien y Valentín ya estaba recuperado al cien por cien, hoy, después de ocho meses, quería hablar de lo duro que había resultado para él.

—Sí, es verdad, pero fuiste supervaliente y estás muy bien. Ya se terminó eso —le dije con tono seguro y firme.

—No fui valiente, papá, tuve miedo.

—Pero, hijo, ser valiente también es sentir miedo. Ser valiente es que a pesar de sentir miedo puedas enfrentar los desafíos y las cosas que te van sucediendo en la vida —le dije, haciéndome el maestro zen de Kung Fu Panda—. ¿Quieres contarme algo más de esa pelotita que te sacaron o de lo duro que fue el año?

—Sí, fue duro además porque hoy me picó un mosquito en el brazo y me pusieron «calalil». —Se refería al Caladryl, medicación tópica para la picazón (esto no es una publicidad encubierta...). Me reí a carcajadas, pero hacia dentro, sin sonido y con un toque de emoción.

Le acaricié la frente y seguí con el cuento de los caballeros de colores que primero pelean con el dragón y luego se hacen amigos. Justo antes de dormirse, ya con su voz más cerca del sueño que de la vigilia, me preguntó:

—¿Es verdad que uno puede morirse de risa?

¿Puedes hablar de lo que sientes con tus padres, pareja o amigos con total libertad?

Es increíble cómo ser padre te hace visitar diversos estados emocionales y a veces cambiando de uno a otro en un segundo. Desde la calma pura a la agitación y nervios de punta. Desde la energía renovada por sus gestos y preguntas hasta el cansancio total por sus berrinches o jornadas de triple turno. Desde el placer total de su olor hasta el desagrado por enterarte de que alguien lo hizo llorar.

Para la biología moderna del cerebro las emociones dependen de tres elementos, a la definición de estos elementos la llamaré *fórmula de las emociones*. Elemento 1: la **interocepción, que es la combinación de la intensidad del placer** que estás sintiendo en un momento determinado (para que lo entiendas bien: puede ser de total displacer a placer alto) **y la intensidad de energía** (energía negativa hasta altos niveles de energía). La **interocepción** se produce gracias a áreas específicas del cerebro denominadas interoceptivas. Ellas reciben información e interpretan lo que sucede segundo a segundo en tu cuerpo. Como resultado de esa interpretación, se traducen tus estados de energía —baja/alta— y de placer —bajo/alto— del momento.

Elemento 2: tus **experiencias pasadas**, todo aquello que te sucedió en la vida, si es de características similares a lo que estás viviendo, impactará de un modo determinado en lo que te está ocurriendo en este momento. Esto se debe a que tus experiencias pasadas influyen en tu forma de interpretar y dar sentido y significado —con tus pensamientos— a las circunstancias y hechos que ocurren en tu vida hoy.

Elemento 3: el **contexto** donde estás atravesando esta situación particular marcará una diferencia a la hora de sentir, ya que las mismas situaciones con las mismas interpretaciones, pero en diferentes contextos, pueden cambiar —o no— tu estado emocional del momento.

Emociones = Interocepción (intensidad de tu sensación de placer y de energía) + Experiencias pasadas + Contexto

---

Esta fórmula deriva de lo que se conoce como el nuevo abordaje para explicar las emociones: **la teoría construccionista de las emociones**. Esta surge de nuevas evidencias neurocientíficas del funcionamiento de tu cerebro y su capacidad de interpretar lo que sucede en tu cuerpo segundo a segundo. ¡Ampliaremos!

No lo digo yo

Sin duda son las emociones las que hacen que vivir valga la pena. Todos atravesamos diversos estados emocionales a lo largo de la vida: extremos, suaves o más neutros. No solo no los puedes evitar, sino que son actores y actrices principales a la hora de tomar decisiones, para bien y para mal.

Pero ¿es importante para todos, en igual medida, conocer sus emociones? Hace unos años, en la Escuela Darden de Negocios de la Universidad de Virginia, Estados Unidos, fui a la conferencia de Michael Gelb —experto y fanático de Leonardo da Vinci y Thomas Edison—. Allí Gelb hablaba sobre un estudio que se había hecho a unos mil líderes globales. La mayoría provenía del mundo de los negocios, pero también los había espirituales, políticos y sociales. En dicho estudio se les formulaban cincuenta preguntas muy variadas. Fue la respuesta a una de ellas lo que llamó mucho la atención de los investigadores: *todos aquellos líderes habían contestado lo mismo*. En esa pregunta se les pedía que, según su criterio y su vasta experiencia en manejar organizaciones y personas, recomendasen cuál de todas las inteligencias hoy categorizadas era más importante desarrollar y mejorar para convertirse en un buen líder. ¿Cuál era aquella inteligencia que no podía faltar, la que más había que trabajar a lo largo de los años?

Antes de contarte lo que respondieron, te recuerdo la teoría de las múltiples inteligencias. **1) Inteligencia lingüística**: es la capacidad de dominar el lenguaje y poder comunicarte con los demás. No solo hace referencia a la habilidad para la comunicación oral, sino a otras formas, como la escritura, la gestualidad, etc. **2) Inteligencia lógico-matemática**: es la capacidad para el razonamiento lógico y la resolución de problemas matemáticos. La rapidez para hacerlo es el indicador que determina cuánta inteligencia lógico-matemática tienes. 3) **Inteligencia espacial**: también conocida como inteligencia visual-espacial, es la habilidad que te permite observar el mundo y los objetos desde diferentes perspectivas y, por lo tanto, idear imágenes mentales, dibujar, detectar detalles, además de desarrollar un sentido personal por la estética. 4) **Inteligencia musical**: la música es un arte universal; todas las culturas tienen algún tipo de música, más o menos elaborada. De manera que existe una inteligencia musical latente en todas las personas. Algunas zonas del cerebro ejecutan funciones vinculadas con la interpretación y la composición de música. 5) **Inteligencia corporal y cinestésica**: es la habilidad para usar herramientas. Por otra parte, tienes capacidades más intuitivas, como el uso de la inteligencia corporal para expresar sentimientos mediante tu cuerpo. 6) **Inteligencia intrapersonal**: es aquella que te permite comprender y gobernar tu ámbito interno en lo que se refiere a la regulación de las emociones y del foco atencional. Se vincula con tu capacidad para acceder a tus sentimientos y emociones y reflexionar sobre ellos. Esta inteligencia también te permite ahondar en tu introspección y entender las razones por las cuales eres de la manera que eres. Además, te permite distanciarte de una situación para desdramatizar eventos con un impacto emocional negativo y saber identificar tus propios sesgos de pensamiento. Esta inteligencia constituye una herramienta muy útil tanto para mantener un buen nivel de bienestar como para que rindas mejor en diferentes aspectos de tu vida. O sea, es la inteligencia que te propongo que fortalezcas en *En el limbo.* 7) **Inteligencia interpersonal**: consiste en poder advertir cosas de las otras personas más allá de lo que tus sentidos logran captar. Se trata de una inteligencia que permite interpretar palabras, gestos u objetivos de cada discurso. Evalúa la capacidad que tienes para empatizar con los demás. Es muy valiosa para quienes trabajan con grupos numerosos. Tu habilidad para detectar y entender las circunstancias y los problemas de las personas resulta más sencilla si posees, y desarrollas, tu inteligencia interpersonal. ¡También la trabajaremos! **8) Inteligencia naturalista**: te permite detectar, diferenciar y categorizar los aspectos vinculados al entorno, por ejemplo, las especies animales y vegetales o los fenómenos relacionados con el clima, la geografía y la naturaleza en general. Es un tipo de inteligencia esencial para la supervivencia del ser humano o cualquier otra especie y que ha redundado en la evolución. **9) Inteligencia existencial**: mientras algunas personas viven sin dedicar mucho tiempo al sentido de las cosas, las personas con alta inteligencia existencial tienden a meditar sobre su existencia. Esta clase de pensamientos pueden incluir el sentido de la vida y la muerte. La búsqueda de sentido, el autoconocimiento, una escala propia de valores morales, el placer por lo estético y el sentido del misterio son algunas de las manifestaciones de este tipo de inteligencia. **10) Inteligencia creativa**: engloba la habilidad para producir muchas ideas —fluidez—, para ver y abordar las situaciones de formas diferentes —flexibilidad— y para fabricar respuestas poco habituales o novedosas —originalidad—. **11) Inteligencia colaborativa**: es la capacidad de elegir la mejor opción para alcanzar un determinado objetivo trabajando en conjunto.

¡Todas estas inteligencias pueden entrenarse y perfeccionarse!

Los mil líderes consultados respondieron: *inteligencia intrapersonal*. Esta es ni más ni menos que la inteligencia emocional. Abarca al menos dos conceptos básicos y fundamentales en cualquiera de las cuatro líneas de investigación sobre inteligencia emocional que estudies —Mayer-Salovey, Goleman, Bar-On o Frederickson—: 1) **el autoconocimiento** (saber cómo te sientes y por qué te sientes así) y 2) **la regulación emocional** (poder manejar las emociones estresantes para focalizarte en tus objetivos y elegir conscientemente tus respuestas a las personas y situaciones).

Son datos

Tanto si quieres ser un líder o simplemente una mejor persona o profesional, es clave conocer, entender y regular las emociones para tu bienestar y eficiencia. Sin embargo, en los primeros años de vida aprendes poco sobre ellas. Esa etapa es fundamental, pues luego influye mucho en cómo eres de adulto. Es sorprendente lo poco que te enseñan sobre las emociones. Algunos padres y maestros lo intentan, aunque ni siquiera ellos conocen sus propias emociones y mucho menos las regulan. Probablemente nunca recibieron formación en habilidades de inteligencia emocional. Es decir, tus tutores han contribuido a que tú les des forma a tus respuestas emocionales y te han enseñado *cómo ser*, haciendo lo que pudieron, pero sin un mapa del camino. Al no tener las habilidades necesarias para enfrentarte a tormentas emocionales y al carecer de apoyo familiar, quizá has desarrollado la creencia de que lo mejor es suprimir o reprimir las emociones. O eres de los que, en el esfuerzo de encontrar un camino, desarrollaron una filosofía opuesta: ser siempre espontáneos. O de los que al final aprenden a no confiar en las emociones de los demás, lo cual te lleva a no confiar en tus propias señales emocionales. Preferís no tener ninguna emoción. Sin embargo, todos somos altamente emocionales. A pesar de tu mejor esfuerzo para controlar tus estados emocionales, tu emotividad surge en cuanto puede, para dar lugar a esperanzas, temores, deseos y miedos. Ser humano significa vivir emocionalmente, experimentar cambios y oscilaciones de estados de ánimo y sentimientos en respuesta a la vida cotidiana, pero también disfrutar de períodos de estabilidad agradable y tranquila, llena de curiosidad, interés y ganas de vivir. La razón para que seas emocional es que las emociones son parte de tu inteligencia total. Tus emociones amplían claramente tu inteligencia. El miedo te dice que estás en peligro; la tristeza, que has perdido algo importante, y la alegría, que has alcanzado un objetivo. **Tus emociones te aportan información sobre tu bienestar. Son datos, no direcciones**. Te dicen si estás satisfaciendo o frustrando tus necesidades y objetivos. Guían tus decisiones, reduciendo las alternativas que considerar. Combinadas con la razón, te hacen más eficaz en entornos siempre cambiantes. Te ayudan a adaptarte al mundo y resolver sus problemas. Es decir, te ayudan a conducir tu vida.

En el limbo es un libro para ti si es que estás interesado en aprender cómo utilizar tus emociones en beneficio propio y de los que te rodean, una suerte de guía interna. Sin embargo, es muy importante resaltar que no será de gran aporte —incluso diría que es un tanto peligroso— si estás viviendo momentos de malestar muy intensos o una profunda crisis. Si te hallas deprimido, con una elevada y sostenida ansiedad o con muy bajo nivel de energía, lo mejor es buscar ayuda en otra persona: en un terapeuta, algún grupo de apoyo o un profesional de la salud. Aprender a utilizar tus emociones es una tarea compleja y sutil, por lo que si ahora te sientes desbordado o con mucho malestar quizá no sea el momento. Además, los conceptos, las herramientas y las habilidades que te propongo no reemplazan el apoyo y el equilibrio que los demás aportan a tu vida, sino que se suman y complementan.

Ahora, antes de entrar de lleno en tus emociones, te invito a un viaje por el órgano más mencionado en los últimos diez años, aquel que te permite sentir: tu cerebro.

EJERCICIO. Sobre mí

Tómate todo el tiempo que necesites para escribir acerca de ti. Durante tu infancia, ¿cuáles eran tus juguetes favoritos? ¿Tenías libros preferidos? ¿Cuáles eran tus juegos predilectos? ¿Juegas a alguno de esos juegos todavía? ¿Por qué? ¿Por qué no? Recuerda unas vacaciones inolvidables en familia. ¿Quiénes eran tus mejores amigos y tus relaciones más cercanas? ¿Quién es hoy tu mejor amigo? ¿Y tu tradición favorita? ¿Algún regalo que hayas recibido en tu vida te ha marcado o gustado muchísimo? ¿Recuerdas algún día memorable de tu vida o tu mejor celebración de cumpleaños? ¿Coleccionas algo o conservas algún objeto que tiene un valor sentimental? Haz una lista de tus diez palabras favoritas. ¿Cuál es tu comida predilecta? ¿Qué cosas piensas que son muy bellas? ¿Tu lugar o lugares preferidos del mundo? ¿Qué sitio sueñas visitar algún día? ¿Quién es tu mejor compañero de viajes? ¿Y el lugar más cómodo de tu casa actual? ¿Algo que quieres que te suceda lo más rápido posible? ¿Qué disfrutas haciendo para ti en un día cualquiera? ¿Existe algo de lo que nunca te cansas? ¿Una sensación que disfrutas mucho? ¿Qué pequeñas cosas hacen que tu día sea mejor? ¿Hay alguna cosa que te gustaría recordar hoy, en este momento? ¿Qué te hace sentir sano? ¿Cómo te recompensas a ti mismo? ¿Algún reconocimiento, piropo, cumplido que hayas recibido? ¿Qué historia te hace reír siempre? ¿Qué te hace brillar en el día? ¿Alguna pequeña victoria que hayas tenido? ¿Qué cosas puedes hacer bien con tus manos? ¿Algo que no esperabas que te gustara y te gustó? ¿Alguien que te inspire confianza y alguien que refuerce tu confianza en ti mismo? ¿Alguien que te hace reír y alguien a quien admiras? ¿Algún consejo muy importante que alguien te dio? ¿Hay algo que hayas aprendido sobre ti mismo contestando estas preguntas?

....

....

EJERCICIO. ¿Puedes medir tu EQ?

Durante años, eminentes científicos desarrollaron diferentes formas de medir el EQ. La mayoría de estos test son autoadministrables y otros, más estructurados, necesitan de una evaluación profesional.

Para hacer el test de Mayer-Salovey puedes ir a www.eiconsortium.org/measures/msceit.html. Para el de Goleman ve a www.eiconsortium.org/measures/eqi.html.

Otro test es el conocido como «la escala de Genos» y es muy utilizado en ambientes laborales: www.eiconsortium.org/measures/genos.html.

También existe «la escala de Wong»: www.eiconsortium.org/measures/weis.html.

Ahora bien, las emociones son subjetivas y surgen de experiencias personales que nunca son iguales para dos personas. A pesar de los test existentes, es difícil tener un marco referencial similar para medir la inteligencia emocional. Aquí te dejo uno estimativo sobre tu nivel de conciencia e inteligencia emocional adaptado de Eric Davenport.

En estas 15 afirmaciones contesta según alguna de estas opciones: a) «No estás de acuerdo para nada» (equivale a 1 punto); b) «Rara vez» (2 puntos); c) «Ocasionalmente» (3 puntos); d) «A menudo» (4 puntos) o e) «Muy a menudo» (5 puntos).

1. No pierdo el temperamento muy fácilmente.
2. Me puedo relacionar con las emociones de los demás.
3. La gente dice que sé escuchar a los demás.
4. Me resulta fácil expresar mis emociones.
5. Me puedo adaptar a mis colegas en el trabajo.
6. Puedo dejar pasar ciertas cosas que me molestan fácilmente.
7. No me siento molesto cuando alguien me critica.
8. Soy muy consciente de lo que hago bien y de lo que hago mal.
9. No evito comunicarme con las personas para ahorrarme conflictos.
10. Disfruto al organizar y gestionar eventos en mi casa o trabajo.

11. Puedo controlar mi ira todo el tiempo.
12. Me siento muy mal cuando veo gente sin hogar, en la calle.
13. No suelo cambiar muy a menudo de estado de ánimo.
14. Es fácil para mí empezar una conversación.
15. Mis amigos pueden confiar en mí.

Ahora suma la puntuación de tus 15 respuestas.

Si te dio entre 1 y 25, necesitas trabajar mucho tu inteligencia emocional.

Entre 26 y 50 tienes una inteligencia emocional promedio. Un pequeño esfuerzo por tu parte podría marcar una gran diferencia en tu vida.

Entre 51 y 75 tienes una inteligencia emocional alta.

Todos estos test pueden ayudarte a evaluar diferentes aspectos sobre tus emociones y, a veces, sugerirte cómo mejorar tu conciencia sobre ellas y tus relaciones interpersonales. Además, te dan información sobre habilidades de las que ya dispones.

EJERCICIO. De-mente en crecimiento

Piensa en algo en lo que crees que deberías ser bueno. Escríbelo.

¿Sabías que el esfuerzo que le pongas hará que seas mejor?

....

....

....

....

....

....

Piensa en algo que alguna vez no te salió y dedujiste que fue porque no eras bueno en eso. Escríbelo.

¿Puedes probar estrategias diferentes a las que usaste para que la próxima vez sí te salga?

....

....

....

....

....

Piensa en alguien a quien crees que debes demostrarle que eres bueno o el mejor en algo. Escríbelo.

¿Sabías que las observaciones de los demás pueden ayudarte a mejorar?

Piensa en alguna vez que te criticaron y te dio vergüenza. Escríbelo.

¿Sabías que cada oportunidad es para aprender?

Piensa en qué fallos y errores sueles esconder. Escríbelos.

¿Qué podrías hacer para confrontarlos en lugar de esconderlos?

EJERCICIO. No me salió

Piensa en algo que no te salió bien. Escríbelo. Busca qué cosas diferentes podrías hacer la próxima vez. Identifica qué cosas sí hiciste bien. Piensa en si podrías repetirlas en otros ámbitos de tu vida. Charla con otros sobre lo sucedido.

....

....

....

....

....

....

....

....

....

....

....

....

....

EJERCICIO. No creo que pueda

Frente a un desafío que para ti es difícil, ¿te sientes ansioso, angustiado y/o abrumado?

....

....

Frente a algo que te salió mal, ¿te sientes decepcionado y te pones a la defensiva?

....

....

Frente a una crítica, ¿te sientes enfadado, avergonzado, a la defensiva?

....

....

Frente a alguien que lo hace mejor que tú, ¿sientes celos y desmotivación?

....

....

....

Si en algunas de las respuestas tus emociones coinciden, fíjate en los ejercicios «De-mente en crecimiento» y «No me salió» para sentirte mejor y seguir aprendiendo.

EJERCICIO. Preguntas para mí mismo

¿Cómo me siento cuando las cosas no salen como quiero? ¿Por qué? ¿Cómo me siento cuando alguien me ve fallar o cometer un error? ¿Alguna vez aprendí algo de un error? ¿Volví a usar ese aprendizaje? ¿Alguna vez me sentí orgulloso de haber fallado? ¿Alguna vez mi error me permitió pensar más profundamente en un desafío? ¿Qué impacto tiene todo esto en mi vida y en mi trabajo?

....

....

....

....

....

....

....

....

....

....

....

....

EJERCICIO. Preguntas para ayudar a alguien

Para pensar: ¿qué estrategias estás usando? ¿Cuál es la brecha entre los objetivos y lo logrado? ¿Cuáles son los problemas que estamos teniendo? ¿Qué otra forma de hacerlo podrías probar? ¿Qué otras estrategias podrían funcionar mejor?

EJERCICIO. Si eres así, prueba asá

Si nunca quieres parecer tonto... *prueba el modo de aprender siempre, de todo.*

Si no te sale bien de una vez y no intentas esforzarte o buscar ayuda... *prueba a trabajar duro por el resultado, usa diferentes estrategias y busca ayuda.*

Si huyes de las cosas incómodas o difíciles... *prueba a aprender de los errores.*

2

Your cerebro

¿En qué crees?

En el capítulo anterior te ofrecí una serie de definiciones sobre qué es ser inteligente emocionalmente, pero lo fundamental es la importancia de esta inteligencia y por qué cultivarla y seguir desarrollándola toda tu vida no solo para tu bienestar, sino además para conocerte más y mejor a ti mismo, entender y aceptar al otro y, sobre todo, por el impacto que tiene en tu toma de decisiones. Dicen que el órgano de tus emociones es el corazón. Pues, si eres uno de los que piensa eso, lamento desilusionarte: sientes gracias a que tienes cerebro. Aprendamos un poco sobre él.

¿Sabías que a tu cerebro no le importa si algo es realidad o fantasía? En efecto, solo le importa y hace caso a lo que tú *crees*. Si crees que tu jefe es mala persona, tu cerebro buscará todo tipo de argumentos para demostrarte que tienes razón. Si crees que tu vecina es una persona muy buena, tu cerebro buscará todo tipo de argumentos para demostrarte que tienes razón. En definitiva, **tu cerebro ama tener razón, incluso a veces más que ser feliz**. ¡Y ojo! Carece completamente de sentido del humor. O sea, lo que tú le digas —con tus pensamientos y emociones— se lo va a creer. Por esto *tus creencias*, que son *tus hábitos de pensamiento*, determinan lo que para ti es *verdad* o *fantasía*. Sería algo así como que tú creas tu realidad. Si te pones a pensar en las últimas discusiones que has tenido con tu pareja, hijos, padres, colegas, jefes, etc., muchas veces se trata solamente de quién tiene razón, olvidando qué y cómo hacer para poder ser felices. Muchas veces no pueden coexistir las dos cosas, tener razón y ser feliz. Espero que *En el limbo* te ayude a darte cuenta de esto y que sepas elegir cuál de las dos prefieres, dependiendo, obviamente, de la circunstancia y el momento.

Tus creencias se originan en su gran mayoría y con robustez durante tu niñez. Luego, a medida que vas creciendo, tu nivel de conocimiento, las experiencias que vas atravesando en tu vida y a qué cosas les prestas mayor atención —dónde pones el foco interno y externo— también contribuyen a ir fortaleciendo, cambiando o remodelando tus creencias. Estas están representadas en tu cerebro de forma física por fuertes conexiones sinápticas que a mí me gusta llamar *cables de acero*. Lo mismo ocurre con tus hábitos de comportamiento. Es decir, tus creencias son *tu forma de pensar*. Como verás más adelante, muchas veces **son tus creencias las que te hacen sentir mal o incómodo frente a diversas situaciones, y no las situaciones en sí mismas**. Te recuerdo que tus creencias, tu forma de pensar, son parte del elemento *experiencias pasadas* en la fórmula de las emociones que te presenté en el capítulo anterior.

Para tu cerebro, entonces, es clave saber en qué crees. Por eso, cuando quieras o te obliguen a aprender algo nuevo —es decir, a cambiar—, lo primero que te aconsejo es que te preguntes —y te respondas muy honestamente— si *crees* que puedes lograrlo. Si crees en ti. Si no crees que puedes mejorar o aprender algo nuevo no significa que no lo logres, pero te aseguro que el camino y el proceso durante ese cambio o aprendizaje irán acompañados de sufrimiento. Es decir, no solo va a doler, como casi todo proceso de cambio, sino que además le vas a agregar una cuota de sufrimiento: *no voy a poder, no sirvo para esto, es muy difícil, a los demás les sale, tardo mucho*, etc. Por esto es tan importante tu autoestima, la confianza que tienes en ti mismo. A mí me gusta pensar que, una vez enfrentado a ese cambio o aprendizaje *creyendo en ti*, la segunda pregunta para hacerte es si realmente *quieres* cambiar o aprender eso nuevo. Sin ganas ni motivación el camino, de nuevo, será con sufrimiento. Es decir, quizá puedas lograrlo pero sufriendo, rumiando dentro de ti, otra vez. Finalmente, después de *creer* en ti y *tener ganas* de hacerlo, solo te queda ponerte a *practicar* eso nuevo. No hay una fórmula de cuánto tiempo practicar porque siempre depende de cada uno —somos todos diferentes—. Pero es interesante e inteligente pensar en *aprender y cambiar como un proceso*. Con tus emociones es lo mismo. Vas a cambiar o aprender a conocerlas a través de un proceso de autoconocimiento. Luego, utilizando y practicando técnicas y metodologías, podrás aprender a gestionarlas mejor. Entonces, el dolor durante cualquier proceso de cambio o aprendizaje es normal, pero el sufrimiento es mental, humano.

Tienes que transitarlo creyendo en ti, queriendo y estando dispuesto a practicar, equivocándote muy probablemente en el intento. Es un proceso que hace parecer al cambio como algo alcanzable. En síntesis, creer que puedes cambiar y seguir aprendiendo a lo largo de toda tu vida es crucial para que tengas más posibilidades de lograrlo. ¿Qué pasa con la edad? Cuanto más viejo eres, tienes que tener más ganas de cambiar y seguir aprendiendo para tener más posibilidades de lograrlo. O sea, no te excuses con «soy viejo», pero ten presente que te será mucho más difícil y doloroso aprender y cambiar de mayor si tienes pocas o nulas ganas de hacerlo. *No puedo cambiar* es una creencia y es justamente la que muchas veces te autoboicotea. El *no poder*, entonces, es parte de tus creencias y muchas veces debes enfrentarte a ellas y empezar por cambiarlas para poder seguir aprendiendo y haciendo cosas nuevas en tu vida. Como verás más adelante, **las emociones tienen gran poder de cambio**, incluso mucho más que la evidencia científica que alguien pueda querer mostrarte o usar para tratar de convencerte de algo. Por otra parte, te recuerdo que tus creencias, que son tu forma de interpretar lo que te sucede, son las que, finalmente, junto a otros factores, determinan cómo te vas a sentir frente a tus diferentes circunstancias. **Entender y registrar tus creencias es clave para conocer y luego regular tus emociones**.

Pero... ¿qué significa biológicamente que aprendas o cambies? Tu cerebro cambia y se va reconstruyendo no solo por los genes que te tocaron en el reparto de mamá y papá, sino además por tus experiencias y tu contexto y cultura. Sin embargo, hace poco se ha demostrado que también *tu forma de pensar y sentir produce cambios estructurales y funcionales en tu cerebro.* Ese cambio cerebral —neuroplasticidad— está representado por cuatro eventos no excluyentes: 1) Que territorios o áreas neuronales dedicados a ciertas tareas particulares se expandan (más grandes) o contraigan (se hagan más pequeños). 2) Que las conexiones entre diferentes áreas del cerebro se fortalezcan o debiliten (como si fueran megas de conexión de internet). 3) Que se alteren funciones cerebrales (áreas que se ocupaban de la función A, tras un cambio, pasan a ocuparse de la función B); y 4) Que se modulen las cantidades y cualidades de los mensajeros químicos que viajan por las neuronas a todo el cerebro y el resto de tu cuerpo. Hoy se sabe que para que la neuroplasticidad autodirigida ocurra —que tú decidas qué cambiar de tu cerebro— necesitas sí o sí: 1) **Focalizar** muchísimo con tus pensamientos en ese cambio. Por ejemplo, a través de prácticas meditativas. No se sabe cuánto es muchísimo. 2) Cierto sentido de **urgencia**. Esto es, que los neurotransmisores que van a fortalecer o crear nuevas sinapsis en respuesta a tu nuevo aprendizaje o experiencia que estás viviendo sean liberados en proporción a cuán importante es ese aprendizaje o cambio para ti. Si ese foco y esa urgencia decaen no se establecen los nuevos patrones en el cerebro. Es decir que la práctica y más práctica es también la clave. Como todo, ¿no? Por otro lado, la neurociencia moderna ha establecido que en realidad tu cerebro no se recablea en el momento del foco y la urgencia, sino 3) luego, por la noche, *cuando estás durmiendo o sin dormir pero descansando.*

Epi

A pesar de que tus genes tienen mucho que aportar a cómo eres o cómo te sientes, hoy no podemos dejar de mencionar la epigenética. Esta *—por encima de la genética—* sería algo así como tú indicándoles a tus genes que rediseñen tu futuro. Por si no lo sabías, tus genes cambian tanto como cambia tu cerebro. Distintos genes se activan en diferentes momentos. Algunos cuando estás creciendo, cuando estás curando una herida, cuando aprendes. Otros son influenciados por el estrés, *tus emociones*, tener sueño, etc. O sea, tu entorno también regula la actividad genética y estos cambios epigenéticos se transmiten a través de las generaciones. Los genes se encienden y se apagan por señales químicas y producen proteínas, y solo por el mero hecho de cambiar pensamientos, emociones y comportamientos estás enviando nuevas señales químicas a tus células, a tus genes. Estás cambiando. **La epigenética sería el cambio de la producción de tus proteínas —los productos de tus genes— sin cambiar tu perfil genético**. Un ejemplo muy estudiado es cuando alguien decide adoptar un estilo de vida más sano y con menos estrés. Se encienden y se apagan ciertos genes que son los que producirán nuevas y diferentes proteínas y cambiarán tus células. Es decir, que en una célula se pueden crear muchísimas variantes de un mismo gen. Como en el cerebro, donde hay áreas más plásticas que otras, con los genes sucede lo mismo. Algunos cambian con más facilidad que otros. Hay autores que dicen que esto podría depender de tu historia. Si estás todo el tiempo enfadado, frustrado o ansioso vas a estar repitiendo las mismas señales químicas y se estarán activando los mismos genes. Estas emociones estresantes van a desregular las células y podrán aparecer, por ejemplo, ciertas enfermedades. Además, tras años de demandas repetidas a los mismos genes, estos pueden empezar a fallar y a crear proteínas defectuosas. En síntesis, tu contexto exterior provoca que envíes señales químicas a tus genes para que se enciendan o apaguen a través de las emociones que vives. **Tus emociones también pueden activar y desactivar secuencias genéticas**.

Regla del pulgar

El progreso en la ciencia no consiste siempre en encontrar respuestas, sino, a veces, en hacerse mejores preguntas. Hoy, muchas de esas preguntas han forzado a cambiar un paradigma sobre lo que saben las neurociencias y las ciencias biológicas de las emociones, específicamente, y sobre la mente y el cerebro, en general. Como biólogo te aseguro que, así como no existen dos árboles iguales en el mundo, tampoco existen dos cerebros iguales en el planeta. Ni siquiera en gemelos que hayan vivido juntos toda la vida; todos los cerebros son diferentes. En los últimos años, gracias al avance de la tecnología, los científicos hemos aprendido muchísimo sobre cómo funciona este órgano tan preciado y misterioso. Para que te hagas una idea, existen entre 500 y 1.000 artículos científicos nuevos al día sobre el funcionamiento «normal» del cerebro. Es impresionante la cantidad de datos y nuevos hallazgos, algunos de los cuales contradicen los anteriores; otros los avalan. Así es la ciencia. Y el mundo de las emociones no es ajeno a esto. En los pasados cinco años, pero con mayor intensidad en el último, han aparecido datos y experimentos muy sólidos que nos muestran, como iremos viendo a lo largo del libro, que **las emociones no aparecen frente a situaciones de la vida, sino que son más bien construcciones nuestras, propias, personales**. Esto último no les quita importancia ni valor. Todo lo contrario; nos permite contar con herramientas para conocernos mejor y poder gestionarlas más eficazmente en el día a día, dándonos de esta manera mayor bienestar y sobre todo que ese bienestar sea más sostenido en el tiempo. **Que seas el diseñador de tus emociones, el arquitecto de tus experiencias.**

Tu cerebro tiene alrededor de 86.000 millones de neuronas: 86 y 9 ceros. Sin embargo, no es la cantidad, sino la calidad de las conexiones —sinapsis—, la que hace que tu cerebro funcione de tal o cual manera. Si comparas con otros mamíferos podrás ver que tu cerebro creció muchísimo más, fundamentalmente en los últimos dos millones de años. Al parecer, esto ocurrió para poder ir en busca de alimentos a parajes cada vez más lejanos, y/o además para permitirnos tener relaciones complejas y fuertes.

Si te comparo con otro animal te diría que tu diferencia con ellos es la cognición —la capacidad de pensar—. Sin embargo, lo que la evolución te dio y me dio *diferente* es un cerebro que puede crear muy distintos tipos de mentes. ¿A qué me refiero? A disponer de gran plasticidad para configurarse de distintas formas, no solo por los genes, sino además según tu contexto cultural. Por ejemplo, si estoy en una clase frente a cincuenta personas y abro una caja con brownies con dulce de leche y se los ofrezco, no todos querrán ni se acercarán a comerlos, por diferentes motivos, *por diferentes mentes*. Pero si mi clase es frente a cincuenta perros y tiro un pedazo de entrecot seguro que todos se acercarán. Esta es nuestra capacidad humana de tener *diferentes mentes. Pensar y sentir distinto a pesar de que todos tenemos las mismas estructuras cerebrales que distinguen a nuestra especie.*

Una de las formas en que a los biólogos nos gusta estudiar el cerebro es según el modo en que ha evolucionado en el planeta a lo largo de los años. Más o menos 500 millones de años atrás aparecieron los reptiles, con su cerebro *reptiliano*, responsable fundamentalmente de los instintos. Durante 300 millones de años estos animales vivieron tranquilos, hasta que aparecieron los mamíferos, con un cerebro conocido como *límbico*, muy involucrado, entre otras cosas, en las emociones. Este pedazo de cerebro de 200 millones de años es el responsable de gran parte de tus decisiones diarias. *Pero ¿cómo lo hace si no piensa ni dispone de palabras?* Mediante una regla muy sencilla: *pulgar para arriba / pulgar para abajo*. Es decir, si la situación, evento, circunstancia o persona que tiene enfrente *tu cerebro límbico* lo considera como una potencial recompensa, oportunidad o placer, tu límbico le dirá a tu córtex —el racional— que te acerques, colabores, te esfuerces, dediques tiempo, resuelvas, prestes atención e incluso te ayudará a tomar mejores decisiones para ti. Sería algo así como «si me gusta o me da placer, le hago caso». Incluso, por ejemplo, en presencia de una persona que te cae bien, sea jefe, amigo, pariente o pareja, influenciado por tu *cerebro límbico*, tenderás a buscar argumentos que validen todo lo que esa persona dice y hace. Si, por el contrario, el pulgar va para abajo, es decir, que tu *límbico* predice y presiente que para ti esa situación, evento, circunstancia o persona puede ser una amenaza, hará exactamente todo lo contrario para que escapes y te alejes. Por eso es tan difícil, pero no imposible, ponerte de acuerdo o avalar a alguien que no te cae bien o no te gusta cómo piensa. Placer, me acerco; amenaza, me alejo. Esta es una función crucial de tu cerebro límbico. Es decir, que tu límbico escanea todos los datos que entran en tu cerebro y decide básicamente a qué prestarle mayor y mejor atención para así tomar decisiones impulsado en esos datos. Por otra parte, por una cuestión de supervivencia, tu límbico es mucho más sensible a las pequeñas amenazas que a las grandes recompensas. Doscientos mil años atrás en la sabana africana, tu ancestro *Homo sapiens* estaba muy pero muy atento a la falta de comida, los leopardos, las condiciones climáticas extremas y otras amenazas, y eso fue lo que le permitió sobrevivir en el planeta y conquistar todas las geografías y climas. Esto lo hacía gracias al encendido del **sistema de respuesta a amenaza** que te permite congelarte, luchar o escapar frente a peligros reales o imaginarios. Los *Homo sapiens* relajados y poco alertas que caminaban por África se morían antes.

Para que las neuronas, o cualquier célula de tu cuerpo, puedan funcionar correctamente necesitan glucosa (alimento) y oxígeno (respirar). Te recuerdo que **una célula, como la neurona, es un organismo vivo.** Entonces, frente a un peligro real o imaginario, cuando el sistema instintivo (reptiliano) de respuesta a amenazas se enciende en tu cerebro precisa mucha comida (glucosa) y mucho oxígeno. Cuando estos dos elementos viajan a esa región (de respuesta a amenaza) que tiene gran demanda energética, tus regiones cerebrales responsables de tu pensamiento lógico (tu ser racional) y del manejo o gestión de tus emociones (córtex prefrontal) se quedan casi sin comida ni oxígeno. En efecto, la cantidad de glucosa y oxígeno que incorporas en tu cerebro no es infinita; por lo tanto, no todas las áreas o regiones del cerebro pueden ser satisfechas por su demanda energética en simultáneo.

Esto te permite entender por qué cuando estás frente a situaciones de amenaza o incertidumbre tiendes a manejar mal tus impulsos y dejas de gestionar tus emociones. No tienes oxígeno ni glucosa disponible en estas neuronas. En definitiva, tiendes a arrepentirte de las decisiones y acciones o comportamientos que realizas. En una situación de novedad o peligro real o imaginario todo te va a parecer más hostil y en general tu funcionamiento y desempeño empeoran. Además, para agregar malas noticias, el «sistema de frenado» de tus impulsos y reacciones emocionales —el *córtex prefrontal lateral ventral derecho*, para ser más preciso— es como una batería que se va descargando a medida que transcurre el día. Cuanto más lo usas, más se va gastando, y por eso en general es por la noche cuando estás más sensible o listo para saltar de forma impulsiva, y a veces violenta, contra el primer obstáculo que se te interponga.

Reptiliano, 500 millones de años; *límbico*, 200 millones de años y por último, 200.000 años atrás, evoluciona el *córtex*, el área más nueva del cerebro, que te permite, gracias a su córtex prefrontal, pensar, ser analítico, lógico, el lenguaje y la escritura, entre otras cosas. Tu razón, para hacerlo simple. Sin embargo, no quiero que te imagines estas tres áreas o regiones de diferentes edades evolutivas como capas de sedimentos que se fueron estableciendo una encima de la otra. Por el contrario, las tres se interconectan en amplias y extensas redes compartidas. Como si estuviesen las 24 horas charlando entre ellas. Es decir, no tienes un cerebro reptiliano para los deseos rodeado de un sistema límbico para las emociones, que a su vez está rodeado del córtex para los pensamientos o cognición. Es *un* cerebro.

Regla del 2 %

Te acabo de contar que la cantidad de glucosa y oxígeno que incorporas en el cerebro no es infinita. En efecto, otro interrogante desvelado hace no tanto, gracias a la tecnología, es que usas todo el cerebro, pero *no al mismo tiempo*, dada esta capacidad finita de incorporar la glucosa y el oxígeno. No importa tu edad, género, inteligencia ni cultura, tú puedes usar todo tu cerebro. Pero, por una cuestión física y química de cómo incorporamos los humanos los nutrientes y el oxígeno, no puedes usar más del 2 % aproximado de su totalidad en simultáneo. O sea, *sí* lo usas todo, pero *no* al mismo tiempo. Si tienes unos 86.000 millones de neuronas quiere decir que puedes activar al mismo tiempo alrededor de 1.700 millones de neuronas... *Un montón*. Voy a llamar a esto **la regla del 2 %**. Igual, como te dije, no es la cantidad, sino la calidad de las conexiones, lo que nos hace distintos y lo que marca la diferencia. Tú puedes apagar, y lo haces todo el tiempo, y encender diferentes regiones de tu cerebro dependiendo de la actividad que realices.

Esta regla del 2 % te ayuda a entender por qué cuando atraviesas un estado emocional muy intenso (depresión, miedo, furia, euforia) trabajas, estudias o te desempeñas peor. ¿Qué sucede? Como ya te expliqué, al igual que con el sistema de amenaza frente al peligro o lo nuevo, todos los nutrientes que necesita tu cerebro y el oxígeno en esta ocasión se van a las «redes emocionales» que necesitan ser encendidas. En caso de sentir depresión —muchísima tristeza—, terror —muchísimo miedo—, muchísima ira o muchísima alegría, queda poco oxígeno o glucosa disponible en el cerebro para viajar a tu córtex prefrontal; o sea, para pensar, tomar buenas decisiones y colaborar. Dicho con números solo a modo de imagen: si el 1,9 % de tus neuronas encendidas son las que te están haciendo sentir furioso, solo te queda la capacidad de encender el 0,1 % de neuronas en tus áreas responsables de pensar. Esta sería una explicación megasencilla de por qué bajo estados emocionales muy intensos —sean bonitos o feos— sueles reaccionar en formas de las que luego te arrepientes. O sea, no puedes pensar. Ojo, estos números porcentuales son arbitrarios y falsos, es solo para que tengas una imagen de lo que sucede en tu cerebro cuando sientes grandes amenazas o enormes recompensas. Piensas menos; por ende, piensas peor. Es bueno que te aclare que no todas tus reacciones influenciadas por estados emocionales intensos son malas. La idea de *En el limbo* es justamente que aprendas a conocerte más y mejor para detectar aquellas situaciones —y el significado que tú les das— que te hacen reaccionar de un modo del que luego te arrepientes. ¡Esto lo puedes cambiar!

Sin embargo, a pesar de nuestras diferencias, todo desarrollo normal del cerebro humano parece bastante similar. Hay dos hemisferios y un córtex con cinco lóbulos —occipital, parietal, temporal, frontal y motor sensorial— que contienen seis capas de células cada uno. Las neuronas en el córtex se cablean para comprimir información en resúmenes eficientes, creando así un sistema conceptual que da forma a nuestras acciones y experiencias. Muchas de estas características se encuentran en la mayoría de los mamíferos, y algunas incluso en insectos. Pero los cerebros varían significativamente entre las personas, en la ubicación de cada ranura y cresta cortical, en el número de neuronas en las diferentes capas corticales o subcorticales, en el microcableado entre neuronas y en la fuerza de las conexiones entre las redes neuronales. Las estructuras subcorticales son aquellas que se forman en lo más profundo de tu cerebro, como el diencéfalo, la glándula pituitaria, los ganglios basales y las regiones *límbicas*. Estas estructuras producen hormonas, actividades como la memoria y el placer, y, como ya vimos, las que por ahora conocemos como emociones. Son como un centro de información del sistema nervioso que transmite y modula información que pasa a través de diferentes áreas. Cuando miras estos detalles sutiles puedes afirmar que no existen dos cerebros iguales, ni siquiera de una misma especie. Incluso en un mismo cerebro, como el tuyo, el cableado no es estático. Como las flores de algunos árboles que crecen en primavera y caen en otoño, las interconexiones entre axones y dendritas aumentan y disminuyen a medida que creces. Hasta puedes hacer crecer nuevas neuronas en ciertas áreas de tu cerebro, cosa que no se creía posible pocos años atrás.

Complejo y degenerado

Los cambios anatómicos estructurales y también otros funcionales, ya mencionados, como la neuroplasticidad, ocurren a medida que vas atravesando diferentes experiencias en tu vida. Es decir, tus experiencias quedan codificadas, como impresas, en el cableado de tu cerebro y pueden, eventualmente, volver a cambiar ese cableado. De esta forma se incrementan las posibilidades de que tengas la misma experiencia de nuevo o de usar las experiencias previas para crear otras nuevas. Y así, de un momento al siguiente, tus miles de millones de neuronas se reconfiguran continuamente de un patrón a otro. Esto es posible en gran parte gracias a los neurotransmisores, que pasan señales entre las neuronas encendiendo o apagando conexiones en milésimas de segundo. De esta manera, la información viaja por las diferentes redes. Los neurotransmisores le dan el poder a tu cerebro para que, con un solo set de redes neuronales, pero con muy diferentes neurotransmisores, pueda construir los más diversos eventos mentales. Estos eventos pueden ser tu atención, recordar algo, sentirte triste o enfadado. Es decir, tus redes neuronales crean algo más grande que la suma de las partes.

A esto último se lo conoce como *degeneración*, concepto

clave para entender el nuevo paradigma sobre las emociones y el funcionamiento del cerebro. La degeneración significa que tienes diferentes sets de neuronas para producir los mismos resultados. Como los equipos de fútbol que tienen tres porteros diferentes —sets de neuronas— para parar goles —misma función— en distintos partidos. Es decir, no importa lo cerca que mires el tejido cerebral —regiones, redes o neuronas—, este siempre contribuye a más de una función o categoría de evento mental. Las microconexiones, la plasticidad, los neurotransmisores y la degeneración hacen del cerebro lo que se conoce en biología como sistema *complejo.* Pero ¡atención! Complejo no significa complicado. En este caso, complejo se define como aquella estructura que puede crear muchos patrones a través de la combinación de pedazos y pedacitos de viejos patrones. Tu cerebro es un sistema altamente complejo porque en una sola estructura física —área particular con neuronas— puede reconfigurar sus miles de millones de neuronas para construir un amplio repertorio de experiencias, percepciones y comportamientos. Es como tener un equipo de fútbol que pueda también jugar al baloncesto, voleibol, balonmano, rugby, etc.

La complejidad y *la degeneración* hacen de tu cerebro un órgano que puede crear y llevar mucha información, además de ser robusto y confiable, dado que tiene múltiples caminos para el mismo destino. Y, por si fuera poco, tu cerebro es más resistente a enfermedades y lesiones que el resto de tus órganos. Fue la selección natural la que favoreció un cerebro complejo. Es esta complejidad, y no tu racionalidad, la que hace posible que seas el arquitecto de tus experiencias, entre ellas, tus emociones. Está claro que tus genes, además de tus experiencias, también contribuyen a remodelar tu cerebro y, en consecuencia, a remodelar y cambiar tu mente. Todo esto me lleva a concluir que eso que tú y yo experimentamos como *cierto*, la sensación de saber qué es verdad sobre ti, sobre mí, los demás y el mundo que nos rodea, es básicamente una ilusión que crea nuestro cerebro. En realidad lo que hace es *predecir* para ayudarnos a que pasemos cada día.

Predictivo

Durante muchos años se creyó que las neuronas pasaban la mayor parte del tiempo durmiendo y que solo despertaban cuando eran estimuladas por algo del mundo exterior, como un sonido o algo que veías. Hoy sabemos que tus neuronas están constantemente activas, estimulándose unas a otras a diferentes niveles, velocidades e intensidades. Esto se conoce como *actividad intrínseca del cerebro* y es otro de los hallazgos más importantes de los últimos tiempos. Durante esta actividad intrínseca lo que tu cerebro está haciendo es millones de predicciones sobre lo que te vas a encontrar en el mundo en el siguiente segundo, basándose en tus experiencias pasadas. Muchas de estas predicciones son a un nivel micro; predicen el significado de la intensidad de la luz, el timbre del sonido y otra información que llega a través de todos tus sentidos. Otras predicciones son a nivel macro; si estás interactuando con un amigo en un determinado contexto, tu cerebro va a predecir que va a sonreír. Estas predicciones impulsan a tus neuronas motoras a mover tu boca para devolverle otra sonrisa y tus movimientos causan en el cerebro de tu amigo nuevas predicciones y acciones, ida y vuelta, en una suerte de baile de predicciones y acciones. Si la predicción es errónea, tu cerebro tiene mecanismos para corregirlas y realizar nuevas predicciones y nuevas acciones.

Un ejemplo muy fácil de entender: si tu cerebro no hiciese predicciones, los deportes no existirían. Siendo tú con tu cerebro solo reactivo no serías capaz de, por ejemplo, parar un penalti. Además, de ser así, sin predicciones, irías por la vida sorprendiéndote constantemente.

Tu cerebro predictivo te explica y enseña cómo eres. Además, les da una lección muy grande a todos los científicos que suelen hacer experimentos con la gente, pero de forma pasiva: mirando fotos o imágenes, escuchando sonidos, tocando botones, etc. La realidad es que tu cerebro no se sienta a esperar una situación, sino que está todo el tiempo preparando múltiples predicciones para actuar y percibir mientras recolecta evidencia para poder seleccionar entre ella. *En la vida real, los momentos no son independientes unos de otros, sino que cada estado cerebral influye en el estado siguiente.* O sea que la mayoría de los experimentos de neuropsicología están optimizados para interrumpir los procesos naturales de predicción del cerebro. Este cerebro predictivo presenta una oportunidad sin precedentes para nuevos descubrimientos sobre cómo los humanos creamos nuestra mente, incluidas nuestras emociones. La evidencia más nueva sugiere que pensamientos, sensaciones, percepciones, memorias, toma de decisiones, categorizaciones, imaginación y todo tipo de fenómeno mental, que muchas veces eran tratados como procesos distintivos del cerebro, pueden ser unidos en un solo mecanismo: la predicción. Esta además destruye uno de los modelos favoritos de los científicos sobre el funcionamiento del cerebro: la batalla para controlar tu comportamiento entre la racionalidad y las emociones.

Es decir, que la tradicional mirada de que frente a un estímulo surge una respuesta es bastante intuitiva, pero equivocada. Tus neuronas se estimulan entre ellas, a veces millones al mismo tiempo. Dales suficiente oxígeno y nutrientes y estas masivas cascadas de estimulaciones, que ya conocimos como **actividad intrínseca del cerebro**, continuarán desde tu nacimiento hasta tu muerte. Esta actividad no tiene nada que ver con una reacción disparada por el mundo exterior; es más parecido a la respiración, un proceso que no requiere un catalizador externo. Y no es al azar. Está constituida por una red de neuronas que de manera consistente se conectan y disparan juntas. A estas últimas neuronas se las llama **redes intrínsecas** y verás que tienen un rol clave en nuestra fórmula de emociones antes descrita.

Simulador

Según la científica Lisa Feldman Barrett, estas redes funcionan como algunos equipos deportivos. Un equipo tiene una serie de jugadores, algunos jugando y otros en el banquillo. Estos últimos están listos para saltar al campo de juego cuando se los necesita. De la misma manera, una red intrínseca tiene su grupo de neuronas disponibles. Cada vez que una de estas redes hace su trabajo, diferentes grupos de neuronas juegan o se disparan en sincronía para ocupar la posición necesaria dentro del equipo y el campo de juego. Este proceso es el que te describí algunos párrafos antes como *degeneración*. Es el hecho de que varias neuronas en un área o red neuronal cumplan la misma función. Estas redes han sido el gran descubrimiento de la neurociencia de la década pasada. La actividad intrínseca de tu cerebro es la que te permite soñar, soñar despierto, imaginar, rumiar o errar con tus pensamientos. Esto es conocido en biología como **simulación cerebral**.

Esta simulación es la que a fin de cuentas produce cada sensación que experimentas, incluidas, como veremos, las llamadas **interoceptivas**, que son el origen de tus sensaciones de placer, desagrado, calma y energía. *¿Te acuerdas de la fórmula de las emociones?*

Emociones = Interocepción (que son las interpretaciones de las áreas interoceptivas de tus estados de placer bajo/alto y energía baja/alta) + Experiencias pasadas + Contexto

---

Tu cerebro no puede salir a sentir el mundo, por lo cual aprende de forma indirecta a través de píldoras de información provenientes de la luz, vibraciones y químicos que vienen de los sentidos. Tu cerebro debe descifrar el sentido de esos flashes y vibraciones, y su pista más concreta son tus *experiencias pasadas*, que utiliza para *construir simulaciones* dentro de la amplia red de conexiones neuronales. Aprendió, por ejemplo, que una simple señal auditiva como un sonido fuerte y seco puede tener diferentes orígenes —un disparo, un globo que se pinchó, un golpe, un accidente de coche, etc.—. Pero logra distinguir el

origen de la causa de ese sonido por la probabilidad más relevante de que haya ocurrido dependiendo del *contexto*. Es decir, atrapado en tu cráneo y utilizando tus experiencias pasadas, **tu cerebro predice**. Estas predicciones no son las del futuro, sino una conversación microscópica entre millones de neuronas en una situación particular. Estas conversaciones neuronales tratan de anticiparse no solo a cada fragmento de sonido, luz, gusto, olor y tacto que vas a experimentar, sino además a la acción que tú harás frente a esto. **Las predicciones son las mejores pistas que tiene tu cerebro sobre qué está pasando en el mundo a tu alrededor y de cómo lidiar con esto para mantenerte vivo y sano**.

A nivel cerebral, las predicciones significan que unas neuronas en una parte del cerebro se tocan con otras neuronas en otra parte del cerebro sin necesidad de ningún estímulo del mundo exterior. En definitiva, la actividad intrínseca de tu cerebro son millones de millones de predicciones sin parar. Es a través de predicciones como tu cerebro construye el mundo que tú experimentas. Combina pedazos y pedacitos de tu pasado y estima cómo cada uno de esos fragmentos se adapta a tu situación actual. Es tan fundamental la actividad cerebral de la predicción que algunos científicos la consideran *el modo operativo primario del cerebro*. Lo que es más loco aún es que las predicciones no solo anticipan información sensorial proveniente del mundo exterior, sino que además las explican. Imagínate con tus ojos abiertos una pelota de tenis. Si eres como la mayoría de las personas seguro que puedes «ver» en tu mente una figura redonda del tamaño de un puño cerrado de color amarillo. Ves esta imagen porque las neuronas en tu córtex visual cambiaron su patrón de encendido para simular una pelota de tenis. Si estuvieses ahora en una pista de tenis estas mismas neuronas disparando juntas estarían realizando una predicción visual. Tu experiencia pasada en ese contexto (pista de tenis) lleva a tu cerebro a predecir que estarías viendo una pelota de tenis en lugar de un ovillo de lana amarrillo o un limón. Una vez que la predicción es confirmada por una pelota de tenis verdadera, la predicción entonces ha explicado la sensación visual de ser una pelota de tenis. Si tu cerebro predice de manera perfecta, digamos que predijo una pelota de tenis de una marca especial que tú usas frecuentemente, entonces, la información de ver esa pelota con tu retina (ojos) no lleva nueva información más allá de la predicción realizada. Solo confirma que la predicción era correcta. Es así como este proceso predictivo te permite navegar en el mundo y que las cosas tengan sentido para ti. Generas predicciones para percibir y explicar todo lo que ves, escuchas, hueles, saboreas y tocas.

Si tu cerebro fuera solo reactivo, sería muy poco eficiente para mantenerte vivo. Tú estás bombardeado todo el tiempo por información sensorial. Un cerebro reactivo se atascaría, como a veces sucede con la conexión de internet de tu casa. Además, sería muy caro metabólicamente hablando, ya que requeriría más interconexiones de las que puede mantener. **Puedo decirte entonces que evolutivamente tu cerebro se fue cableando para ser capaz de predecir de manera eficiente**. Es a través de predicciones y correcciones como tu cerebro continuamente crea y revisa tu modelo mental sobre el mundo. Es una masiva simulación continua que construye todo lo que percibes mientras que determina cómo debes actuar. Sin embargo, las predicciones no son siempre correctas cuando se comparan con la información sensorial real, y ahí tu cerebro realiza *correcciones*. Por ejemplo: «Había una vez, en un reino encantado en medio de las montañas, una princesa hermosa que se desangró hasta morir». ¡Seguro que encontraste las últimas tres palabras inesperadas! Y eso te sucedió porque tu cerebro predijo de manera incorrecta basándose en tu conocimiento pasado sobre los cuentos infantiles. Decimos que tu cerebro cometió un **error de predicción**. El mismo que te sucede cuando confundes la cara de un extraño con la de alguien que conoces o te subes a una cinta transportadora en un aeropuerto y te sorprende el cambio de velocidad en tus pasos. Tu cerebro computa los errores de predicción rápidamente comparando con la información sensorial real y luego reduce el error de predicción de forma eficiente y veloz. Tu cerebro puede cambiar la predicción; la cara del extraño no es la de tu amigo y la cinta transportadora llega en algún momento a su fin. Es decir, que estos errores de predicción no son un problema, sino una parte normal de las instrucciones operativas mientras tu cerebro toma información sensorial. Sin errores de predicción la vida sería aburrida; nada sería novedoso ni sorprendente, por lo cual tu cerebro nunca más aprendería algo nuevo. De adulto, la mayoría del tiempo las predicciones son bastante precisas, si no tu vida sería una constante incertidumbre, sorpresa o incluso alucinación. La multitud de predicciones corren masivamente en paralelo por diferentes áreas de tu cerebro en un proceso continuo durante toda tu vida, creando la vista, el olfato, el oído, el gusto y el tacto, que hacen tus experiencias y dictaminan tus acciones.

Entonces, tu cerebro no es una simple máquina que reacciona a los estímulos del mundo exterior. Está estructurado como miles de millones de predicciones que crean la actividad intrínseca de tu cerebro. Todas estas predicciones, motoras y de los cinco sentidos tradicionales, se influyen y restringen entre ellas. Podríamos decir que tu cerebro trabaja como un científico. Hace un montón de predicciones, lo cual en ciencia serían las hipótesis. Luego usa el conocimiento, lo cual en tu cerebro serían tus experiencias pasadas, para estimar cuánta confianza tienes en que estas predicciones sean verdaderas. Después tu cerebro compara estas predicciones con la información sensorial real como el científico compara su hipótesis con cada experimento. Si la predicción fue correcta, entonces la información sensorial confirma la predicción, y si hay error, al igual que el científico, el cerebro tiene algunas opciones. Puede cambiar sus predicciones para que respondan a los datos reales (un científico serio) o puede elegir de forma selectiva los datos que concuerdan con su hipótesis, ignorando los otros (científico poco serio). O puede ignorar todo dato y mantener sus predicciones como reales.

Muchos de los fenómenos mentales pueden ser comprendidos como una combinación de predicciones e información sensorial. Lo que determina cuánto está atada tu experiencia al mundo exterior versus lo que sucede dentro de tu cabeza. Por ejemplo, en el extremo de la pura predicción podemos mencionar soñar despierto, recuerdos, autoengaños, alucinaciones, efecto placebo, imaginación, ilusiones ópticas y predicciones que concuerdan con la información sensorial; y en el extremo de solo información sensorial, los estados meditativos, ciertos autismos o los viajes con LSD.

Presupuesto cerebral

Tu cerebro, entonces, está prediciendo todo el tiempo y quizá **su misión más importante es predecir la energía que tu cuerpo necesita para que puedas estar vivo y lo más sano posible**. Para esto tienes que saber que cada movimiento *de* tu cuerpo está acompañado por un movimiento *en* tu cuerpo. Cuando cambias rápido de posición para pegarle a la pelota de tenis, tienes que respirar más profundo. Para saltar a la acera para no ser atropellado, tu corazón tiene que empujar la sangre más rápido por arterias dilatadas para que llegue más glucosa a tus músculos, lo cual incrementa el ritmo cardíaco y cambia tu presión arterial. Tu cerebro, mediante la interocepción antes descrita, representa todas las sensaciones que se generan por esos movimientos internos. Estos últimos, con sus consecuentes interoceptivas, ocurren en cada momento de tu vida. Desde el punto de vista del cerebro, tu cuerpo es una parte más del mundo que debe ser explicada. Tu corazón latiendo, tus pulmones expandiéndose, tus cambios de temperatura y metabolismo envían al cerebro información ambigua y ruidosa. Una simple señal interoceptiva de dolor en el abdomen puede significar dolor de estómago, hambre, tensión, un cinturón muy ajustado o cientos de otras causas. Tu cerebro debe explicar sensaciones corporales para darles un sentido y, como vimos, su mejor herramienta para hacerlo es mediante las predicciones. Pero tú solo experimentas esas sensaciones interoceptivas en términos generales de placer bajo/alto y energía baja/alta. Entonces, **cada momento despierto tu cerebro les da significado a esas sensaciones y el resultado de ese significado puede ser, por ejemplo, un momento de emoción**. Y si bien la interocepción es un proceso de todo tu cerebro, son las **redes interoceptivas** antes descritas las que trabajan juntas de maneras muy específicas.

Estas redes tienen dos áreas fundamentales. La *región límbica* envía las predicciones que realiza al resto del cuerpo para controlar lo mejor posible el ambiente interno: acelerar el corazón, desacelerar la respiración, liberar más cortisol, metabolizar más glucosa, *mariposas en el estómago*, etc. Es decir, **lo que te pasa en el cuerpo cuando sientes una emoción**. Y la *región del córtex* es la que representa las sensaciones internas. Cada vez que la región límbica predice un cambio motor, como acelerar tu corazón, también predice las consecuencias sensoriales de ese cambio, como una sensación fuerte en el medio del pecho. Esta región además desempeña un rol clave en mantenerte vivo. Cuando mueves cualquier parte de tu cuerpo, interna o externa, gastas algunos de los recursos de energía que tienes. Esos recursos se reponen comiendo, bebiendo y durmiendo, pero también puedes reducir su utilización relajándote o incluso teniendo sexo. Para gestionar todos esos gastos y reposiciones, tu cerebro predice la energía que tu cuerpo necesita en cada momento, como si fuera el presupuesto de una empresa o de un país. Para establecer ese presupuesto energético lo mejor posible, tu cerebro utiliza todas tus experiencias pasadas como guía.

Como cualquier comerciante, empresa o familia, que tiene que estar atento a sus ganancias o ingresos y sus gastos o egresos para desarrollar presupuestos para sus cuentas, el cerebro también posee estas áreas responsables de que no quiebre tu negocio y sobrevivas. Mientras está creando pensamientos, sensaciones y percepciones, también conduce el presupuesto de todas las cuentas de tu cuerpo, por ejemplo, el ingreso de nutrientes como agua, sales o glucosa. Mantener *estas cuentas* equilibradas se conoce como alostasis. Si estás ejercitando tus músculos necesitas más glucosa de tu sistema digestivo y es trabajo de tu cerebro distribuir los recursos de manera apropiada para mantener el equilibrio. Si sigues haciendo ejercicio durante mucho tiempo, tu cerebro quizá use más nutrientes de lo que le permite sentirse confortable y entonces se perderá un poco el equilibrio. Este desequilibrio será, lo más probable, corregido cuando dejes de correr y tu cerebro te pida que te comas unos cereales. Para que tu cerebro pueda manejar el presupuesto de tu cuerpo tiene que *poder predecir* qué es lo que tu cuerpo va a necesitar. Si vas a correr una carrera, tu cerebro moverá más glucosa a tus músculos y subirá un poco la presión arterial antes de que empiece. Es decir, tu cerebro es muy bueno en la tarea de equilibrar el presupuesto de tu cuerpo. El estrés —que luego estudiaremos con mayor detalle—, por ejemplo, sobreviene cuando ese equilibrio se rompe y tu cuerpo es exigido o abrumado. Este desequilibrio no es malo si puedes corregirlo rápidamente con algo de agua y una barrita de cereales. Se trata de un *momento* de desequilibrio. Pero si tu cerebro está todo el tiempo preparando a tu cuerpo para corregir un desequilibrio o estrés, este último se hace crónico.

Me imagino que ya estás un poco cansado de tanta información nueva: degeneración, complejo, predictivo, simulación, interocepción, redes interoceptivas, presupuesto energético... Te aseguro que es información clave para entender el mundo de tus emociones y cómo se generan, o más bien cómo puedes diseñarlas. Quiero invitarte ahora a que hagas unas diez respiraciones profundas llevando el aire al abdomen —no al pecho ni a las clavículas— y te tomes el doble de tiempo en exhalar que en inhalar. Puedes probar a decir la letra «A» al exhalar. En el próximo capítulo quiero recorrer un poco la historia del estudio de las emociones, y de su marketing, para convencerme otra vez, y mostrarte a ti, de que todavía hay mucho que no sabemos.

EJERCICIO. Tengo y hago

¿Cuáles son las cosas que nunca tuviste y que te gustaría tener? ¿Y las cosas que nunca hiciste y que te gustaría hacer?

....

....

....

....

....

....

....

EJERCICIO. Me identifico

¿Con cuál de estas frases te identificas más?

- Soy un fracaso.
- No puedo hacer nada.
- No le gusto a nadie.
- No soy lo suficientemente bueno.
- Siempre me va a ir mal.
- Para qué me preocupo si no me va a salir.
- No le intereso a nadie.
- La zanahoria es un vegetal.

¿Tienes alguna evidencia (hechos) que apoye estas sensaciones? Anótalas.

....

....

....

....

....

....

EJERCICIO. El diamante del autoconocimiento

Contesta las siguientes preguntas sin ver las soluciones. ¡No hagas trampa!

1. Piensa en aquellas personas que no te conocen en profundidad: ¿cuál es el prejuicio/error de percepción que reciben de ti? Imagínate que un grupo de personas que conoces habla de ti a tus espaldas: ¿qué críticas o aspectos negativos resaltarían?

....

....

....

....

2. Piensa en tu niñez: ¿cuál era tu miedo más grande o tu mayor preocupación? ¿Qué te ponía ansioso? (La ansiedad es un miedo generalizado no específico.) ¿Qué te mantenía despierto pensando toda la noche? ¿Tenías algún miedo, pesadilla o imagen recurrente?

....

....

....

....

3. ¿Cuáles son tus fortalezas? ¿Cuáles son tus cualidades más destacadas? ¿Cuáles son aquellas habilidades que te hacen salir adelante en momentos difíciles? ¿Qué es lo que otras personas admiran de ti?

....

....

....

....

4. Escribe aquí factores de personalidad que tú no tienes pero que admiras. Habilidades que cuando las ves en otras personas sientes una profunda admiración y deseas compartir un poquito de esa forma de ser. No son capacidades en sí mismas, sino estilos y maneras de ser.

....

....

....

....

5. Escribe aspectos de tu personalidad que suelen crearte problemas, incluso en situaciones donde todo parece ir bien. Si lo piensas, son estos los aspectos que te ocasionan conflictos con tus seres queridos, tus compañeros de trabajo, figuras de autoridad y amigos.

....

....

....

....

6. Piensa en alguien que no toleras, alguien que conoces bien o que solo observaste, alguien que pasó por tu vida. Cuando conociste u observaste a esta persona, ¿qué es lo que te causó ese intenso rechazo? ¿Qué es lo que desencadenó esa profunda respuesta de disgusto? ¿Cuáles eran esos aspectos de su personalidad?

....

....

....

....

Respuestas (¡léelas después de contestar!)

1. La primera pregunta (1) es lo que podemos llamar tu «máscara», eso que proyectas a los demás, lo que te protege. La primera impresión superficial, la imagen que usas para ocultar, negar o camuflar tus más grandes miedos.
2. La segunda pregunta (2) es tu miedo. Este miedo es la fuerza detrás de tu máscara, es cómo crees que podrías no ser querido o no correspondido. Tu duda interna que debes enfrentar para poder ser tu verdadero yo (no la máscara). Cómo tu mayor ansiedad y preocupación te previenen de hacer «saltos de fe» (arriesgar, cambiar) hacia tu verdadero ser. Reflexiona: ¿cómo niegas, evitas o camuflas este miedo? ¿Cómo lidias con este miedo? ¿Cómo este miedo te empuja a veces a crearte problemas?
3. La tercera pregunta (3) son tus características más fuertes, que son motivo de falso orgullo. Te ofrecen un falso sentido de seguridad. Nunca estas características tuyas alivian tus miedos. Son solo un mecanismo para evitar y mantener el miedo bajo tu control. En general crees que esa característica es la que te salvará o te ayudará a resolver tus problemas. La usas como muleta, pero nunca te ayuda a animarte hacia ese salto de fe para lograr tu verdadero ser. En realidad es tu gran debilidad.
4. La pregunta cuatro (4) representa las características que tú no tienes pero que admiras realmente de los otros. Tú tienes esas características, pero en forma de semillas que no han crecido. Están enterradas en lo más profundo de ti. Es la expresión de tu más auténtico ser, el completo, el sanado; es aquello en lo que tú quieres convertirte. Para que crezca esa semilla debes dar un salto de fe, renunciar a tus características más fuertes (3) y enfrentar los miedos. Si no lo haces, podrías caer en tu lado oscuro (6).
5. La pregunta cinco (5) representa aquellas características tuyas que te crean problemas, que te autosabotean. Así caes en tus autolimitadas trampas emocionales. La raíz de tus problemas contigo mismo y con los demás. Tu talón de Aquiles.

6. La pregunta seis (6) es la lista de características que componen tu lado oscuro. Eso que no te agrada de los demás es lo que no te agrada de ti mismo. Las semillas de la destrucción resuenan dentro de ti cuando las ves resonar en otros. El lugar donde puedes hundirte o ser tu peor versión si te aferras a tus características más fuertes (3) y no logras dar el salto de fe (arriesgar, cambiar, animarte). Si vives bajo la máscara (1) alimentada por tus miedos (2) te conviertes en eso que odias y caes inevitablemente en tu lado oscuro (6).

EJERCICIO. Como yo

De la siguiente lista selecciona aquellos sentimientos que más se asemejan a ti:

- Estoy muy feliz de estar vivo.
- Solo necesito insistir un poco más con esto.
- Todo es posible.
- El amor es estúpido.
- Tengo miedo a la muerte, pero agradezco que sea inevitable.
- Me preocupo más por los otros que por mí.
- Internet es demasiado para mi cabeza, pero no puedo parar.
- Para cualquier cosa que desees, sé el cambio que te propones.
- La gente puede cambiar, pero yo no.
- Si puedo superar esto, puedo superar cualquier cosa.
- Lloro hasta con los anuncios de la tele.
- Me hace feliz saber qué hora es todo el tiempo.
- Me enfado con el tráfico en la ciudad.

3

No sabemos mucho

Autoengaño

Ya vimos que la función principal de tu cerebro, para poder sobrevivir, es predecir. Recuerda que estas predicciones son siempre una interpretación cerebral de la realidad. Una interpretación imaginada, anticipada, de lo que pudiera suceder. Piel, ojos, oídos, nariz y los demás sentidos se limitan a recoger datos en tiempo real. No ves más allá de tu nariz, pero, sea lo que suceda en el momento, tu imaginación cerebral valorará las probabilidades —por ejemplo, de peligro— y preparará a tu organismo para afrontar la situación —por ejemplo, de una amenaza teórica—. Esta predicción errónea o correcta produce una serie de modificaciones físicas y mentales que son las que tú percibes. **Muchas veces estas predicciones serán simplemente tus emociones**.

Nosotros, *Homo sapiens,* junto con nuestros genes, tenemos una historia épica, heroica y también angustiosa. Somos una especie migratoria y hemos tenido que buscarnos la vida comiendo lo que encontrábamos sin perder de vista a nuestros depredadores —incluso algunos miembros de nuestra especie con mucha hambre—. No somos rápidos, ni tenemos reflejos ni garras, ni fabricamos venenos. Tampoco ágiles ni fuertes. Carecemos de alas y ya se nos olvidó trepar a los árboles. Somos frágiles, pero tenemos la tecnología y la socialización; nos agrupábamos en pequeñas tribus y ahora lo hacemos en grandes masas globalizadas. Sin embargo, tu biología es similar a la de otras especies. Por ejemplo, en la forma en que tus células resisten a virus o bacterias, quemaduras, desgarros y magulladuras. Tus tejidos se reparan y recomponen con la misma eficacia. Serotoninas, endorfinas, dopaminas y otros neurotransmisores son iguales a los de animales «inferiores». Como los lobos dieron lugar a los perros domésticos actuales, los primitivos *Homo sapiens* nos dieron lugar a nosotros, hombres y mujeres actuales y un poco domesticados también.

A pesar de que tu cabeza es robusta y protege tu interior, ese interior, tu cerebro, es muy sensible a lo que te cuentan *—tu cultura, tu contexto—* y a lo que te cuentas *—tu diálogo interno, tu narrativa—*. Es decir, que además de las experiencias que vas viviendo, como te mencioné en el capítulo anterior, **tu cultura** también tiene un impacto enorme en cómo se estructura y cómo funciona tu cerebro. En nuestra fórmula de las emociones la cultura es la que influye en el contexto para así impactar también en lo que sientes y cómo te sientes.

Una vez más:

Emociones = Interocepción (que son las interpretaciones de las áreas interoceptivas de tus estados de placer bajo/alto y energía baja/alta) + Experiencias pasadas + Contexto (cultura)

Si compartes entonces tu química neuronal con la de un ratón, o incluso un gusano, *¿qué te diferencia de los otros seres vivos?* Básicamente, la información, la historia e historias que mueven esa química. Cada ser vivo tiene un libro diferente, pero el alfabeto es bastante parecido. No tiene sentido analizar el libro contando la proporción de letras concretas que lo conforman, ya que los libros no son solo letras. Estas últimas por sí solas no nos revelan los significados. Necesitas conocer cómo se agrupan en palabras y frases y muchas otras cosas más. Los avances en neurociencia no se nutren solo de la comprensión de la química neuronal, sino, especialmente, de entender el modo en que tus neuronas reciben y procesan la información y construyen con ella el conocimiento que te permite evaluar la probabilidad de que algo suceda antes de que lo confirmen o desmientan tus sentidos. O sea, no es solo el contenido concreto de la información, sino también su procesamiento. Tu sistema nervioso es una formidable red de adquisición de conocimiento a través del aprendizaje. Este aprendizaje no es infalible. No está garantizado por sus moléculas ni tampoco impedido de déficits o exceso de ellas. No depende solo de las moléculas, sino de los datos disponibles y de la forma en que son procesados para predecir, anticipar y corregir errores.

Me gusta pensar en el cerebro como un genio del engaño. Crea experiencias y dirige acciones como un mago, sin revelar nunca cómo lo hace y haciéndote sentir una falsa confianza en que lo que produce —tus experiencias de todos los días— desvela tu funcionamiento interno. Alegría, miedo, tristeza, ira parecen emociones tan distintivas y se sienten tan claras que asumes que están separadas dentro de ti. Pero no es así. **Las emociones son parte de tu «ser» biológico cerebral y corporal, pero no por tener circuitos neuronales exclusivos para cada una de ellas**. Las emociones son parte de nuestra evolución, pero no productos del pasaje recibido de nuestros animales ancestros. **Experimentas emociones sin esfuerzo consciente, pero eso no significa que seas un receptor pasivo de estas experiencias**. Percibes emociones sin una instrucción formal, pero eso no significa que sean innatas. Lo que es innato es que tú y yo usamos conceptos para construir nuestra realidad social y es nuestra realidad social la que hace que se cablee nuestro cerebro. Eres una colección de fuerzas internas, especializadas y esculpidas por la evolución, que tratan de controlar tus acciones. Tu cerebro batalla con tu cuerpo, la razón pelea con la emoción y fuerzas externas lo hacen con fuerzas que están dentro de ti. Con un cerebro animal envuelto en un córtex racional se supone que eres diferente al resto de los animales en la naturaleza, pero no por tener alma, sino por estar en la cima de la evolución, dotado de razón e ideas novedosas. Viniste al mundo listo para responder de formas muy específicas a eso que él tiene para ofrecerte.

Nuevos descubrimientos sobre el cerebro han revolucionado la comprensión de lo que significa ser humano. Tu mente, tus pensamientos y tus emociones son producto sin lugar a dudas de la evolución, pero, como te conté, no están esculpidos solo por

tus genes. Recuerda que ese moldeado cerebral está influenciado también por tus experiencias pasadas y tu cultura. Tu cerebro está hecho de cables y redes neuronales, pero ese es solo uno de los factores de una mente humana en crecimiento. Tu mente no es un campo de batalla entre fuerzas internas opuestas, pasión y razón, que determinan cuán responsable eres de tus comportamientos. Vimos que **tu mente son momentos computacionales de predicciones constantes de tu cerebro**. Él predice con sus conceptos y, mientras algunos científicos debaten si esos conceptos son innatos o aprendidos, es incuestionable que tú aprendes muchísimo de ellos mientras *tu cerebro se va cableando según lo que sucede física y socialmente a su alrededor.* En síntesis, el cerebro humano evoluciona en el contexto de la cultura hu-

mana, logrando así la creación de diferentes tipos de mentes. Por ejemplo, las personas en Occidente solemos experimentar pensamientos y emociones como diferentes y muchas veces en conflicto, sin embargo, sobre todo las guiadas por la filosofía budista, no hacen distinciones entre pensar y sentir.

Yo creo que hoy hemos llegado a un momento de nuestra historia donde lo viejo no se termina de ir y lo nuevo no termina de llegar. Una especie de *limbo* del tiempo donde navegamos, la mayoría, sin rumbo.

Muchas veces me incluyo en esa lista. Sin embargo, gracias a este momento bisagra de la humanidad **el nivel de insatisfacción de muchas personas hoy es superior al de su miedo al cambio**. Esto sucede cuando dentro de ti sientes un *ruido*, un *insight,* un *clic,* una llamada interna que te da lo que te falta para salir de tu zona de confort, en la que estás anestesiado. Es cuando sientes que tienes mucho que ganar y poco que perder. Es cuando, con dolor, reconoces que estás perdido. Pero es un dolor liberador, porque **darte cuenta de que estás perdido es el primer paso para encontrarte**.

Es el que no sabe que está perdido el más perdido. A muchos, esta necesidad de cambio los motiva a conocerse mejor. A mí me pasó al menos dos veces en los últimos quince años. *En el limbo* quiere que te des cuenta de que no es fuera, es dentro. Es cuando tu prioridad consiste en saber quién eres verdaderamente. En este viaje *tus emociones son la gran brújula que te llevará a tu destino*. Por supuesto que no pretendo que creas todo lo que te estoy contando, pero tampoco que te opongas *porque sí* a lo nuevo o desconocido. Sin duda eres mucho más complejo que la explicación de cómo funciona tu cerebro o tus emociones. Pero, dada la velocidad cada vez mayor de los cambios debido a las tecnologías y la globalización, es clave para tu evolución como persona o profesional cómo te vas a enfrentar a lo

desconocido y diferente. Si será por oposición morirás en el intento. O sea que me harías muy feliz si eres escéptico sobre lo que leas en estas páginas, pero prueba con lo que quieras que encuentres a través de tu propia experiencia. Pero no la oposición por la oposición. No te conviene. Y ojo con confundir tu escepticismo con ser arrogante. Los arrogantes no suelen plantearse nuevas preguntas porque creen saberlo todo. Científicos arrogantes hay muchos y viven en una especie de cárcel intelectual, haciéndose portavoces de la verdad, aunque solo con base en sus propias creencias. *La arrogancia siempre esconde miedo a cambiar.*

¡Al abordaje!

Si eres como la mayoría de las personas que he encontrado en mi vida, seguro que estás convencido de que, como tienes y sientes emociones, sabes un montón sobre esas emociones y cómo funcionan. Sin embargo, yo estoy convencido de que estás equivocado. En el campo de las emociones, como en tantos otros campos, familiaridad no es lo mismo que *expertise*. Tú tienes pulmones, pero eso no te hace experto en pulmones; eso se lo dejas al neumonólogo. Honestamente, **la ciencia sabe relativamente poco acerca de las emociones** y, aún peor, creemos saber más de lo que sabemos. No obstante, esto son buenas noticias para los científicos. Hay mucho trabajo que debe hacerse. Trabajo muy interesante e importante.

Voy a dedicar entonces un espacio significativo a lo que no sabemos, o al menos a aquello sobre lo que los científicos tienen muchas dudas, acerca de tus emociones y las mías. En primer lugar, en la mayoría de los textos de psicología prevalecen la mirada y el abordaje que introdujo el psicólogo Paul Ekman de que **todos tenemos unas pocas emociones primarias** o básicas —se llamarían así justamente porque todos los seres humanos las tendríamos—: alegría, ira, miedo, tristeza y asco o disgusto. En otros abordajes y teorías de las emociones vas a encontrar un rango de entre dos a once de estas emociones primarias. Ekman argumentaba, según sus estudios, que las expresiones faciales —de la cara— de estas emociones primarias pueden ser reconocidas en todas las culturas del planeta. El neurobiólogo Jaak Panksepp hizo un estudio similar, pero con el comportamiento animal, y detectó emociones que llamó *búsqueda*, *furia*, *miedo*, *cuidado (de cuidar)*, *pánico*, *juego* y *deseo*, para luego aparecer un segundo tipo de emociones comúnmente denominadas *sociales o morales*, que incluyen en general la vergüenza y el orgullo, entre otras. Estas últimas están principalmente asociadas a la comunicación social.

Ahora bien, si existen emociones primarias esto significa que serían unidades irreductibles. O sea que, según este planteamiento, una emoción como la ira no puede ser descompuesta en otros componentes que aún seguirían siendo emocionales. Para sostener esto se requeriría una creencia, yo diría misteriosa, de una suerte de *esencia* de las emociones. Es decir, ciertas emociones (y otras no) que sean estables, fijas en identidad y función y que no compartan componentes. Esto abre un campo interesantísimo de exploración sobre si las diferentes emociones están compuestas de características o dimensiones que se comparten, con ciertas variables, en todas las múltiples emociones. También podríamos pensar y estudiar si algunas emociones están compuestas o basadas en la combinación de otras emociones más *primarias*.

Otra gran duda acerca de las emociones primarias es si están basadas en aquellas que tienen nombre en el idioma inglés. Esto generaría que palabras como «felicidad» o «miedo» se convirtiesen en las principales categorías científicas de las emociones. Pero estas palabras existen mucho antes de que exista una ciencia de las emociones. *¿Por qué entonces uno debe esperar que estas palabras encajen perfectamente con las categorías científicas de las emociones?* Como verás en el capítulo 10, diferentes culturas tienen diferentes nombres para las emociones, e incluso emociones que nosotros, los latinos, no hemos categorizado o mencionado jamás.

Un segundo abordaje es el de los que creen que *las emociones son disparadas o encendidas por estímulos externos específicos*. Esto asemejaría tus emociones a tus reflejos. El reflejo es una respuesta automática e involuntaria que realizas ante la presencia de un determinado estímulo. Generalmente implica un movimiento, aunque puede consistir también en la activación, por ejemplo, de la secreción de una glándula. Sin embargo, hoy te puedo asegurar que no puedes determinar *qué* emoción es disparada por *qué* estímulo bajo *cuáles* circunstancias, ya que existe una gran flexibilidad para que aparezcan diferentes emociones dependiendo de múltiples estímulos y, como ya mencioné, del contexto y sobre todo de la persona, lo que interpreta y su historia. Estoy seguro de que tu desarrollo como persona a lo largo de tu vida desempeña un rol clave en determinar cómo respondes a ciertos estímulos en ciertos contextos. Es decir, el cerebro, no cabe duda, desempeña un rol clave, sientes emociones porque tienes neuronas, pero el **contexto** y tus **experiencias pasadas**, como ya vimos varias veces, influyen también.

Una tercera gran duda o abordaje es si *algunas emociones causan de manera fija y específica ciertos comportamientos.* Tu experiencia subjetiva de las emociones te lleva a intuir que es así. *Te ríes porque estás contento.* Sin embargo, no todos los científicos que estudian las emociones están de acuerdo con este concepto. Por ejemplo, el prestigioso psicólogo William James argumenta lo opuesto: las emociones son la consecuencia, y no la causa, de tu comportamiento. Es decir, *tienes miedo porque sales corriendo al ver un perro ladrando.* En todo caso, si fuera cierto que tus emociones controlasen siempre tus comportamientos, podríamos deducir de manera perfecta las emociones de alguien con solo mirar sus comportamientos. Y esto no es así. Podemos estar enfadados sin pegarle a nadie o estarlo sin que nadie se dé cuenta a través de un comportamiento específico detectable.

Otro gran abordaje en duda es si *ciertas emociones ocurren en lugares específicos del cerebro.* Es conocido también como abordaje *locacionista.* Esto empezó a cobrar mucho interés gracias al avance de la resonancia magnética nuclear funcional y a estudios con pacientes con lesiones en áreas del cerebro.

Sin embargo, hoy existe mucha evidencia de que esto no ocurre así. Las emociones dependen de múltiples sets de áreas, ya mencionadas como redes interoceptivas, distribuidas por todo el cerebro.

Con todas estas dudas y abordajes se genera una pregunta central para la neurociencia: *¿Cómo el cerebro crea representaciones internas del mundo exterior y luego las traduce en pensamientos, emociones y acciones? ¿Cómo las neuronas decodifican la información representada por otro grupo de neuronas para organizar y expresar esos pensamientos, emociones y acciones?*

El científico Ralph Adolphs propone, para empezar a despejar estas dudas, un abordaje con cuatro ejes de estudio. 1) La perspectiva del biólogo del comportamiento que observará cuidadosamente el comportamiento del animal en su estado salvaje o en el laboratorio, o el de la persona. Este debe preguntarse: *¿Para qué desafío o problema esta emoción se adaptó?* 2) El psicólogo escuchando a las personas hablar e indicar sus experiencias emocionales conscientes, pero también 3) midiendo las respuestas emocionales en el cuerpo, como latidos del corazón o expresiones faciales. Debe preguntarse: *¿Qué algoritmos resuelven ese problema o desafío?* Es decir, *¿qué mix de propiedades es el correcto?* Y 4) el neurobiólogo estudiando y manipulando las funciones de las neuronas en el cerebro. Debe preguntarse: *¿Qué mecanismos neuronales se implementan en el cerebro para lograr las emociones?* Un gran desafío que plantean estas cuatro perspectivas es que muchas veces cada disciplina utiliza su propio lenguaje, conceptos y métodos, que relacionan sus datos con las emociones. ¡A ponerse de acuerdo!

¿Eres tu pasado?

Son tres diferentes áreas bien diferenciadas de tu cerebro y su gran interconexión las que te permiten ir del pensar al hacer y al sentir. Una «primera» área, el córtex prefrontal, es la que piensa y la que cada vez que aprendes algo nuevo construye una nueva conexión sináptica. Te permite, además, adquirir toda la información de tu ambiente y contexto. O sea que cuando empiezas a aprender en tu vida agregas nuevos circuitos que son representados en tu cerebro por un cable —la famosa materia gris— que tiene, por supuesto, tres dimensiones. Es materia. Ahora bien, no solo aprendes esa información, sino que además puedes aplicar ese conocimiento, personalizarlo y demostrarlo. Cuando sucede esto último decimos que *adquieres una nueva experiencia*. Esas experiencias enriquecen tu cerebro, dado que, cuando estás en el medio de la misma, todo lo que ves, hueles, sientes, escuchas, pruebas, es decir, la información que juntan tus sentidos desde el ambiente, envía un sinfín de señales a tu cerebro, logrando que una cascada de neuronas se reorganicen entre ellas para reflejar ese evento. Esas neuronas reorganizadas empiezan a representar lo que sucede y producen distintos neurotransmisores y químicos que envían señales al resto del cuerpo. Cuando esto te está sucediendo se activa una «segunda» área. **Tu cerebro límbico o emocional**. En el momento en que empiezas a modificar tu comportamiento dada la nueva experiencia, estás informando de manera emocional a tu cuerpo de lo que entendiste intelectualmente. Ambos cerebros están trabajando juntos. Tienes tu mente y tu cuerpo desempeñándose en simultáneo. Es ahora cuando estás *encarnando* el conocimiento, metiéndolo en tu cuerpo. Sin embargo, para que tu mente y tu cuerpo neuroquímicamente memoricen esa experiencia debes repetirla y repetirla. Cuando eso sucede decimos que **tu cuerpo sabe tanto**

como tu mente. Lo sientes. Tus pensamientos y emociones se alinean con un concepto. Allí se activa una «tercera» área, tu **cerebelo**. Este es el centro de la memoria, y ya no es necesario que tengas que pensar en eso. Para muchos autores, que tú cambies requiere que vayas del pensamiento al comportamiento, al sentir. Es decir, que son tus pensamientos cableados, tus comportamientos habituales y tus emociones *memorizadas* las que determinan quién eres. O sea, para estos autores, en tu presente, tu hoy, tú no eres tus deseos, intenciones o eso que quieres, sino aquello que vienes siendo, tu pasado.

Ejemplo: tú estás leyendo estas páginas. Se trata de información que en parte se va guardando en tu cerebro que piensa. Si empiezas a releer la información de este libro, comienzas a pensar en los datos y las experiencias que te cuento. Lo que memorices en tu cabeza causa que ciertas neuronas empiecen a relacionarse durante más tiempo; es lo que se conoce como *neuronas que disparan juntas se cablean juntas*. Cada vez que recuerdas y repasas la información aprendida fortaleces los circuitos. Esto sería en biología algo así: cuando aprendes algo forjas una nueva conexión cerebral, y al recordar ese aprendizaje mantienes cada vez más fuerte esa conexión. Cuando repites estás reforzando los circuitos cerebrales.

Si para algunos autores tú eres (presente) lo que vienes siendo (pasado), el desafío es este: *¿Cómo haces para que tus comportamientos sean coherentes con lo que quieres ahora y no con lo que vienes siendo? ¿Cómo haces para que tus acciones se equiparen a tus nuevos pensamientos?* Desde el momento en que empiezas a pensar en formas nuevas estás forzando a tu cerebro a acomodarse en secuencias, combinaciones y circuitos originales. Estás haciendo que tu cerebro trabaje diferente, es decir, creando una nueva mente. O sea, cuando estás meditando, rezando o simplemente soñando despierto, pero con pensamientos nuevos, estás literalmente creando una nueva mente. Si esto lo repites muchas veces (no se sabe cuántas), estás acomodando y adelantando tu cerebro —creando conexiones nuevas— a la experiencia real. Es decir, cuando la experiencia ocurra, tú ya vas a tener algunos circuitos para usar. En definitiva, si empiezas a repetir los nuevos circuitos y dejas de usar los viejos circuitos, estos últimos van a dejar de conectarse. Lo que se conoce en biología como *si no lo usas, lo pierdes.* Estás poniendo los circuitos —producto de tus pensamientos nuevos— en su lugar antes de que la experiencia suceda. Estás creando un nuevo hardware neurológico.

Según estas teorías tú programas tu cuerpo para que experimente una situación futura antes de que esta ocurra. De esta manera, tu cuerpo ya no vive en el presente ni en el pasado, sino en el futuro, pero en un futuro basado en alguna construcción del pasado. Cuando esto ocurre, el cuerpo no sabe distinguir la situación real de la imaginada. Como crees que lo más probable es que esa situación imaginada te pase en la vida, tu cuerpo se prepara para ella. Y empieza a vivirla de una forma muy real. Entonces, en lugar de ponerte mal con una situación estresante que temes vivir en el futuro, basándote en tu experiencia del pasado, puedes enfocarte en una nueva experiencia deseada que aún no hayas sentido emocionalmente. Sería algo así como permitirte vivir ahora en ese posible nuevo futuro, hasta el momento en que tu cuerpo acepte o crea estar sintiendo esas emociones que la situación te producirá en el presente. *¿Te mareaste?* Vuelve a leerlo despacio.

Neuronas trabajando

Tu cerebro es tu órgano de cambio. El concepto de neuroplasticidad ha demostrado que tu cerebro se altera y modifica a sí mismo cada vez que aprendes algo nuevo. También cambia cuando vives una experiencia nueva. Sin embargo, tus neuronas también se reacomodan en el momento que decides modificar tus comportamientos para disfrutar de una vida mejor. Es decir, que cuando cambias tu mente —pensamientos y emociones—, cambias tu cerebro. Y cuando tu cerebro cambia, cambia tu mente. Tu mente es el producto de la actividad cerebral en tu vida. Tú puedes hacer que tu cerebro trabaje diferente porque lo puedes influenciar con tus pensamientos para que dispare en muy distintos patrones, secuencias y combinaciones que produzcan, a su vez, diversos estados de mente. Esto era impensable hace cuarenta años, cuando la comunidad científica sostenía que tu cerebro estaba cableado con un cierto limitado número de conexiones. Se creía y aceptaba que durante tu vida no se podía mejorar el hardware que es tu cerebro. Gracias al avance de la tecnología, hoy sabemos que puedes hacer trabajar a tu cerebro de manera diferente. Es en realidad tu estado de conciencia el que usa tu cerebro y tu cuerpo para producir diferentes niveles y estados de la mente. O sea, es solo cuando te vuelves más consciente y atento —autoconocimiento— cuando puedes hacer cambios medibles en quien eres y en como controlas tu vida. En su famoso experimento, el doctor Pascual-Leone dividió en dos grupos a personas que nunca habían tocado el piano. Instruyó al primer grupo a tocar con una sola mano con ejercicios de escalas y acordes y después de cinco días de práctica, dos horas al día, observó en resonancias magnéticas nucleares cambios cerebrales producto de la actividad de la mano. Al segundo grupo le pidió que *imaginara mentalmente* las mismas escalas y acordes durante la misma cantidad de tiempo en días y horas que al primer grupo, pero sin mover los dedos ni tocar el piano. Estos últimos mostraron los mismos cambios cerebrales que los primeros. Es decir, **cuando estás realmente atento y focalizado —estado de mayor consciencia—, tu cerebro no diferencia en-**

tre lo que está pasando en tu mente y lo que está pasando en tu mundo exterior. Increíblemente, esto también sucede con tu cuerpo, lo que prueba una conexión absoluta entre tu mente y tu cuerpo. En una investigación del doctor Vinoth Ranganathan se le pidió a un grupo de personas ejercitar sus dedos con una pesa durante cuatro semanas una hora al día y sus músculos aumentaron un 30 %. El segundo grupo no movió jamás un dedo. Practicaron el mismo tiempo, pero solo mentalmente, y aumentaron un 22 % su masa muscular. ¡Sin actividad física! O sea que podríamos conjeturar que **el cuerpo y el cerebro cambian antes de la experiencia real**; cambios físicos que ocurren a través de tus pensamientos, intenciones y meditaciones, también conocidas como visualizaciones.

¿Viste alguna vez en los bordes de las carreteras los carteles «Atención, hombres trabajando»? Podríamos decir que en tu cabeza sucede todo el tiempo lo mismo: «Neuronas trabajando». Trabajando para hacer que tus sueños, pensamientos, miedos, hábitos, habilidades, fantasías, recuerdos, alegrías, etc., hagan eso que tú llamas «este soy yo». Todo en un mapa de casi 100.000 millones de neuronas interconectadas. Hasta la más pequeña información que tú adquieras va a alterar esa geografía neuronal, modificando, aunque sea mínimamente, quién eres. Hasta las imágenes que creas en tu mente dejan huellas en tu cerebro que son parte de tu única e irrepetible identidad. Eres sin dudas un *work in progress* permanente.

En síntesis, te mostré todo aquello sobre lo que la ciencia duda o no sabe sobre tus emociones. Pero algo sabe... *¿Cuáles son las propiedades que comparten las emociones?*

4

Propiedades de las emociones

Al día de hoy

Para la neurociencia, las propiedades que tienen las emociones serían las características que tú buscarías en el cerebro para descubrir presuntos estados emocionales. Las emociones son consideradas casi siempre como *estados* de una persona. Decimos, por ejemplo, que estás en un *estado de felicidad*, porque ganó tu equipo de fútbol preferido; *de tristeza*, porque te dejó tu pareja, o *de miedo*, porque te está ladrando un rottweiler. Pero también podemos aplicar emociones a sistemas más grandes que una persona. Podemos decir que América Latina está en un *estado de tristeza* por no poder combatir el hambre de sus pueblos.

Los neurocientíficos se interesan principalmente en cómo la arquitectura funcional de una emoción es implementada en tu sistema nervioso, y, por ende, en qué pistas o datos pueden obtener sobre esa arquitectura funcional de tu sistema nervioso. Hoy no se sabe exactamente en qué lugares del cerebro ocurre, pero sí se sabe que *no* es en todo el cerebro, además de que existen muchos datos de dónde buscar.

Estos momentos, estados o instantes de emoción han evolucionado a lo largo del tiempo. Esta evolución sucedió para que pudieras enfrentarte con los desafíos ambientales recurrentes por los cuales fuiste necesitando de particulares demandas computacionales por parte de tu *cerebro*. Por esto último, se pueden clasificar las emociones como *propiedades funcionales particulares* que te permitieron producir una respuesta adaptativa y eficiente a tales cambios. Por ejemplo, para ciertos peligros de la época se requirió una serie rápida de respuestas emocionales coordinadas para evitar dichas amenazas.

Para la mayoría de los científicos expertos en el tema, las *emociones* están en una zona intermedia entre *acciones reflejas o instintivas* (como cuando te golpean con el martillito la rodilla y se levanta la pierna de forma automática) y *acciones deliberadas por nuestra cognición* (pensamientos). Sin embargo, ambas acciones que se encuentran en extremos opuestos, las reflejas y el pensar, son reclutadas durante una respuesta emocional. Por ejemplo, durante un estado emocional de miedo salgo corriendo (acto reflejo), pero también puedo pensar qué hacer con esa situación que me causa miedo. Dentro de las propiedades de una emoción podemos distinguir *elementos básicos*, es decir, que todas las emociones comparten (como los ladrillos de una casa), o propiedades que no todas las emociones comparten (como el aire acondicionado de un apartamento).

Las propiedades pueden ser usadas para caracterizar un estado emocional particular y sirven para distinguirlas de otros estados emocionales, pero, además, de comportamientos que requieren mayor reflexión y pensamiento. Algunos estados de emoción tienen mayor **valencia** (son más o menos placenteros) que otros, **persisten** más tiempo o desempeñan un rol en la **comunicación social**. Estas propiedades puedes considerarlas como *dimensiones* en las cuales una misma emoción puede variar. De aquí se desprende un concepto muy interesante y sencillo que es el de **espacio dimensional**. En este espacio, diferentes estados emocionales o emociones pueden ser relacionados entre sí como más o menos parecidos. Por ejemplo, furia y euforia pueden parecerse mucho a nivel de energía o activación que te producen, pero nada que ver con el nivel de placer. Aquí la pregunta clave que deben hacerse los científicos es qué dimensiones usar para comparar similitudes o diferencias entre emociones.

Cuáles son las propiedades emocionales

1. **Intensidad**. Un estado emocional escala en intensidad, y estos cambios también pueden modificar comportamientos, por ejemplo, la transición que ocurre, cuando tienes miedo, entre esconderte y escapar. Podríamos decir que tu miedo escaló en intensidad. Por ejemplo, del 1 al 10, ¿cómo de contento estás en este momento?

2. **Valencia**. Corresponde, según muchos científicos, a una dimensión que se relaciona con la descripción que haces de tu experiencia consciente sobre eso que te está pasando en algo que *sientes* como no placentero o desagradable a algo que es agradable o muy placentero. La valencia sería un elemento básico compartido por todas las emociones. Todos los estímulos pueden ser evaluados como bonitos o feos, como positivos o negativos, como para acercarte o para alejarte de ellos. Por ejemplo, en general puedes decir que la depresión tiene una valencia baja y la alegría una valencia alta.

3. **Persistencia**. Un estado emocional dura más o menos tiempo y este tiempo te genera una oportunidad para que integres información sensorial —a través de tus sen-

tidos— de múltiples fuentes que pueden influenciar tus pensamientos y comportamientos. En general, las emociones persisten entre segundos y minutos. Los estados emocionales que persisten horas o días o incluso más suelen ser llamados estados de ánimo. Esta propiedad es muy importante en el mundo de la toma de decisiones. Existen muchos modelos científicos y computacionales que describen cómo la acumulación de evidencia sensorial resulta en una elección o decisión particular. El más conocido es el del investigador Roger Ratcliff: *Si te sientas en la oscuridad en un callejón desconocido y empiezas a escuchar y oler lo que pasa a tu alrededor, sin cambiar de ambiente, será una cuestión de tiempo que tengas tanto miedo que vayas a esconderte o salgas corriendo.* Es tu cerebro, que acumula información sensorial y te informa de potenciales peligros. Este modelo es muy poderoso para explicar muchas de tus decisiones en la vida. Si la evidencia sensorial es baja, por ejemplo, muy pocos ruidos en el callejón, es muy probable que tu decisión —de salir corriendo— sea lenta. Esto sucede porque tu umbral de decisión no acumuló la suficiente evidencia sensorial. Pero si tu umbral es muy bajo —y en esto todos somos diferentes— seguro que tomarás la decisión muy rápido. Es lo que se conoce como falso positivo. Saliste corriendo cuando no había peligro.

Por otro lado, la persistencia de una emoción puede ser considerada como la de un elemento radiactivo, algo que va decayendo con el tiempo. La cosa se pone complicada cuando confundes la persistencia con tu recuerdo de una emoción. Es decir, cómo de triste estás va a depender mucho de cuánto te acuerdes de lo que es estar triste y de qué te hizo estar triste en primer lugar —lo que definimos como tus experiencias pasadas—. Estas son complejidades que los científicos tendrán que elucidar. Sin embargo, en experimentos llevados a cabo por el equipo del doctor Daniel Tranel se demostró con pacientes amnésicos que la persistencia de una emoción no es solo consecuencia de tu habilidad consciente de recordar cómo se siente esa emoción. Las emociones tienen una persistencia intrínseca y esa persistencia tiene un rol funcional en su habilidad de integrar información sensorial durante algún tiempo, para así influir en tu forma de pensar y de comportarte —y en otras emociones— durante algún período de tiempo. La impermanencia de las cosas. La impermanencia de las emociones.

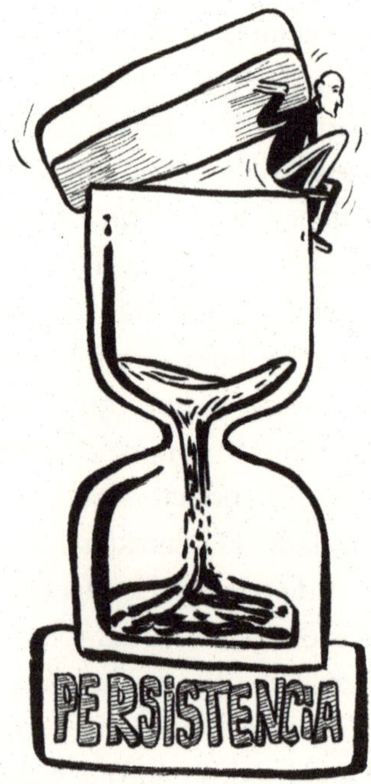

4. **Generalización**. Las emociones pueden generalizarse con ciertos estímulos y comportamientos, y mucho de esto depende de tu aprendizaje. Es decir, que numerosos estímulos tienden a conectarse con un estado emocional particular, lo que causa diferentes comportamientos, según el contexto. Por ejemplo, cada vez que el autobús no se detiene en la parada (estímulo) tiendes a enfadarte (emoción) y a maldecir al aire en voz alta (comportamiento). Pero si lo mismo te sucede durante las vacaciones yendo a la playa (contexto diferente pero mismo estímulo), respiras hondo y te ríes (otro comportamiento). La generalización es la propiedad menos entendida; sin embargo, muchos científicos suelen utilizar para explicar esta propiedad el «efecto contexto». Se asume que

hay un número muy bajo de estímulos cuyas propiedades sensoriales causan siempre una misma emoción. Pero estos sí pueden ser modulados por el contexto donde están ocurriendo. En cambio, los llamados efectos del contexto se tornan tan complicados que seguramente se incorpora aquí tu cognición —lo que estás pensando cuando está ocurriendo ese estímulo y tu experiencia pasada con ese estímulo en ese determinado contexto—.

Las propiedades de persistencia y generalización son la base de la gran flexibilidad de los diferentes estados emocionales.

5. **Coordinación global**. Junto a la generalización, es la característica más amplia de un estado emocional que orquesta una red muy densa y causal de efectos en el cuerpo y el cerebro. Es decir, cuando *sientes* se involucra todo el organismo. Todo puede cambiar en el funcionamiento de tus tejidos y órganos, dado que sientes una u otra emoción. Incluso, como vimos, encender o apagar genes. Las emociones no solo influyen en tus pensamientos y comportamientos, sino también en tu sistema endocrino y tus respuestas autónomas (cambiar la presión sanguínea, influir en la digestión, alterar las hormonas, etc.). Es probable que este involucramiento global de tu organismo frente a tus estados emocionales se deba a los grandes desafíos del ambiente que debimos atravesar como especie. Para que esto funcione bien, de manera adaptativa, se requiere una fabulosa coordinación. Cómo esa coordinación se distribuye en componentes neuronales es todavía un misterio. Y es este misterio el que debería ser desvelado o al menos parcialmente desvelado si queremos diseñar robots emocionales.

6. **Automaticidad**. Como se ha demostrado en múltiples ocasiones, la cognición humana parece tener al menos dos características bien diferentes, genialmente descritas por el ganador del Premio Nobel Daniel Kahneman como «pensamiento rápido» y «pensamiento lento». Estos dos sistemas son propuestos por un esquema de proceso dual. El sistema 1 es más automático: heurístico, rápido, sin esfuerzo, no consciente, implícito, intuitivo y trabaja en paralelo; y el sistema 2 es más controlado: sistemático, más lento, con esfuerzo, consciente, racio-

nal, explícito, analítico y trabaja de manera serial. El sistema 1 muchas veces es considerado por ciertos autores, o incluso identificado, como emocional.

Los estados emocionales poseen cierta automaticidad, propiedad que comparten, pero en menor medida, con los reflejos. Por lo general, tú tienes que hacer un esfuerzo para que una emoción no ejerza una respuesta automática frente a determinadas situaciones. Por ejemplo, tienes que controlar no reírte cuando estás viendo a tu jefe quedar como un ridículo en una presentación aburrida. La propiedad de automaticidad de las emociones puede ser pensada como un interruptor; es decir, cuando la respuesta a una situación particular tiene que ser priorizada. Si viene hacia ti un camión de frente, no piensas si va a frenar o no, te apartas a un lado y listo.

Entonces, esto indicaría que tus emociones tienen prioridad sobre el control de tu comportamiento que las decisiones deliberadas y conscientes; por eso requieres de esfuerzo para regularlas. Esta capacidad de regulación, que veremos más adelante, es algo único de los humanos.

7. **Comunicación social**. Al tener prioridad sobre las decisiones deliberadas y conscientes (pensamientos) en el control del comportamiento, los estados emocionales parecen estar preadaptados para servir a la comunicación social. Es decir, pueden funcionar como señales honestas para predecir el comportamiento de otro animal o persona. No solo entre las mismas especies, sino

también en la relación presa-predador. La comunicación social sería un claro ejemplo de una propiedad de los estados emocionales que no es un elemento básico. Por ejemplo, un mismo estado emocional puede desempeñar un rol funcional en la comunicación social solo en algunas circunstancias, pero no en otras. Sentirse enfadado con tus padres puede percibirse como una señal de estar en desacuerdo con la decisión que han tomado por ti, pero el mismo estado con un colega de trabajo puede ser una señal de querer hacerle algo malo. En general, es mediante el estudio de las expresiones faciales como se investigan las emociones como su rol o propiedad en señales de comunicación.

EJERCICIO. La paz comienza con una sonrisa

Cierra los ojos... Sonríe. Nota cómo se siente desde dentro.

Emociones y aprendizaje

Otra propiedad de las emociones es la capacidad que tienen para influenciarte a la hora de aprender. El aprendizaje es un fenómeno dinámico dependiente del contexto y de lo social. En él, tus emociones forman parte del cómo, qué, cuándo y por qué piensas, recuerdas y aprendes. En los últimos años los científicos han avanzado mucho en entender cómo tus emociones influyen sobre tu forma de pensar y aprender. Se ha demostrado que tus emociones y tus procesos cognitivos están apoyados por procesos neuronales totalmente **interdependientes**. Ambos se necesitan para que puedas aprender. **Es literalmente imposible que construyas tu memoria, que tomes decisiones de importancia o tengas pensamientos complejos sin intervención de tus emo-**

ciones. Esto tiene mucho sentido para la biología, ya que tu cerebro es un órgano metabólicamente caro, y para la evolución no tendría sentido gastar tanta energía y oxígeno pensando en cosas que no son relevantes para ti.

Esta idea de que por una cuestión energética tienes mayor capacidad de pensar *profundamente* solo en las cosas que te importan e interesan tiene una gran implicación en la educación. Por ejemplo, te puedes preguntar cuándo y cómo aprender con sentido, en lugar de aprender de memoria conceptos y algoritmos, muchas veces sin poder relacionarlos o manejarlos. También puedes reflexionar sobre cómo la tecnología, la cultura y tus relaciones sociales configuran tu aprendizaje y cómo tus maestros pueden entender y utilizar tus emociones de un modo más productivo.

En el ámbito del aprendizaje existen **emociones sociales**, como el **amor**, que te motivan, por ejemplo, a unirte a alguien, tener hijos y cuidarlos. Gracias a que tu cerebro es plástico también puedes sentir **curiosidad** por explorar y descubrir, sentir **admiración** que te estimula a emular las virtudes ajenas. Estas emociones intelectuales, sociales y complejas son parte de tu comportamiento subjetivo y de tus reacciones mentales ante situaciones y conceptos de todo tipo. Reacciones que, como ya vimos, pueden impactar en tu cuerpo —la subida de tu ritmo cardíaco— y en tu mente a través de diferentes formas de pensar. El hecho de que puedas sentir estas emociones permite que se organicen tu moral y tu ser social, emulando modelos, ayudando a los que lo necesitan o castigando a los que, según tú, lo merecen. Estas emociones complejas forman, además, la base de tu creatividad y de las decisiones que tomas. Hoy, la gestión de una vida eficiente no es solo tu supervivencia física, sino además tu vida social e intelectual. Interés, inspiración, admiración y compasión pertenecen a eso que piensas sobre el mundo en un momento determinado, interpretado gracias a tus experiencias pasadas y en tu futuro imaginado. Estas emociones, al igual que tus pensamientos, se desarrollan a través de tu aprendizaje de vida, con la madurez y experiencia que vas adquiriendo. Para la educación podemos considerar tus emociones y pensamientos como habilidades que siempre siempre siempre pueden ser mejoradas y optimizadas.

Toma de decisiones y emociones

Otra propiedad clave de las emociones para tu vida y bienestar es su poder en la toma de decisiones. Recientes estudios de comportamiento e investigaciones neurobiológicas han desarrollado el siguiente argumento básico sobre cómo tomas decisiones: las acciones basadas en tu toma de decisiones que serían óptimas desde una perspectiva matemática son, en general, imposibles de lograr. La necesidad computacional de tu cerebro necesaria para que esto ocurra es más difícil que cualquier situación realista. Por eso, para tomar decisiones, tu cerebro utiliza lo que se conoce como **aproximaciones heurísticas**. Tu cerebro usa estas aproximaciones para tus desafíos personales, pero también para decisiones ambientales, sociales y culturales recurrentes. **Desde la perspectiva de estas decisiones computacionales y heurísticas, las emociones suelen ser categorizadas como algoritmos para la supervivencia**. Bajo este marco conceptual se propone que hay diferentes categorías de emociones diseñadas para afrontar desafíos específicos (miedo, disgusto, ira, etc.).

Las aproximaciones heurísticas son una especie de regla que sigues de manera inconsciente para reformular un desafío o problema planteado y transformarlo en uno más simple que pueda ser resuelto fácilmente y de manera casi automática. Sería una especie de truco mental para guiar tu toma de decisiones por surcos de pensamiento más fáciles. Por ejemplo, a finales de los ochenta se realizó uno de los experimentos que mejor ejemplifican un caso de pensamiento guiado por aproximaciones heurísticas. Un equipo de investigadores conducidos por el doctor Fritz Strack planteó a una serie de jóvenes alemanes dos preguntas muy concretas: «¿Te sientes feliz estos días? ¿Cuántas citas tuviste el mes pasado?». El interés de este experimento estaba en estudiar la posible existencia de una correlación entre las respuestas a estas dos preguntas, es decir, si existía alguna relación entre la respuesta que se le daba a una de las preguntas y la que se le daba a la otra. Los resultados fueron negativos. Ambas parecían ofrecer resultados independientemente de lo que se respondía a la otra. Sin embargo, al invertir el orden de las preguntas (¿Cuántas citas tuviste el mes pasado? ¿Te sientes feliz estos días?) y plantearlas de este modo a otro grupo de jóvenes, sí apareció una correlación muy significativa. Las personas que respondían que habían tenido un número de citas cercano a cero se mostraban también más pesimistas a la hora de valorar su nivel de felicidad. Según las reglas de las aproximaciones heurísticas, la explicación más probable es que las personas del segundo grupo habían extendido la respuesta de la primera pregunta, la más fácil de contestar, a la segunda, cuya resolución implicaría reflexionar durante un rato. Así, mientras los jóvenes del primer grupo no habían tenido más remedio que buscar una respuesta a la pregunta «¿Te sientes feliz estos días?», los del segundo grupo sustituyeron inconscientemente esta pregunta por la que habían respondido segundos antes, la de las citas. Así, para ellos la felicidad por la que se preguntaba en el experimento había pasado a ser un tipo de felicidad muy concreto, más fácil de valorar: el de la felicidad relacionada con la vida amorosa. Es decir, **la emoción que causaba pensar en la pregunta de**

las citas afectaba de manera directa a la pregunta de sus niveles de felicidad. El de los jóvenes alemanes no es un caso aislado. La pregunta sobre la felicidad también es sustituida cuando viene precedida de una cuestión relativa a la situación económica o las relaciones familiares de la persona entrevistada.

El equipo de Edward Saunders aporta otro ejemplo clásico de decisiones heurísticas. Cuando tienes que votar se supone que te requiere una profunda reflexión en varios temas (medioambiente, política de género, economía, propuestas contra la corrupción, etc.) y ante lo cual existe una limitada respuesta posible: abstenerte, votar en blanco, invalidar tu voto o votar por un candidato. Ahora bien, elegir a quién votar según los diferentes criterios y parámetros que figuran en los programas electorales es una tarea bien difícil. Yo diría tan difícil que nadie lo hace. Para esto es posible que una decisión heurística sea preguntarte casi sin que te des cuenta: *¿Qué partido está formado por la mayor cantidad de políticos que mejor me caen? Aquí, «me caen mejor» tiene que ver con una o más emociones.* El problema complejo de a quién votar se simplifica a una escala valorativa que puede expresarse del 0 (nadie me cae bien) al 10 (todos me caen bien) y cuya respuesta se apoyará solo sobre impresiones subjetivas. Sin embargo, esta pregunta simplificada guarda una **relación de equivalencia** con tu primera pregunta, que es a quién votar. Te das una respuesta simple para responder a la primera, más compleja. O sea, la opción ganadora resultante de tu proceso heurístico, que en este caso podría ser el de un partido político, la transportas de nuevo al mundo de las reflexiones deliberadas y se asentará al final de la pregunta original como si nada hubiera pasado. ¡Y sin que te des cuenta!

Este proceso heurístico de toma de decisiones te hace posible **una respuesta rápida y cómoda a una pregunta compleja**. De esta manera, tu cerebro renuncia a la pretensión de dedicar tiempo y recursos a buscar la respuesta más exacta. Estos atajos son una especie de mal menor que utilizas ante la imposibilidad de atender todos y cada uno de los problemas que deben ser afrontados, teóricamente, por tu estilo de pensamiento racional. Obviamente, las consecuencias de dejarte guiar por estos procesos heurísticos no siempre son positivas.

Para la neurociencia, la toma de decisiones y la resolución de problemas por las aproximaciones heurísticas adaptativas utilizan diferentes mecanismos. Desde respuestas basadas en tus hábitos —cuando es la hora del almuerzo, como sin pensar si tengo hambre— hasta respuestas orientadas por tus objetivos que requieren de otro tipo de mecanismos más complejos. Por todo esto, los estados emocionales y la toma de decisiones fueron estudiados en distintos contextos. La mayoría de los experimentos inducen a los participantes a estados emocionales; sin embargo, estos estados inducidos son más parecidos a estados de ánimo. Es decir, relativamente de larga duración y con estados de valencia muy bien definidos (placenteros o no placenteros). Esto último puede sesgar las decisiones en el tiempo. Por ejemplo, las personas en general tienen sesgos importantes a la hora de tomar decisiones que involucren cierto riesgo y estos sesgos son muy influenciados por sus estados de ánimo. Algunas personas son más optimistas y otras más pesimistas, y esto sesga las expectativas que tienen de los resultados de sus decisiones.

En este capítulo y en el anterior hemos viajado por lo que sabe y no sabe la ciencia acerca de tus emociones. Quizá no te des cuenta, pero, para que tú sepas lo que sabes y sientas lo que sientes, utilizas conceptos y categorías. Les pones palabras a las cosas, pero también a las emociones. Una pregunta que me hacen frecuentemente es esta: *¿Puedes sentir algo si no lo pones en una palabra, en un concepto?*

EJERCICIO. Test de estilos emocionales

(adaptado de Richard Davidson y Sharon Begley)

Tu estilo emocional comprende seis dimensiones. Este mix de seis dimensiones refleja los descubrimientos de las investigaciones de la neurociencia en la era moderna. En resumen, sería la relación que existe entre las conexiones de tu córtex prefrontal y las de tu sistema límbico. Cada uno de nosotros tiene obviamente un cableado diferente. Los estilos emocionales tratan de explicar por qué cada uno de nosotros reacciona y responde de forma diferente a nuestros eventos y situaciones habituales. Las dimensiones son las siguientes: 1) Resiliencia: cuánto tardas en recuperarte de la adversidad. 2) Actitud: cuánto tiempo puedes mantener una emoción positiva. 3) Intuición social: cuán observador eres para notar señales sociales de las personas que hay a tu alrededor. 4) Autoconocimiento: en qué medida puedes percibir tus propias sensaciones físicas que reflejan emociones. 5) Sensibilidad al contexto: cuán hábil eres regulando tus respuestas emocionales para ser consciente del contexto en el que te encuentras. 6) Atención: cuán agudo y claro es tu foco.

Contesta verdadero o falso a las siguientes afirmaciones:

Resiliencia

1. Si tengo una pequeña discusión con mi esposa/o o algún amigo cercano, estoy mal durante varias horas o más. Discusión del estilo: «No, es tu turno de lavar los platos».
2. Si otro conductor utiliza el arcén de una carretera para adelantarme en un atasco, suelo tomármelo a la ligera y no hacerme mala sangre.
3. Cuando tuve una experiencia de profundo dolor, como la muerte de alguien cercano, esto interfirió con mi habilidad de funcionar durante varios meses.
4. Si cometo un error en el trabajo y me reprenden, lo tomo como una experiencia de aprendizaje.

5. Si pruebo un nuevo restaurante y la comida y el servicio terminan siendo pésimos, me arruina toda la noche.
6. Si me encuentro en un atasco debido a que hubo un accidente más adelante, y finalmente pude atravesar el cuello de botella, en general ventilo mi frustración, pero sigo sufriendo por dentro.
7. Si se rompe la caldera de mi casa y no me funciona el agua caliente, no afecta mucho a mi estado anímico, ya que sé que puedo llamar a un fontanero y arreglarlo.
8. Si conozco a una persona que me gusta y la invito a salir nuevamente y me dice que no, me pone de mal humor durante horas o incluso días.
9. Si estoy siendo considerado para un importante premio profesional o una promoción y se lo terminan dando a otra persona que yo considero que está menos cualificada, suelo superarlo rápidamente.
10. Estoy en una fiesta conociendo a una persona nueva e interesante y cuando me pregunta sobre mí me trabo y no puedo responder con elocuencia. Más tarde suelo repetir la conversación en mi cabeza durante horas o incluso días pensando qué debería haber dicho.

Las preguntas abarcan un amplio rango de adversidades, desde cosas triviales (por ejemplo, la pregunta número 5) hasta cosas más profundas (pregunta 3). Esto es intencional. Las investigaciones han demostrado de manera consistente que la habilidad de recuperarse de pequeñas adversidades —como ver una imagen perturbadora o recibir una pequeña descarga eléctrica— tiene una fuerte correlación y es un buen predictor sobre cómo uno se enfrenta a adversidades de la vida real y, en especial, sobre cómo de rápido puede uno recuperarse. Por eso la resiliencia en pequeñas cosas es un buen indicador sobre la resiliencia en eventos más profundos. Es cierto que existen personas que suelen obsesionarse por pequeñas adversidades, pero a su vez pueden lidiar hábilmente con una emergencia realmente importante. Para estos casos, su resiliencia funciona de una manera similar: si se recuperan rápido de las pequeñas adversidades, suelen hacer lo mismo ante grandes adversidades; y, por el contrario, si se paralizan o se obsesionan por pequeñas cosas, también suelen estar deprimidos durante un largo tiempo ante situaciones más profundas. Cada respuesta «verdadero» en las preguntas 1, 3, 5, 6, 8 y 10 suma 1 punto. En caso de que la respuesta sea «falso» en estas preguntas, suma 0 puntos. Cada respuesta que sea «falso» en las preguntas 2, 4, 7 y 9 suma 1 punto. En caso de que la respuesta sea «verdadero» en estas preguntas, suma 0 puntos. Si tu puntuación final es mayor o igual a 7 significa que eres, comparado con la media, lento en recuperarte. Si obtuviste una puntuación total menor de 3 significa que eres rápido en recuperarte, es decir, ¡tienes mucha resiliencia!

Actitud

1. Cuando me invitan a conocer a nuevas personas pienso que pueden llegar a convertirse en mis amigos y no lo tomo como una tarea o compromiso social.
2. Cuando tengo que evaluar a un compañero de trabajo me focalizo en las áreas que él/ella debería mejorar y no tanto en su *performance* general positiva.
3. Creo que mis próximos diez años van a ser mejores que mis últimos diez.
4. Cuando me encuentro ante la posibilidad de mudarme a una nueva ciudad/trabajo, me lo tomo con miedo, como un paso hacia lo desconocido.
5. Cuando me ocurre algo positivo pero inesperado por la mañana —por ejemplo, tener una conversación enriquecedora con un extraño—, ese buen humor se me va en cuestión de minutos.

6. Cuando voy a una fiesta y lo estoy pasando bien al comienzo, la sensación positiva suele durarme toda la noche.
7. Suelo aburrirme rápidamente ante un paisaje hermoso, como una puesta de sol.
8. Cuando me despierto por la mañana puedo pensar en actividades placenteras que planeé y eso me mantiene de buen humor durante todo el día.
9. Cuando voy a un museo o a un concierto, los primeros minutos son disfrutables, pero no dura mucho tiempo.
10. En días movidos y ocupados, suelo sentir que puedo ir de un evento a otro sin cansarme.

Cada respuesta «verdadero» en las preguntas 1, 3, 6, 8 y 10 suma 1 punto. En caso de que la respuesta sea «falso» en estas preguntas, suma 0 puntos. Cada respuesta que sea «falso» en las preguntas 2, 4, 5, 7 y 9 suma 1 punto. En caso de que la respuesta sea «verdadero» en estas preguntas, suma 0 puntos. Cuanto más alta sea tu puntuación total, más actitud positiva tienes. Es decir, que puedes mantener más tiempo una emoción positiva. Si tu puntuación final es mayor o igual a 7, significa que eres positivo. Si obtuviste una puntuación total menor de 3, significa que eres más bien negativo, o sea, puedes pasarlo bien y sentir emociones gratificantes, pero no te duran mucho tiempo.

Intuición social

1. Cuando estoy hablando con otras personas, en general noto pequeñas señales sociales que reflejan sus emociones, como incomodidad o enfado, antes de que ellos mismos las reconozcan.
2. Suelo encontrarme a mí mismo observando expresiones faciales y lenguaje corporal.
3. No creo que haya diferencia entre hablar con otra persona por teléfono o cara a cara, ya que no acostumbro a obtener información adicional por hablarlo en persona.

4. Suelo sentir que sé más sobre los verdaderos sentimientos que tienen las personas que ellos mismos.
5. Suelo sorprenderme cuando alguien con quien estoy hablando se enfada por algo que dije, sin razón aparente.
6. En un restaurante prefiero sentarme al lado de la persona con la que estoy hablando, así no tengo que ver su cara entera.
7. Suelo responder a la incomodidad o la angustia de otra persona de manera intuitiva y no porque hubo una discusión explícita.
8. Cuando me encuentro en un lugar público con tiempo de sobra, me gusta observar a las personas que están a mi alrededor.
9. No me siento cómodo cuando una persona que apenas conozco me mira directo a los ojos durante una conversación.
10. Puedo decir cuándo algo está molestando a otra persona con tan solo mirarla.

Cada respuesta «verdadero» en las preguntas 1, 2, 4, 7, 8 y 10 suma 1 punto. En caso de que la respuesta sea «falso» en estas preguntas, suma 0 puntos. Cada respuesta que sea «falso» en las preguntas 3, 5, 6 y 9 suma 1 punto. En caso de que la respuesta sea «verdadero» en estas preguntas, suma 0 puntos. Cuanto más alta sea tu puntuación total (8 o más), más intuición social tienes. Si tu puntuación final es 3 o menos tienes baja intuición social.

Autoconocimiento

1. Cuando alguien me pregunta por qué estoy enfadado o triste, suelo decir: «Pero si no estoy enfadado ni triste».
2. Cuando alguien muy cercano a mí me pregunta por qué traté a alguien mal o de forma brusca, suelo no estar de acuerdo con que mi trato fue malo o brusco hacia esa otra persona.
3. Frecuentemente —más de un par de veces al mes— encuentro que mi corazón se acelera o mi pulso late con fuerza y no tengo idea de por qué.

4. Cuando observo a alguien con dolor, siento el mismo dolor, tanto emocional como físicamente.
5. Generalmente estoy seguro acerca de cómo me siento, por lo que puedo traducir mis emociones en palabras.
6. A veces noto molestias y dolores y no tengo idea de dónde vienen.
7. Me gusta dedicar tiempo a estar en silencio y relajado para sentir qué es lo que está pasando dentro de mí.
8. Creo que escucho mucho a mi cuerpo y me siento como en casa y confortable en él.
9. Estoy fuertemente orientado al mundo exterior y raramente tomo nota de qué está pasando con mi cuerpo.
10. Cuando hago ejercicio soy muy sensible a los cambios que se producen en mi cuerpo.

Ahora suma 1 punto por cada respuesta «verdadero» a las preguntas 4, 5, 7, 8 y 10. Suma 1 punto por cada «falso» a las preguntas 1, 2, 3, 6 y 9. Puntúa 0 por cada respuesta «falso» a las preguntas 4, 5, 7, 8 y 10. Puntúa 0 por cada respuesta «verdadero» a las preguntas 1, 2, 3, 6 y 9. Una puntuación de 8 o más significa que tienes un alto grado de autoconocimiento. Una puntuación menor de 3 significa un bajo grado de autoconocimiento.

Sensibilidad al contexto

1. Personas cercanas a mí me dicen que soy extraordinariamente sensitivo a los sentimientos de otras personas.
2. En alguna ocasión me han dicho que me comporto de una forma socialmente inapropiada, lo cual me sorprende.
3. He sufrido a veces algún revés en el trabajo o un enfrentamiento con un amigo porque fui demasiado amistoso con un superior o actué demasiado alegremente cuando un buen amigo estaba angustiado.

4. Cuando hablo con otras personas, ellas a veces se apartan hacia atrás para que haya más distancia entre los dos.
5. A menudo me encuentro censurando lo que iba a decir porque siento algo en la situación que lo hace inapropiado (ej., antes de responder a «Amor, estos vaqueros te hacen parecer gordo/a»).
6. Cuando me hallo en un lugar público, como un restaurante, estoy especialmente atento a si hablo muy fuerte.
7. Cuando estoy en público me recuerdan frecuentemente que evite mencionar los nombres de personas que pueden estar a nuestro alrededor.
8. Estoy siempre atento a si estuve en un lugar antes, incluso si es una autopista por la que circulé muchos años atrás.
9. Me doy cuenta cuando alguien está actuando de una forma que parece fuera de lugar, como comportarse de manera demasiado casual en el trabajo.
10. Personas cercanas a mí me han dicho que muestro buenos modales con extraños y en situaciones nuevas.

Suma 1 por cada respuesta «verdadero» a las preguntas 1, 5, 6, 8, 9 y 10. Suma 1 punto por cada respuesta «falso» a las preguntas 2, 3, 4 y 7. Puntúa 0 por cada respuesta «falso» a las preguntas 1, 5, 6, 8, 9 y 10. Puntúa 0 por cada respuesta «verdadero» a las preguntas 2, 3, 4 y 7. Si tu puntuación fue menor de 3, eres una persona poco conectada con el contexto, mientras que si la puntuación fue 8 o más, indica que estás muy en sintonía con el contexto.

Atención

1. Puedo concentrarme en un entorno ruidoso.
2. Cuando estoy en una situación en la que muchas cosas están pasando y hay una gran cantidad de estimulación sensorial, como en una fiesta o en una multitud en un aeropuerto, puedo lograr no perderme en una serie de pensamientos acerca de cosas particulares que veo.

3. Si decido focalizar mi atención en una tarea particular, encuentro que soy muy capaz de mantenerla allí.
4. Si estoy en mi casa y trato de trabajar, los ruidos de la televisión o de otras personas hacen que me distraiga mucho.
5. Si me siento en silencio, aunque sea unos momentos, una catarata de pensamientos vienen a mi mente y me encuentro siguiendo múltiples líneas de pensamiento, a menudo sin saber cómo comenzó cada uno.
6. Si me distraigo por algún evento inesperado, puedo volver a enfocar mi atención en lo que estaba haciendo.
7. Durante períodos de relativo silencio, como cuando estoy sentado en un tren o un autobús, o esperando en la cola de un comercio, me percato de un montón de cosas que están o que suceden a mi alrededor.
8. Cuando tengo un proyecto importante que requiere mi completa atención y foco, trato de trabajar en el lugar más silencioso que encuentre.
9. Mi atención tiende a ser capturada por estímulos y eventos del contexto y es dificultoso para mí desconectarme una vez que esto sucede.
10. Es fácil para mí hablar con otra persona en una situación con mucha gente, como un cóctel o una oficina.

Suma 1 por cada respuesta «verdadero» a las preguntas 1, 2, 3, 6, 7 y 10. Suma 1 por cada respuesta «falso» a las preguntas 4, 5, 8 y 9. Puntúa 0 por cada respuesta «falso» a las preguntas 1, 2, 3, 6, 7 y 10. Puntúa 0 por cada respuesta «verdadero» a las preguntas 4, 5, 8 y 9. Una puntuación de 8 o más significa que logras mantener altos el foco y la atención. Si tu puntuación fue de 3 o menos, significa que tiendes a perder mucho la atención.

CONCEPTO
PALABRA

5

Conceptos y categorías

> Nuestras emociones deben ser educadas como nuestro intelecto.
>
> JIM ROHN

PONLE UNA PALABRA

¿Necesitas una palabra que describa una emoción para poder sentirla? A medida que avanzas en *En el limbo*, espero que vayas internalizando algunos conceptos. Para empezar, que muchas de las creencias fundamentales sobre qué son las emociones están equivocadas. Que no es verdad que puedes leer las emociones de los demás solo viendo su cara sin equivocarte jamás. Cuando se trata de emociones, una cara no habla por sí sola, nunca. Sí, es verdad, tiendes a sonreír cuando estás contento o fruncir el ceño cuando estás enfadado. Pero no es un gesto ni una expresión obligatoria. Tampoco es cierto que las emociones son cosas que te suceden. Las emociones son algo que tu cerebro construye, diseña, y pronto te voy a explicar cómo. Todos los cerebros evolucionan con el propósito de regular los sistemas y órganos del cuerpo. Pero cada cerebro tiene que decidir cómo y dónde invierte sus recursos. Tu cerebro regula y predice qué tipo de sensaciones tendrás provenientes de tu cuerpo y cuánta energía te harán gastar esas sensaciones.

Cuando tus sensaciones son intensas es porque usas *conceptos con nombres de emociones* para que tenga sentido toda esa información interior. Serías algo así como el constructor de tus emociones utilizando conceptos. **Los conceptos que construyes con base en tus emociones con nombres de emociones es aquello que tú sabes sobre la emoción.** No es necesariamente lo que puedes describir, sino lo que tu cerebro sabe y las sensaciones que aparecen, dado ese conocimiento. Por ejemplo, cuando estás cocinando, tu cerebro sabe hacer un montón de cosas de manera automática, pero no necesitas articularlas, ni siquiera ser consciente de que estás cocinando bien. *Cuando tú conoces el concepto relacionado con una emoción, puedes sentir esa emoción*. Por ejemplo, puedes sentir y decir que estás triste. Sin embargo, en Tahití no existe el concepto de *tristeza*, sino que el concepto más parecido se traduciría en algo así como *el tipo de cansancio que sientes cuando estás con gripe*. Así, *al parecer*, se sienten ellos cuando tú sientes tristeza. Los conceptos los aprendes a muy temprana edad, probablemente de tus padres. No te enseñaron a *sentir* emociones. Cuando eras un bebé sentías nervios, o placer o calma. *Interocepción, ¿te acuerdas?* Pero las emociones derivadas de los conceptos —como estar enfadado cuando algo malo pasa— te fueron enseñadas no siempre de manera explícita. Y esto no se detuvo en tu niñez. Tu cerebro tiene la capacidad de combinar experiencias pasadas en novedosas formas de crear nuevas representaciones, experimentar algo nuevo que nunca antes hayas visto, escuchado o sentido.

Por ejemplo, es muy probable que puedas sentir *Schadenfreude* —vocablo alemán que designa el sentimiento de alegría creado por el sufrimiento o la infelicidad del otro— sin conocer la palabra, pero tu cerebro debería trabajar muy duro para construir esos conceptos. Te llevaría mucho tiempo describirlo.

Pero, si conoces la palabra, y si la escuchas a menudo, entonces se convierte en algo automático, como cuando cocinas.

Por otro lado, **aprender nuevas palabras para nombrar tus emociones es bueno porque te permite sentir emociones más sutiles, y esto te permite regularlas mejor**. Por ejemplo, puedes aprender a distinguir entre incomodidad y sentirte afligido. Aprender cómo construyes tus emociones mejora tu capacidad y habilidad para gestionarlas y gobernarlas. Es increíble, pero tu cerebro utiliza tu pasado para construir tu presente, y tú puedes invertir energía en cultivar en el presente nuevas experiencias que luego se convierten en las semillas de tu futuro. Puedes cultivar experiencias en el ahora y luego se convertirán, con la práctica, en automatizadas, de manera tal que tu cerebro va, casi sin esfuerzo, a construir tu futuro.

Conceptos

Las *semillas* de las emociones son plantadas principalmente en tu infancia, por ejemplo, al escuchar a tu madre decir «enfadado» una y otra vez en las más variadas situaciones. En realidad, la palabra «enfadado» contiene una población de diversos momentos agrupados en un solo **concepto**: «enfadar». La palabra te invita a buscar dentro de ti, sin que te des cuenta, características que esos momentos tienen en común, incluso si esas similitudes existen solo en tu cabeza. Una vez que *el concepto* está establecido en tu sistema conceptual, tú puedes *construir* o *diseñar* momentos de «enfado» en presencia de información sensorial altamente variable. Si el foco de la atención es en ti mismo durante esa categorización, entonces construyes un **momento de enfado**. Si el foco de atención es en otra persona, construyes una **percepción de enfado**. Pero *¿qué es un sistema conceptual?* Es un conjunto organizado de definiciones, símbolos y otros instrumentos de tu pensamiento. Por ejemplo, las matemáticas, la forma de escribir música, la lógica formal, etc. *Sistema* se refiere a elementos que se encuentran interrelacionados y que interactúan entre sí. Y *concepto* es lo que se utiliza para definir un conjunto de objetos reales que están dotados de una organización. Es decir, ¡podemos estudiar las emociones como un sistema conceptual!

Ya vimos que tus genes te dieron un cerebro que se puede ir cableando a sí mismo, dado su ambiente social y físico. Las personas a tu alrededor, en tu cultura, mantienen ese ambiente con sus conceptos y te ayudan a vivir en ese ambiente transmitiéndote esos conceptos desde su cerebro al tuyo. Más adelante, tú vas a transmitir —o ya lo estás haciendo— esos mismos conceptos a tu próxima generación.

Por ejemplo, en la naturaleza, el arcoíris no se compone de franjas de colores, sino de un espectro de luz continuo que va desde los 400 a los 750 nanómetros. Sin embargo, tú y yo vemos franjas de colores porque tenemos **conceptos mentales** como *rojo, azul, violeta*, etc. Tu cerebro usa automáticamente estos conceptos para agrupar longitudes de onda en ciertos rangos del espectro para **categorizarlos** como *del mismo color*. Tu cerebro reduce las variaciones en cada categoría de color y magnifica las diferencias entre categorías, lo cual genera que veas bandas de colores. Por eso podemos definir la **conceptualización** como **el proceso por el cual tú les das sentido a las sensaciones de tu cuerpo y de tu mundo exterior** usando representaciones. Y esto lo haces dadas tus experiencias previas y en un determinado contexto. Bajo esta perspectiva, los términos que utilizas para describir tus emociones son el grupo de palabras que establecen las categorías abstractas de lo que tú experimentas y de cómo lo comunicas. Estas palabras son la *esencia* que marca una posición que te ayuda a que haya *coherencia* entre emociones, comportamientos y, la mayoría de las veces, incluso correlación con tus expresiones faciales. En este sentido, como hemos visto y seguiremos viendo, el contexto es crucial, ya que un 50 % de las palabras que escuchas no puedes entenderlas fuera de un contexto (presentadas aisladas). Sin embargo, utilizando *tus* conceptos, tu cerebro aprende a categorizar construyendo fonemas —sonidos de la voz— en milésimas de segundo entre todas las variables posibles de ruidosa información, y te permite comunicarte con los demás. **Todo lo que percibes a tu alrededor está representado por conceptos en tu cerebro**. Sin conceptos experimentarías un mundo de permanente ruido fluctuante. Serías ciego e incapaz de aprender de tus experiencias. Aunque suene raro y contraintuitivo, cualquier cosa que te encuentres sería como cualquier otra cosa que encuentres.

Imagínate que toda información sensorial que recibes es como un rompecabezas masivo y cambiante que tu cerebro debe descifrar. Los objetos que ves, los sonidos que escuchas, los olores que hueles, las cosas que sientes tocando, los sabores que pruebas y todas las otras sensaciones que experimentas, como dolor o molestias, son, al llegar a tu cerebro, señales sensoriales *continuas, ambiguas y con alta variabilidad*. En realidad, como ya te conté, tu cerebro *predice* antes de que esa información llegue a completar los detalles que faltan, y buscando regularidades cuando sea posible. Solo de esta manera puedes experimentar un mundo de objetos, personas, música y eventos y no esa confusión ruidosa que es lo que realmente está allá fuera.

Entonces, para lograr esto, tu cerebro emplea *conceptos* que te permiten que todas esas señales sean algo con *sentido*, creándote una explicación de dónde vienen, cuál es su relación con el mundo y cómo actuar frente a eso. Tus percepciones son tan vívidas e inmediatas que te hacen creer que tú experimentas el mundo tal cual es, cuando en realidad *experimentas el mundo según tus propias construcciones*. Es decir, mucho de lo que experimentas como el mundo exterior comienza dentro de tu cabeza. Esto sucede cuando categorizas utilizando conceptos. Al hacerlo, vas más allá de la información disponible.

Categorías

Filósofos y científicos definen una categoría como una colección de objetos, eventos o acciones que se agrupan como equivalentes o parecidos para un determinado propósito. Los *conceptos* son las representaciones mentales de esas categorías. Tradicionalmente, se supone que las *categorías* existen en el mundo mientras que los *conceptos* solo existen en tu mente. Los conceptos se representan en tu cerebro como *el mejor ejemplo* de su categoría. A estos se los conoce como **prototipos**. Por ejemplo, el ave *prototípica* tiene plumas y alas y puede volar. Sin embargo, no todas las aves tienen esas características, como el avestruz. Está bien que haya variaciones del prototipo, pero no muchas. La avispa no es un ave, pero tiene alas y vuela. Desde esta perspectiva, a medida que vas aprendiendo categorías, tu cerebro representa supuestamente el concepto con un único prototipo.

En el mundo de tus emociones pareciera que no tienes dificultades para describir las características prototípicas de una determinada emoción. Si le preguntas a la mayoría de los occidentales las características prototípicas de *tristeza*, probablemente te dirán «ceño fruncido, postura desplomada, llanto, desánimo, tono de voz monótono, sensación de fatiga o sin fuerza». Aunque no todos los momentos de tristeza tienen cada una de estas características, sí corresponde a la descripción típica. Esto demuestra que los prototipos podrían ser un buen modelo para los conceptos de emociones. Sin embargo, cuando usamos herramientas científicas para medir diferentes momentos de tristeza, el ceño fruncido o la postura desplomada no es el patrón más frecuentemente observado. *Todo el mundo parece conocer el prototipo, pero no necesariamente es así en la vida real.* Podemos decir, entonces, que el cerebro tiene muchos momentos de perros, coches, emociones o cualquier otra cosa y se impone similitudes entre ellos, en un momento determinado, de acuerdo con su objetivo en una situación específica. Ya sea un coche, un avión o una alfombra voladora. Estos conceptos basados en tus objetivos son superflexibles y se adaptan a cada situación. Los conceptos bajo estas condiciones no son fijos, sino muy maleables y dependientes del contexto, ya que tus objetivos pueden cambiar en diferentes situaciones.

Cuando categorizas utilizando tu cerebro no estás buscando similitudes en el mundo, sino creándolas. Cuando tu cerebro necesita un concepto, lo construye en el momento, mezclando y combinando una población de momentos de tus experiencias pasadas para encontrar lo que más se acerque a tu objetivo en una situación determinada.

Según este abordaje, entonces, los conceptos que usas para describir tus emociones están basados en tus objetivos. Por ejemplo, los momentos de felicidad son altamente variables; puedes sonreír, sollozar, chocar los cinco, saltar y saltar, o incluso quedarte inmóvil, de alegría. Tus ojos pueden estar muy abiertos o entrecerrados, tu respiración puede acelerarse o ir más despacio. Tu corazón puede parecer que se te sale del pecho o estar totalmente relajado. Es decir, este surtido de experiencias y percepciones involucran diversas acciones y cambios internos en tu cuerpo, originando que sientas diferente, como también diferentes sonidos, olores y eso que ves. Para ti, en ese preciso momento, todos estos cambios físicos están orientados a alguna clase de objetivo. Quizá sea ser aceptado, sentir placer, encontrar algún sentido, lograr alguna ambición o aspiración. Tu concepto de «ser feliz» en ese momento está centrado en ese objetivo y esto es ayudado por todas tus experiencias pasadas.

Imagina, por ejemplo, que eres fanático de un club de fútbol y estás en el estadio esperando a que tu equipo salga al campo a jugar la final de un torneo importante. Mientras miras la puerta del túnel por donde salen los jugadores, tu cerebro está ocupadísimo emitiendo miles de predicciones en milésimas de segundo basándose en tus conceptos sin que tú te des cuenta, es decir, por fuera de tu conciencia. Después de todo, existe una cantidad importante de posibles y diferentes emociones que puedes experimentar en esa situación. *Alegría* de ver a tu equipo salir decidido a jugar; *miedo* a que no juegue bien; *preocupación* por que tu jugador favorito no esté entre los titulares; *anticipación* por la cantidad de papelitos que caerán de las tribunas; *ira* por la disposición táctica del equipo, que no te convence, etc. También puedes hallarte en un estado sin emociones y simplemente *cansado* de todo lo que fue la entrada al estadio con sus largas colas y eternas escaleras, o incluso tener la percepción de cierta molestia nasal porque te pescaste un resfriado. Tu cerebro vive una tormenta de predicciones y les da sentido a tus sensaciones del momento apoyado en tus experiencias pasadas en estadios de fútbol, finales y resfriados y toda situación relacionada con estas últimas. Tu cerebro pondrá en la balanza todas estas predicciones basándose en probabilidades, las que van a competir para explicar qué te causan todas esas sensaciones y determinarán qué percibes, cómo vas a actuar y cómo te vas a sentir en esa situación. Finalmente, la predicción más probable se convierte en tu percepción. Por ejemplo, *alegría* de ver a tu equipo salir a jugar la final.

En síntesis, tu cerebro se hace de un **sistema conceptual** mientras se va cableando durante el primer año de vida. Este sistema es el responsable de la salud de los *conceptos* que usas hoy para describir tus experiencias y para percibir tus emociones. El recién nacido no nace con emociones, sino con la habilidad para entender y aprender patrones, proceso conocido como *aprendizaje estadístico.* Al nacer te enfrentas con un montón de ruidos y señales desde el mundo exterior e interior. Esta fuente sensorial de información no es al azar, tiene ciertas estructuras, regularidades. Tu pequeño cerebrito comienza a computar probabilidades de qué sonidos, aromas, tactos, gustos y sensaciones van juntos y cuáles no. A una increíble velocidad tu cerebro aprende a resolver este mar de sensaciones en patrones. **Una vez que el sistema conceptual se establece no necesariamente necesitas llamar a una emoción con una palabra para construir un momento de emoción**. Puedes sentirla y percibirla incluso sin tener una palabra para ella. En el ejemplo de *Schadenfreude*, tú que hablas español, o aquellos cuya lengua madre es el inglés, pueden *sentir* cierto regocijo o alegría cuando ven a otro sufrir o pasarlo mal. Si bien no tenemos esa palabra para esa emoción, la puedes sentir.

Es decir, *no necesitas una palabra, pero sí un concepto.* Para esto, tu sistema conceptual del cerebro realiza algo conocido como *combinación conceptual.* Combina conceptos existentes para crear un nuevo concepto de emoción. **La combinación conceptual es una herramienta muy potente de tu cerebro, pero es menos eficiente que tener una palabra**. O sea, es más eficiente decirte que anoche cené raviolis a decirte *una pasta rellena con un queso blanco suave.* En definitiva, *no necesitas una palabra que describa una emoción para poder sentirla y crear un momento de emoción, pero es más fácil cuando tienes una palabra.*

Sin embargo, los científicos todavía debaten sobre los mecanismos detrás de la combinación conceptual, que es tan increíble que te permite crear un número potencialmente ilimitado de nuevos conceptos a partir de los que ya existen. Podríamos decir que **la combinación conceptual más las palabras son el poder que tienes para crear la realidad.**

Según la doctora Feldman Barrett, poseer cientos o miles de conceptos para describir emociones nos hace tener lo que ella llama *alta granularidad emocional*; aquellos con algunas docenas de conceptos tienen *moderada granularidad emocional* y los de *baja granularidad emocional* solo poseen pocos conceptos sobre emociones. Es como si separásemos a las personas que contienen en su cerebro grandes, medianas y pequeñas cajas de herramientas. En su laboratorio demostró que aquellas personas con un sistema conceptual de emociones muy bajo —condición conocida como *alexitimia* y que afecta al 10 % de la población mundial— tienen dificultades para experimentar y percibir emociones. En un experimento donde estaban dadas las condiciones para que una persona experimentara ira, aquellas con alexitimia sentían dolor de estómago. Cuando estas últimas observaban a dos personas gritarse y pelear no sentían la ira de esas personas ¡sino que solo percibían gritos! Estas experiencias proveen aún mayor evidencia de cuán críticos son los conceptos para experimentar y percibir emociones.

Construye emociones

A lo largo de mi experiencia trabajando en organizaciones, escuelas y con deportistas descubrí una serie de emociones que a la gran mayoría les gustaría sentir más a menudo. Construirlas y diseñarlas en su día a día. Estas son (I) *gratitud*, (II) *confianza*, (III) *poder de decisión* y (IV) *autoestima*. *¿Qué hacer para lograrlo?*

Primero debes **visualizar** ciertos eventos o situaciones, o generarte una serie de pensamientos que tú consideras positivos. Luego, **identificarte** con esos eventos, situaciones o pensamientos. Identificarte sería como sentir eso que quieres sentir. Finalmente, **repetir** esos pensamientos con los cuales te identificaste. De esta manera tu cerebro tendrá un acceso más fácil a esas sensaciones.

En un próximo capítulo te mencionaré el impacto que tienen tus pensamientos en tus emociones. En nuestra fórmula irían aquí:

Emociones = Interocepción (que son las interpretaciones de las áreas interoceptivas de tus estados de placer bajo/alto y energía baja/alta) + Experiencias pasadas (pensamientos) + Contexto (cultura)

Por ejemplo, para sentir más (I) **gratitud** debes focalizarte en que durante tu día haya más momentos de gratitud. Cada mañana, visualiza y piensa en motivos por los que te sientes agradecido. Cuanto más practiques, más fácil será para ti ver el lado positivo de las cosas. Puedes escribirlos en un cuaderno y darle las gracias a la gente que te cruzas cada día de tu vida. Incluso a las personas que no te caen muy bien. Imagina su cara, no trates de controlar tus pensamientos, y libérate de todo resentimiento que hayas sentido por esa persona. Otra técnica es focalizarte en algún objeto de tu casa o trabajo que aprecies mucho e imaginarte la cantidad de personas y procesos que ha atravesado para que se haya construido, pintado, tallado, repartido, enviado, etc. Luego piensa en los beneficios personales que tienes y sientes a partir de ese objeto.

EJERCICIO. Practicar la gratitud

Al levantarte por la mañana, reserva un minuto para escribir dónde te gustaría centrar tu gratitud ese día. Puedes pensar en una situación, en algo o en una persona. Luego, cierra los ojos y siéntate por un momento para enfocarte en ello de una manera positiva que genere una sensación de calor dentro. Una vez que lo sientas, respira profundamente y deja que se funda con tu conciencia. ¿Te animas a repetirlo durante una semana?

Si quieres sentir más (II) **confianza** en tus capacidades para alcanzar un objetivo, es muy poderoso visualizarte habiéndolo cumplido y sintiéndote muy bien por lograrlo. Es una suerte de compromiso y alianza entre tu visión —eso que quieres— y tu mente. *Puedes sentir y saber* qué va a suceder.

EJERCICIO. Sensaciones internas

Durante una semana, elige un momento de cada día para frenar lo que estás haciendo y poder reconocer cinco sensaciones en tu cuerpo. Cuando lo hagas, cuéntalas con los dedos. Toma nota de cuáles fueron estas sensaciones cada día.

EJERCICIO. Se hace camino al andar

Descálzate, siente el suelo en cada parte de las plantas de los pies. Da tres pasos atentamente y lo más silenciosos posible. Mientras realizas cada movimiento, focalízate en las sensaciones que registran las plantas de tus pies.

Si tu objetivo es (III) **ser más decidido**, vas a mejorar tu productividad, y esto, obviamente, afecta a tu bienestar. Para lograrlo te recomiendo la regla de los cinco segundos de Mel Robbins. Esta regla consiste en lo siguiente: desde el momento en que se te ocurre una idea tienes cinco segundos, para empezar a hacer algo. Si pasan esos cinco segundos, tu mente te va a llevar a pasear por otro lugar. Por ejemplo, tienes cinco segundos para hablarle a alguien que tienes ganas de conocer, preguntar algo durante una reunión, etc. Para esto, empieza haciendo una lista de aquellas cosas que sueles posponer o procrastinar. Luego elige una sola cosa de esa lista para usar la regla de los cinco segundos y comprométete a aplicarla al menos durante una semana. No empieces con algo muy grande o importante de tu vida ¡y quédate en una o dos cosas como máximo para empezar!

Para construir una mayor (IV) **autoestima** es clave que lleves un registro de todos tus logros del día. Seguro que haces muchas cosas bien, pero recuerdas mejor las que haces mal. Por eso tu autoestima se hunde. Hasta te diría que para darle cierta fuerza simbólica tengas un cuaderno solo dedicado a llevar este registro de logros y minilogros. Por ejemplo: llegué temprano, comí saludable, hice deporte, leí, limpié mi cuarto, etc.

Sin embargo, el tema de la autoestima es muy complejo, afecta a muchísimas personas y a menudo no es bien comprendido. Salir de un estado de baja autoestima puede llevarte mucho tiempo y esfuerzo. Si eres de los que sientes regularmente que *no eres lo suficientemente bueno*, puedo recomendarte los siguientes pasos adaptados del experto en autoestima Nathaniel Branden. Según él, tu autoestima es una consecuencia, es decir, es el producto de prácticas que se generan en tu interior desde tu infancia. Las seis prácticas fundamentales para fomentar tu autoestima y obtener un desarrollo interior más pleno son estas:

1. **Vive conscientemente**. Esto quiere decir que respetes la realidad sin evadirte ni negarla. Que estés presente en lo que haces mientras lo haces. «Donde está tu cuerpo, está tu mente». Ser consciente tanto de tu mundo interno como del externo. Si eres consciente es que reflexionas, analizas, ponderas y juzgas los acontecimientos, viendo sus causas y sus consecuencias. Es decir, sabes tomar decisiones libremente y aceptas las consecuencias de tus actos.
2. **Acéptate**. No niegues ni rechaces tus pensamientos, emociones y acciones. No puedes trabajar sobre tus emociones menos placenteras si no aceptas que las tienes.

Cuando hay autoaceptación, no hay enfrentamiento contigo mismo, no te conviertes en tu propio enemigo. Como decía mi amigo Robert Thurman en el prólogo. Tienes que comprender tu potencial. Tienes que aceptar no solamente tus errores, sino también todo tu potencial, y hacerlo implica mayores responsabilidades. Cuando rechazas y sacrificas partes de ti mismo, sean cuales fueran las razones, el resultado es que empobreces tu sentido del yo.

3. **Sé responsable**. Tienes que reconocer que eres el autor de tus decisiones y acciones, la realización de tus deseos, la elección de tus compañías, cómo tratas a los demás en la familia, el trabajo y las amistades, cómo tratas a tu cuerpo y procuras tu felicidad. No vale decir: «yo sería feliz... estaría mejor... cumpliría mis objetivos..., etc., si tú cambiaras, si no fueras así, si no me hicieras enfadar, etc.».
4. **Emplea la afirmación**. Respeta tus deseos y necesidades y busca la manera de expresarlos. Trátate con dignidad en tus relaciones con los demás. Sé auténtico y defiende tus convicciones, valores y sentimientos. Comunícate asertivamente contigo mismo y con los que te rodean.
5. **Vive con determinación o propósito en la vida**. Significa asumir la responsabilidad de identificar tus objetivos y llevar a cabo las acciones que te permitan alcanzarlos, manteniéndote firme hasta llegar a ellos. Tus propósitos son los que organizan y centran tus energías y le dan significado y estructura a tu existencia; cuando no tienes propósitos ni objetivos, estás a merced de tus impulsos, reacciones, o de las acciones incontrolables de los otros.
6. **Vive con integridad**. Ten principios de conducta a los que te mantengas fiel en tus acciones, sé congruente con

lo que piensas, dices y haces, respeta tus compromisos y mantén tus promesas. Nada de esto es una fórmula mágica, obviamente, pero si empiezas con alguno de estos seis pasos vas a sentir cambios en pocas semanas. Yo lo comprobé conmigo mismo y con mis hijos.

Si logras todo lo anterior, se produce algo mucho más importante que la aprobación de los demás. Es **la aprobación de ti mismo** y la sensación de que eres una persona en quien se puede confiar. Esto es tener autoestima. La autoestima no se afianza en valores externos que cambian y pasan de moda; no vales por lo que tienes, sino por lo que eres; no importa si tienes dinero o no. A veces se fija la autoestima en la belleza física, que es pasajera, o se apoya en títulos académicos que en muchos encienden la soberbia intelectual. ¡Te juro que lo experimenté! **La importancia de una autoestima saludable reside en que es la base de tu capacidad para responder de manera activa y positiva a las oportunidades que se te presentan en el trabajo, en el amor, en la diversión**. Es también la base de cierta serenidad que hace posible disfrutar de tu vida. Que desarrolles tu autoestima significa que aumentes tu convicción de que eres competente para vivir y digno de ser feliz, y, por lo tanto, equivale a que enfrentes la vida con mayor confianza y, optimismo, lo que te ayuda a alcanzar tus objetivos y, en algunos casos, a experimentar plenitud.

Otro ejercicio para fortalecer tu autoestima propuesto por el doctor Martin Ross de Chicago es que les pidas a diez o veinte personas de tu entorno —a quienes desde luego conoces y en quienes confías— que describan brevemente cómo tú le agregas valor a su vida. ¿Por qué te aprecian? Luego puedes construir un relato resumiendo lo que te dijeron, que representaría una suerte de retrato tuyo.

Entonces, tener una palabra para una emoción hace que la sientas más fuerte. No solo es tu cultura, tu contexto, lo que percibe el cerebro que le pasa a tu cuerpo —interocepción—, lo que crea tus emociones, sino también tus pensamientos, tus palabras y los conceptos que fuiste aprendiendo a lo largo de tu vida —*tu granularidad emocional*—. Estos últimos tienen un impacto en cómo te sientes cada día, cada noche. Las palabras, además, según varios estudios de Oxford, tienen sabores, y el solo hecho de hablar puede disparar sensaciones en tu boca y tus intestinos. Los tonos más agudos se sienten más dulces o agrios y los más graves, más salados. Esto muestra que comunicar es un proceso multisensorial.

Hasta aquí hemos completado los elementos de nuestra fórmula de las emociones. Veamos entonces cuál es el abordaje que permitió crearla y cómo la interocepción también es eso que sientes.

6

Construccionista

Una vida no examinada no vale la pena ser vivida.

Sócrates

Tradicional

Imagino, o al menos espero, que a medida que avances en la lectura de *En el limbo* empieces a comprender y a apreciar el mundo de tus emociones como *el* que hace que tu vida merezca ser vivida.

Como te habrás dado cuenta, ya vamos por el capítulo 6 y todavía no nos hemos hecho *la* pregunta: «¿Qué es una emoción?».

Esta misma pregunta fue formulada en 1884 por el famoso filósofo y profesor de Psicología de la Universidad de Harvard William James en un ensayo que escribió para la revista *Mind.* Sin embargo, la filosofía se ha preocupado por la naturaleza de las emociones desde Sócrates, y también antes. Y si bien la disciplina de su estudio ha crecido mucho, como la de la razón, las emociones siempre han quedado detrás, como si se tratara de una amenaza para la razón y un peligro para la ciencia, incluso para los científicos. Una de las metáforas filosóficas de la razón y la emoción que más ha perdurado en el tiempo es la del amo y su esclavo: *se observa la sabiduría de la razón en firme control y los impulsos peligrosos de la emoción suprimidos o canalizados, o idealmente en armonía con la razón.* Pero se ha probado que es tan difícil resolver la pregunta «¿Qué es una emoción?» como gobernar las emociones o, en última instancia, controlarlas. Y siempre que surge una nueva definición en la literatura científica que parece por fin ser la adecuada, una nueva teoría asoma la cabeza sin ser bienvenida para desafiar al conocimiento. La última y más nueva teoría, llamada *construccionista*, afirma que eres tú, o al menos podrías ser tú, el o la que construye y diseña tus emociones. En efecto, no solo las diseñas la mayor parte del tiempo, sin darte cuenta, sino que además, *hackeando* tu cerebro, podrías diseñar las emociones que quieras sentir.

Empecemos por el principio. Existe un enfoque muy difundido por diferentes corrientes y disciplinas sobre las emociones conocido como **tradicional**. Según este, pareciera que las emociones *te* suceden. Algo *pasa*, ciertas neuronas se encienden y tú pones esas caras estereotipadas (de asco, tristeza, ira, sorpresa, etc.) que *no puedes* controlar. Además, esta teoría sugiere que tú naces con la capacidad de reconocer de forma automática las emociones de los demás. Sin embargo, la neurociencia en los últimos años ha demostrado que una «cara» no habla por sí sola cuando se trata de emociones. Esto no quiere decir que cuando en tu cerebro *ocurre* o *se construye* una emoción fuerte no existan pistas físicas que «muestren» esa experiencia. Sí, es verdad que en general la gente sonríe cuando está contenta o frunce el ceño cuando está enfadada, pero no existe una expresión «obligatoria» y específica para cada emoción. Es decir, que si ves cubiertas de libros o artículos de prensa con las típicas caras «emocionadas» estás frente a la presencia de la ciencia de los años setenta. Las expresiones que te enseñaron *sí* son las correctas, pero son solo estereotipos, ya que mucha gente exterioriza sus emociones de formas diferentes y, como ya dije, dependiendo de la cultura donde estés inmerso. Las pistas físicas de la alegría en Brasil muy probablemente no sean exactamente las mismas que en Japón.

En un experimento casero que hice en una de mis clases de la Maestría en Negocios en la Universidad Torcuato Di Tella mostré una foto de la parte de arriba de la cara de mi hija Uma mientras tapaba la parte inferior. «¿Cómo se siente?», pregunté

a los estudiantes. La gran mayoría dijo que Uma estaba triste o *de bajón*. Pero cuando les mostré la foto entera se dieron cuenta de que estaba en euforia total viendo en vivo el Cirque du Soleil. Si muestras una cara sola y otra que acompañas de una voz y/o una postura corporal y/o contexto, la cara sola, en comparación, tiene un significado muy ambiguo. Muchos estudios en los que se muestran fotos de caras sin su cuerpo y la gente dice si están expresando algo «bello» (positividad) o algo «feo» (negatividad) tienden a equivocarse sin el contexto que acompaña a la cara. Está demostrado que si pegas una cara superpositiva a un contexto negativo la gente tenderá a ver la cara como negativa. Además, utilizando la tecnología del *eye-tracking* (una camarita que le permite al científico ver exactamente, milisegundo a milisegundo, dónde está mirando el participante del experimento), se puede observar cómo las personas, según el contexto, cambian el lugar donde focalizan la mirada sobre esa cara. También cambian la forma de mirar. Como ya hemos recordado capítulo a capítulo...

Emociones = Interocepción (que son las interpretaciones de las áreas interoceptivas de tus estados de placer bajo/alto y energía baja/alta) + Experiencias pasadas (pensamientos) + Contexto (cultura)

Este **enfoque tradicional** es un marco teórico antiguo, pero aún muy utilizado para entender la ontología de las emociones. Asume que las categorías de emociones como ira, tristeza, alegría y miedo se relacionan con categorías biológicas dadas por el cerebro y el cuerpo y que no pueden ser reducidas a partes mentales básicas. Otro enfoque un poquito más moderno, pero también desestimado por la tecnología que estudia el cerebro, es el **locacionista**. Este asume, erróneamente, que las categorías de

emociones como ira, tristeza, alegría y miedo están localizadas de manera específica y consistente en ciertas áreas del cerebro o redes anatómicas. En definitiva, la ciencia hasta ahora no ha logrado revelar una huella física o cerebral única para ninguna emoción. Por ejemplo, cuando fijamos electrodos a la cara de una persona y medimos los movimientos musculares durante una emoción, encontramos una gran heterogeneidad en lugar de uniformidad. La misma variedad se encuentra en el cuerpo y en el cerebro. Puedes experimentar ira sin o con un aumento de la presión sanguínea. Puedes experimentar miedo sin o con un cambio en el encendido de la amígdala. Y eso a pesar de que a esta región del cerebro muchos la conocen como «la casa del miedo».

Cuando los científicos dejan a un lado la visión clásica sobre las emociones y solo miran los datos, aparece una explicación radicalmente diferente para el concepto de **qué es una emoción**. Por lo pronto: 1) No son universales y varían de cultura en cultura. 2) No son encendidas o disparadas por un estímulo sino que las creamos. 3) Emergen de la combinación de propiedades físicas de tu cuerpo, un cerebro flexible que se cablea a sí mismo según el ambiente en el que se esté desarrollando y de tu cultura y educación.

Pero el hecho de seguir creyendo que las emociones simplemente *suceden* afecta a tu vida de formas impensadas. Por ejemplo, en la mirada clásica tendemos a pensar que las mujeres son inherentemente más emocionales que los varones. Esta percepción también la tienen los médicos y las enfermeras, y quizá sea la causa de que mueran más mujeres mayores de 65 años de ataques al corazón que varones. Si eres mujer y vas al médico y te quejas de presión en el pecho y falta de aire (síntomas de ataque cardíaco), probablemente te diagnostiquen ansiedad y te envíen a casa, y si eres hombre serás tratado preventivamente por ataque cardíaco.

Ahora bien, es obvio que *sí* experimentamos ira, felicidad, sorpresa y otras emociones como estados muy claros e identificables. Esto parece implicar que cada emoción tiene una propiedad o esencia en el cerebro o el cuerpo. Quizá un compañero de trabajo o estudios molesto «dispare» *tus neuronas de la ira*; entonces tu presión arterial subirá, fruncirás el ceño y sentirás el calor de la furia. O el hecho de que te deje tu pareja «dispare» *tus neuronas de la tristeza*; entonces te dolerá el estómago y sentirás desesperación y llorarás. O una alarma ensordecedora en un edificio público encenderá *tus neuronas del miedo* y tu corazón irá más rápido, te quedarás paralizado o saldrás corriendo. El error es pensar que estas características tienen una «huella» biológica única. Científicos y empresas han gastado un montón de dinero, tiempo y recursos tratando de localizar estas huellas. Esperan algún día identificar tus emociones a través de los movimientos de tus músculos faciales, tus cambios corporales o las señales eléctricas de tu cerebro. Algunos estudios parecen apoyar la existencia de estas huellas. Pero muchos de ellos no concuerdan en *qué* son esas huellas y otra gran multitud de experimentos indican que esas huellas directamente no existen.

La doctora Lisa Feldman Barrett y su equipo han recolectado todos los estudios con imágenes cerebrales que examinan el miedo, la ira, la tristeza, el disgusto y la felicidad publicados desde 1990 hasta 2016. En este metaanálisis no han encontrado ninguna región específica que se relacione con una emoción. Además, vieron que aquellas regiones que son propuestas como «de una emoción» también presentan actividad durante eventos no emocionales donde intervienen la razón o las percepciones. Quizá la región «emocional» más conocida y estudiada, que ya mencioné, es la amígdala. Desde 2009 han aparecido al menos treinta artículos que designan la amígdala como la región del miedo. Sin embargo, solo en un cuarto de ellos se observa encendido este órgano en experiencias de miedo. Es más, se sabe que uno de los comportamientos derivados de la experiencia de miedo, huir, no necesita de la activación de la amígdala. También se conoce por la literatura científica el caso de dos gemelos idénticos nacidos sin amígdala de los cuales uno tiene dificultades para sentir miedo salvo en situaciones muy extremas y el otro lleva una vida emocional normal, es decir, con miedo. Estoy seguro de que regiones como la amígdala son importantes para las emociones, pero no son necesarias ni suficientes en todos los casos. Por lo que sabemos hoy del cerebro y su propiedad de *degeneración*, no existe una región única que tenga un propósito psicológico distintivo. En cambio, ya vimos que una región única del cerebro puede participar de diferentes estados mentales, y muchas regiones son capaces de producir el mismo resultado o actividad mental. **Las emociones, entonces, son construidas por el trabajo en conjunto de una red multipropósito del cerebro**.

Si las emociones *no tienen* una entidad neuronal distintiva, *¿tendrán un patrón distintivo en el cuerpo?* Analizando 200 estudios y más de 22.000 personas el mismo laboratorio de la doctora Barrett tampoco encontró huellas consistentes o específicas en el cuerpo para ninguna emoción. Sin embargo, el cuerpo sí actúa de diversas formas que están relacionadas con la situación. Cuando una rata es sometida a una amenaza, como el olor de un gato, reacciona paralizándose en el lugar, peleando o huyendo, según el contexto que la rodea. Lo mismo ocurre con tu cara. Muchos científicos han argumentado que en la cara *sí* se pueden encontrar las huellas de una emoción (hacer pucheros cuando se está triste, fruncir el ceño al enfadarse, abrir los ojos al tener miedo, arrugar la nariz al sentir asco, etc.). Pero, como ya te conté, existe cada vez más evidencia que demuestra que esto tampoco es cierto. Por ejemplo, en uno de los muchos experimentos, al medir con electrodos los movimientos faciales durante un *momento de enfado* se encuentra que las personas hacemos *una gran cantidad* de movimientos, no solo el clásico estereotipo de fruncir el ceño.

Abordaje construccionista

El enfoque del cual deriva nuestra fórmula de las emociones posee cada vez más evidencia científica de ser *el más coherente* con el mundo de tus emociones. Se lo conoce como abordaje **construccionista** y asume que las categorías de emociones como ira, tristeza, alegría, miedo, etc., son categorías que provienen de tu sentido común y emergen de la combinación de ciertas operaciones mentales básicas: lo que interpreta tu cerebro sobre lo que siente tu cuerpo a nivel de placer y energía (**elemento 1: interocepción**), tus experiencias pasadas influenciadas por tus pensamientos (**elemento 2: experiencias pasadas**), y tu contexto influenciado por tu cultura (**elemento 3: contexto**).

Es decir, para este enfoque, las categorías ira, tristeza, alegría, miedo, etc., **no están representadas en el cerebro como regiones individuales específicas**. La teoría construccionista comparte mucho con la mirada de la neurociencia cognitiva, que reúne cada vez más evidencia sobre la interacción de grandes redes intrínsecas del cerebro, como las ya mencionadas *interoceptivas*, para producir eventos mentales. En este modelo las emociones emergen cuando tú le das **sentido** —con tus pensamientos casi siempre de forma no consciente— a **información interna de tu cuerpo** —interocepción— y **del mundo que te rodea** —contexto— utilizando tu conocimiento basado en **tus experiencias anteriores** —experiencias pasadas.

Te conté que una de las funciones primordiales de tu cerebro es predecir. En lo que se refiere a las emociones y esta nueva teoría, sucedería algo así: tu cerebro hace una predicción inicial sobre el sentido o significado de la información sensorial en un contexto determinado; si se da cuenta de que hay un error entre la predicción y la actividad sensorial, este es rápidamente minimizado para producir un estado consciente particular. Algo así como «Ah, no está enfadado, está triste..., ahora lo entiendo».

Volvamos un poco al pasado. Durante casi medio siglo los científicos han operado bajo la suposición de que todas las emociones básicas son universalmente reconocibles. Un sinnúmero de experimentos demuestran, de forma directa e implícita, que cada persona en el planeta expresa emociones faciales de la misma

PRESENTE
PASADO
FUTURO
MUNDO QUE NOS RODEA

manera. Sin importar el contexto social, todos podemos interpretar alegría, ira, miedo, tristeza y asco en las expresiones de las personas que nos rodean. Esta *creencia*, derivada del enfoque de las emociones primarias, ha impactado en numerosos estudios y en el conocimiento general de cómo las emociones nos afectan cada día. Estas teorías se basan fundamentalmente en los estudios de Paul Ekman iniciados en 1972. Pero, atención, el argumento de universalidad ha sido aceptado no solo en el mundo científico, sino además en el educacional, cultural e incluso para definir ciertas políticas públicas. Hay literalmente miles de estudios que afirman que las emociones son universales y pueden ser percibidas por las expresiones faciales. Sin embargo, el mismísimo Ekman había conducido experimentos al final de los sesenta donde encontraba muy poca evidencia que confirmara su teoría, pero esas investigaciones fueron desatendidas por sus colegas. Nuevos estudios muestran que el reconocimiento de las emociones a través de las expresiones faciales no es universal y que los estudios anteriores revelaban resultados muy **dependientes del contexto**. En realidad, la habilidad que tienes, y tenemos, de reconocer la emoción del otro en su cara gira en torno a cómo esas emociones te son presentadas. Por ejemplo, trabajos muy recientes de la doctora Maria Gendron con la tribu himba de Namibia muestran que sus habitantes no reconocen expresiones faciales ni vocalizaciones igual que los norteamericanos. La única consistencia entre ambos grupos parece ser el reconocimiento de las caras acordes a la positividad o negatividad de la emoción (placer/disgusto) y niveles de activación (calma/energía), pero no a si estaban enfadados, tristes, con miedo, alegres, disgustados o sorprendidos. A pesar de esto, todavía está muy arraigada la creencia de que emociones como tristeza, ira o miedo son categorías biológicas inmutables en lugar de que cada instancia o momento de emoción, de tristeza, ira o miedo **tiene una base**

biológica pero no una correspondencia exacta y permanente con una expresión facial o vocalización. Las emociones ocurren según el contexto y no son categorías fijas. Diría más bien que la idea de las cinco emociones básicas, primarias o universales es un concepto cultural creado en Occidente. Para peor, el enfoque tradicional de las emociones primarias fue fortalecido por algunos biólogos que contribuyeron a darles aspectos de universales teorizando que fue gracias a esas cinco emociones —ira, miedo, alegría, tristeza, disgusto o asco— que sobrevivimos en el planeta. A continuación, sus explicaciones.

Imagínate a ti mismo hace 200.000 años. Eres un *Homo sapiens* de kilómetro cero, con tu córtex prefrontal nuevecito en la sabana africana y con todas las dificultades para sobrevivir. Puedo teorizar, entonces, que, si no te enfadas con tu compañero de tribu que no quiere compartir su comida contigo, *te puedes morir de hambre*. Entonces, *el enfado te permitió sobrevivir en el planeta.* Si no te sientes alegre después de tener sexo..., ¿para qué hacerlo de nuevo?; *sin tanto sexo, más posibilidades de que se extinga la especie en el futuro cercano*. Entonces, *la alegría te permitió sobrevivir en el planeta*. No alcanzar un fruto porque las ramas del árbol están muy altas te pone *triste*, lo cual te permite reflexionar sobre lo que tienes que hacer cuando las cosas no son como quieres, cuando la realidad no es siempre como esperas. Esto es útil, por ejemplo, para tener ideas y construir una escalera. Entonces, *la tristeza te permitió sobrevivir en el planeta*. Si aparecen varios leopardos y no les tienes miedo, te comen. Entonces, *el miedo te permitió sobrevivir en el planeta*. Si hay un venado muerto desde hace semanas al sol, te acercas y lo comes, pues no te da asco la carne podrida, te mueres. Entonces, *el asco te permitió sobrevivir en el planeta.* Estas son posibles explicaciones de los biólogos evolucionistas de la universalidad de las emociones primarias.

La emoción en sí no es una cosa física, con una forma física ni con una esencia física. Algunos autores las consideran *campos magnéticos* que, junto a los pensamientos, formarían campos electromagnéticos. Te contaré más adelante sobre emociones y física cuántica. Otros autores más románticos las definen como *pensamientos sin palabras*. Actualmente la neurociencia considera una emoción como una **categoría conceptual**, una población heterogénea de momentos. **Puedes sentir diferentes tipos e intensidades de enfado; tu cuerpo puede hacer distintas cosas con ese enfado y tu comportamiento, variar dependiendo del contexto donde estás sintiendo ese enfado.**

¿Cómo reconoces las emociones, entonces? Tienes que mirar el **contexto** y construir una interpretación —con tus pensamientos—. En realidad, es aún más complejo; no reconoces la emoción de la otra persona, sino que la **percibes** mediante la **predicción** que hace tu cerebro.

Según este nuevo enfoque construccionista, estos momentos de emoción son eventos que vas construyendo momento a momento y se crean gracias a los tres elementos de nuestra fórmula de las emociones. El color verde se forma con la mezcla de azul y amarillo, estos dos últimos son los «elementos básicos». De la misma manera, un momento particular de *enfado* se formaría, por ejemplo, de una combinación de *alta energía (elemento 1)*, un *estado negativo de placer (elemento 1)*, con interpretaciones o filtros provenientes de tu lenguaje, *pensamientos dados por tus experiencias pasadas (elemento 2), en una situación particular (elemento 3).* Esas interpretaciones que tus pensamientos le atribuyen a una determinada situación son absolutamente maleables. Por ejemplo, en un experimento dentro de un karaoke se mostró que la gente mejora su *performance* al cantar si cambia «ansiedad de subir al escenario» por «estoy entusiasmado». Esta paleta, continuando con el ejemplo de los colores, de emociones difiere según las personas y la cultura. Y no es que las emociones no hayan evolucionado para señalar nuestras creencias o intenciones hacia los demás, sino que existe cierta flexibilidad en el modo en que aprendemos a expresar nuestros estados internos. Es decir, **no todos expresamos y reconocemos las emociones de la misma manera**. Estos nuevos descubrimientos que muestran diferencias culturales en el reconocimiento de las emociones tienen fuertes implicaciones en derecho, negocios, terapias, e incluso en seguridad nacional e internacional. **Diseñamos nuestras emociones a partir de conceptos y categorías que aprendemos de niños,** como expliqué en el capítulo anterior. Me refiero a las palabras que, dado un determinado contexto y lo que el cerebro recuerda de tus experiencias pasadas —tiene excelente memoria—, nombran aquello que sientes.

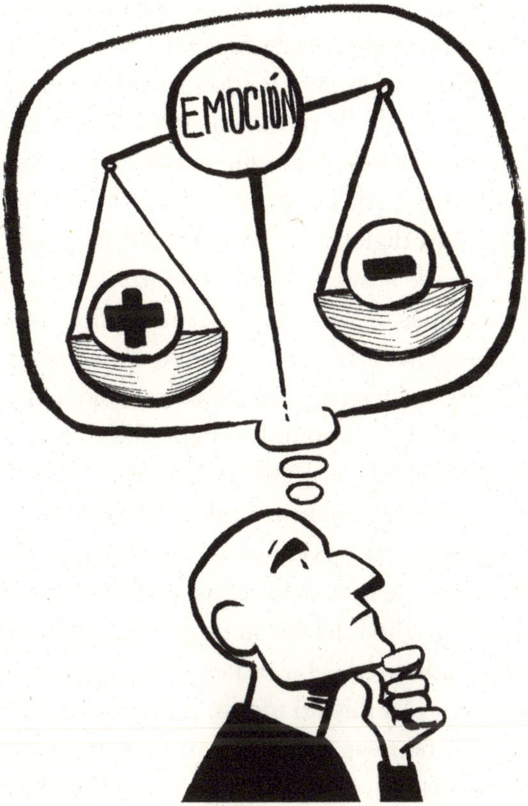

Según esta teoría, los bebés muy probablemente no tengan emociones, sino que somos nosotros, los adultos, quienes con nuestra percepción identificamos y categorizamos lo que sienten.

Interoceptores

La sencilla pero clara capacidad subjetiva de que puedes reconocer cada momento de tu día como placentero o desagradable proviene de un proceso dinámico y constante dentro de ti, el elemento 1 de nuestra fórmula, llamado **interocepción**. La interocepción es la representación en tu cerebro de todas las sensaciones de tus órganos internos y tejidos, las hormonas recorriendo tu sangre y del estado de tu sistema inmune. En este preciso momento tus «adentros» están en movimiento. Tu corazón bombea sangre a través de las arterias, tus pulmones se llenan y vacían, tu estómago digiere. *La actividad interoceptiva produce todo el espectro desde la sensación más básica de placer a la muy desagradable.* Además, *te hace recorrer el espectro que va de sentirte en una calma total a sentir tus nervios de punta —conocido como energía, activación o excitación—*. Pero, ojo, también puedes *sentir* una sensación de completa neutralidad con respecto a estos dos parámetros (placer y energía).

La interocepción es exclusivamente interna. Un ejemplo: seguro que sabes que estás compuesto de al menos un 70 % de agua. Sin embargo, pierdes agua constantemente —incluso al respirar—, y una pérdida del 0,5 % de tu agua corporal dispara la sensación llamada «sed». La sed es una percepción interna, una interocepción. Del mismo modo, puedes percibir hambre, excitación sexual, náuseas, etc. Los instrumentos de la interocepción son sensores —interoceptores— en células muy variadas que, como en el tacto, existen de un modo específico: pueden reconocer presión, temperatura, oxigenación, hinchazón, estrechamiento, acidez y propiedades químicas. Tus sensores, como alarmas de incendio, están normalmente dormidos y solo se disparan cuando hay un estímulo importante, como la inflamación de un órgano. Esta alarma puede llegar a tu consciencia de maneras muy diferentes o afectar a tu conducta de manera inconsciente mediante sueños o antojos —por ejemplo, si tu cuerpo necesita sal o azúcar—. Algunos experimentos han demostrado la gran importancia de estos sensores. La sensación de hambre, por ejemplo, puede simularse estimulando con descargas eléctricas los lugares correctos. Con estas descargas tus interoceptores se disparan y le dicen a tu mente que tienes o sientes hambre.

En el corazón, por ejemplo, donde normalmente no tendría sentido ser consciente de cada latido, los interoceptores correspondientes duermen la mayor parte del tiempo. Pero, cuando los despierta un estímulo extraño —que puede ser mecánico, químico o eléctrico—, los latidos llegan a nuestra consciencia. Llamamos a esto «taquicardia». La mayoría de las veces no hay diferencias reales con el latir normal del corazón, pero, dado que nunca sentimos los latidos, la nueva sensación nos parece verdaderamente alarmante. Por ser un órgano tan importante, es comprensible que las alarmas sean algo exageradas. Por supuesto que otras veces la alarma es real y te sirve para tomar las medidas adecuadas. De cualquier modo, todas las interocepciones *son tan vitales como exageradas* y probablemente sean en gran parte psicosomáticas. Con psicosomáticas me refiero a cuando tu mente (psico) tiene una influencia en tu cuerpo (soma). La ciencia reconoce la importancia de los procesos emocionales en la posible aparición y desarrollo de algunas enfermedades, aunque esto es difícil aún de cuantificar y precisar por depender de factores y variables —tus emociones— que no es sencillo estudiar mediante el método científico.

Cuando empiezas a sentir hambre, no hay nada más importante que comer, a pesar de que probablemente sobrevivas una semana más, por lo que hay que agradecer a este sentido interoceptivo que duerma todo el día. Te aseguro que no tienes ganas de saber cómo es sentir cada glóbulo rojo moviéndose por tus venas.

Afecto

La palabra *afecto* se define como «una de las pasiones del ánimo, de la inclinación hacia alguien o algo, especialmente de amor o cariño». Sin embargo, en el mundo neurocientífico o de las neurociencias sociales, **afecto** (del inglés *affect*) se refiere a **la experiencia de sentir o emocionarse**. Es decir, sin afecto no te *sentirías* vivo. Sin afecto no lo pasarías bien ni existiría el dolor. Es como la fuente de toda tu intimidad. El afecto te motiva a bucear dentro de *tu alma biológica* para encontrar empatía, comunicar de manera sincera tus mayores preocupaciones y esperar que tus sentimientos más importantes sean recíprocos. Sin afecto no tendrías mucho de que hablar ni querrías contactar con otros. El afecto, además, motiva tu impulso de jugar y de hablar. Si, por ejemplo, una de las partes más avanzadas de tu cerebro, el cingulado anterior —involucrado con la tristeza, el duelo y tu vinculación con los demás—, estuviese dañada, caerías en un mutismo *akinético*. Es decir, no hablarías ni te moverías. Existen personas que sí tienen la capacidad de hablar, pero no el impulso de hacerlo o comunicar. El afecto también motiva tu flujo cognitivo —tus pensamientos—, como las pilas encienden las linternas para iluminar la noche.

En ciencias biológicas se conoce el **afecto central** como las representaciones mentales de las sensaciones corporales que son experimentadas como sensaciones de **placer o disgusto** con cierto **grado bajo o alto de energía**. ¿Te suena? Recuerda que a veces esas sensaciones pueden ser neutras. Ni placer ni disgusto, ni mucha ni poca energía o activación. Es decir, en biología el afecto está representado por las ya mencionadas áreas interoceptivas límbicas.

Es decir, el afecto central es lo que te permite decidir si algo del ambiente tiene alguna importancia motivacional para ti. *Si es bueno, me acerco; si es malo, lo evito*. La ya mencionada regla del pulgar del sistema límbico para tu toma de decisiones.

Entonces, es el afecto central (lo que aprendiste como interocepción), a través de sus áreas interoceptivas límbicas, el que recibe e interpreta la información del estado de tu cuerpo momento a momento. Estas áreas, si descartamos anormalidades orgánicas, reciben e interpretan al menos cuatro fuentes fluctuantes y dinámicas de información de tu cuerpo. 1) Fluctuaciones **somatoviscerales**. Las pertenecientes a las células del organismo y al sistema neuromusculoesquelético que influyen en la función de tus sistemas internos. Es decir, datos provenientes de todos tus órganos y vísceras. 2) Fluctuaciones **kinestésicas**. Se relacionan con la capacidad de usar tu cuerpo, expresar sensaciones e ideas, como también con la habilidad para producir o transformar cosas con las manos. O sea, información que recibe el cerebro proveniente del movimiento del cuerpo. 3) Fluctuaciones **propioceptivas**. Te informan de la posición de tus músculos, de la capacidad de sentir la posición relativa de tus partes corporales, regular la dirección y el rango de movimiento, y permitir reacciones y respuestas automáticas. Estas fluctuaciones intervienen en el desarrollo de tu esquema corporal y en la relación de este con el espacio, sustentando tus acciones motoras planificadas. 4) Fluctuaciones **neuroquímicas**. Estas suceden en el cuerpo y dan *feedback* al cerebro para ser representadas en este último. Utilizan información que proveen diferentes moléculas y neurotransmisores que circulan por la sangre.

Una vez que tu cerebro recibe e interpreta esas *cuatro píldoras de información* del estado de tu cuerpo y les suma tus experiencias pasadas y tu contexto —que vienen acompañados de tu interpretación de lo que te está sucediendo y tu cultura—, te proporciona una sensación que se desplaza en dos ejes. En el eje X, la sensación de cómo de feo (negativo) o bello (positivo) lo estás pasando. Es decir, un eje que viaja desde el disgusto hasta el placer. Y en el eje Y, la sensación de energía —activación, excitación— que sientes.

Tú interpretas las sensaciones dada la intersección de esos dos ejes y las categorizas poniéndoles un nombre de emoción (concepto), según tu cultura, tu conocimiento y tu crianza, o sea, tu **alfabeto emocional**. Por eso, a mayor autoconocimiento de tu cuerpo y mente, mejor interpretación de cómo te estás sintiendo. Lo cual a su vez facilitará la regulación o autorregulación de eso que sientes; cambiar lo que sientes.

Por ejemplo, 1 en sensación de placer —disgusto total— y 10 en sensación de energía —altísima energía— podría ser *furia o ira*. Pero otra persona puede llamarlo *bronca* y otra, *disgusto*. Esto explica el nivel subjetivo de las emociones.

Supongamos que divido los ejes X e Y en 10 grados de intensidad (placer y energía), siendo 1 el más bajo placer o la más baja energía y 10, el más alto placer o la más alta energía. Con estos dos ejes, si simplifico lo subjetivo de las emociones a un *estado general de las personas*, puedo, al menos en los países latinos y sajones, concluir lo siguiente:

Las emociones que tienen **bajo estado de placer** (del 1 al 5 en el eje X) y **alto estado de energía** (del 5 al 10 en el eje Y) están relacionadas con estados de **ira** en todas sus formas. Como lo que sientes impacta directamente en tu comportamiento, es bueno que seas consciente de que si sabes que tenderás al enfado frente a cualquier situación que enfrentes quizá puedas posponer reuniones o la toma de decisiones importantes de las cuales te puedas arrepentir. **Saber cómo te sientes para arrepentirte menos de las decisiones que tomas**.

Las emociones que tienen **alto estado de placer** (del 5 al 10 en el eje X) y **alto estado de energía** (del 5 al 10 en el eje Y) están relacionadas o se asocian a estados de **alegría** en todas sus formas. Estos estados emocionales son ideales para momentos de creatividad o toma de riesgos, probar algo nuevo.

Las emociones que tienen **alto estado de placer** (del 5 al 10 en el eje X) y **bajo estado de energía** (del 1 al 5 en el eje Y) se asocian a estados de **calma** en todas sus formas. Estos estados emocionales son propicios para consensuar, negociar o tener esa charla pendiente con algún ser querido o compañero de trabajo.

Las emociones que tienen **bajo estado de placer** (del 1 al 5 en el eje X) y **bajo estado de energía** (del 1 al 5 en el eje Y) se asocian a estados de **tristeza** en todas sus formas. Estos estados emocionales son espacios para reflexionar, darte cuenta de que la vida no es siempre como quieres, aceptar eso sin rechazarlo y pensar en cómo puedes moverte a otro estado emocional sin pretender que sea otro el que te saque o mueva de esa sensación. «Es por culpa de mi marido», «Es por lo que hizo mi jefe», «Son mis hijos, que no me escuchan y me hacen sentir así».

El afecto, entonces, a través de tus áreas interoceptivas, llena tu mente de una larga variedad de estados deseables e indeseables que son difíciles de definir objetivamente. Algunos pueden estar acompañados por grandes alteraciones corporales (dolor, fatiga), reflejos sensoriales placenteros o no placenteros (probar cosas ricas en tu boca o cosas desagradables), estados de necesidad corporal (hambre, sed) y los estados cuerpo-mente que llamamos *emociones*. Dicho de otra manera, el afecto comprende un set correlacionado de respuestas que involucran los músculos faciales, las vísceras, el sistema respiratorio, el esqueleto, cambios en la corriente sanguínea y vocalizaciones que actúan juntos para producir un gradiente particular o intensidades de estimulación que impactan en todo el organismo.

El afecto es siempre anterior a tu conciencia. Es tu cuerpo preparándose para la acción dada cualquier circunstancia, agregando una dimensión cuantitativa de intensidad según la calidad de esa experiencia. Es como si tu cuerpo tuviese una gramática propia que no puede ser capturada por completo por el lenguaje.

Para la biología, un sentimiento es la experimentación de una sensación que ya viviste, comprobada y etiquetada o categorizada según tus experiencias previas. Por ende, un sentimiento es personal y biográfico, ya que cada uno de nosotros tiene un distintivo set de sensaciones previas, las cuales utilizamos al interpretar y categorizar nuestras sensaciones. Para este abordaje, un bebé no tiene sentimientos porque no tiene lenguaje ni biografía. Sin embargo, como padre tiendo a sostener inequívocamente que mis hijos sí tienen sentimientos y que los expresan de manera regular. Para la biología, lo que yo estoy percibiendo de mis hijos es lo que definimos recientemente como *afecto*, la experiencia del sentir o emocionarse o, dicho de otra forma, las representaciones mentales de las sensaciones corporales que experimentamos como sensaciones de placer o disgusto con cierto grado bajo o alto de energía. A medida que vas creciendo puedes ir aprendiendo, yo diría *parcialmente,* a expresar tus emociones bajo un *control* consciente. Pero, a pesar de esta gestión sobre tus emociones, no olvides que el *afecto* continúa no consciente y te sigue *estimulando* fácilmente por factores sobre los cuales *no tienes mucho control.* Entonces, es gracias al mecanismo de *afecto* que se altera tu consciencia al amplificar tu atención a tu estado biológico, ya que sin afecto no sentirías, porque no habría intensidades, y sin sentir tus decisiones racionales tendrían problemas. En definitiva, el afecto desempeña un rol clave en determinar las relaciones entre tu cuerpo, el ambiente y los demás.

En síntesis, **afecto es la sensación general de sentir que experimentas cada día.** No es una emoción, sino algo mucho más simple. El placer del sol en tu piel, de una comida deliciosa en tu boca o el desagrado de un dolor de estómago, el cansancio después de una carrera, la poca energía por falta de sueño o la sensación energizante de esperar una buena noticia son ejemplos de afecto. Además, recuerda que puedes experimentar una sensación completamente neutra que también es afecto. Este depende de tu interocepción. Esto significa que es una constante en tu vida, incluso cuando estás inmóvil o dormido.

Presupuesto corporal

El mecanismo de interocepción no evolucionó para que sientas cosas, sino para que regules la energía que necesita y usa tu cuerpo. Este mecanismo ayuda a tu cerebro a determinar la temperatura, cuánta glucosa estás usando, si alguno de tus tejidos está dañado, si tus músculos están contracturados, si tu corazón late y cómo lo hace, etc., todo al mismo tiempo. Tus sensaciones de placer, desagrado, calma o energía son como un resumen del *estado presupuestario de tu cuerpo*. Por ejemplo, si percibes una mirada que te está juzgando, tu cerebro, mediante la interocepción, va a predecir que necesitarás energía y realiza un gasto liberando cortisol e inundando de glucosa el torrente sanguíneo. Cualquier evento que tiene un impacto en tu *presupuesto corporal* se convierte en algo con significado para ti. Es decir, que para que ocurra un gasto de energía corporal no hace falta necesariamente que muevas el cuerpo.

Por ejemplo, en experimentos conducidos por Wilson-Mendenhall, y otros laboratorios, los voluntarios fueron expuestos a varios estímulos frente a un ordenador: fotos de animales, flores, bebés, accidentes, dinero, armas, etc. Estas imágenes generaron un gasto de energía: corazones que laten más rápido, cambios en la presión sanguínea, dilatación de vasos, etc. Estos cambios, que son los que te preparan para luchar o escapar, ocurrían mientras los voluntarios no se movían o no tenían planeado moverse. Acostados y quietos, su cerebro simula correr, surfear y las sensaciones de mover músculos, tendones y ligamentos. Incluso puedes perturbar tu presupuesto corporal —cansarte— con tan solo imaginar a tu jefe, padre o pareja gritándote o haciendo alguna cosa que sea relevante para ti. Cualquier simulación (cuando rumias) o predicción, venga con o sin emoción, impacta en tu presupuesto corporal. *¿Qué puede reducir el gasto de tu presupuesto corporal?* Interactuar con amigos, pareja, familiares, terapeutas, colegas, etc. Con ellos sincronizas la respiración, los latidos del corazón y otras señales físicas, lo que te trae beneficios tangibles. Tomar de la mano a un ser querido o tener una foto en tu escritorio reduce los gastos de tu presupuesto corporal y alivia el dolor. Esto explica por qué cuando pierdes a una persona muy querida puedes sentirte físicamente enfermo, pues al no estar más esa persona ya no puede ayudarte a regular tu presupuesto corporal. Sientes como que perdiste una parte de ti y en algún sentido esto es real. Cuando el presupuesto de tu cuerpo está desequilibrado, el afecto, eso que sientes, no te instruye en cómo actuar, pero mensajea a tu cerebro en busca de explicaciones. Para resolverlo, tu cerebro cambia tus estados afectivos, buscando siempre en tus experiencias pasadas para predecir cómo van a impactar ciertos objetos, personas o eventos en el estado de energía de tu cuerpo.

El psicólogo Gerald Clore estudió durante décadas lo que se conoce como *realismo afectivo*, que plantea que tomas decisiones según cómo te *sientes* (del inglés *gut feelings*, «decisión visceral»). ¿Sabes cuando tienes todos los datos, pero hay algo que «no te encaja»? Esa información que *no te encaja* proviene del fenómeno del afecto. Entre otros grandes y variados estudios, Clore identificó que la gente manifiesta sentirse mejor y tener una vida más satisfactoria en los días soleados solo si no se menciona nada sobre el clima. Por el contrario, en entrevistas de trabajo o admisiones a universidades se tiende a calificar más negativamente a los postulantes los días lluviosos. Si bien la gente suele decir *ver para creer*, el realismo afectivo muestra que *creer es ver*, y esto no afecta únicamente al sentido de la vista, sino a todos los demás también.

¿Qué significa todo esto para tu día a día? Que las sensaciones que experimentas no reflejan siempre el estado actual de tu cuerpo. No provienen realmente de dentro de tu cuerpo. Son conducidas por simulaciones de tus mecanismos de interocepción. Sería algo así como que **tú sientes lo que tu cerebro cree**. Creer es sentir. Seguramente empezaste a leer este libro pensando que las cosas que ves y escuchas te hacen sentir de alguna forma u otra, pero es lo opuesto: lo que sientes altera tu visión y audición. La interocepción influye más sobre tu percepción y tu forma de actuar que lo que ocurre en tu mundo exterior. No eres una criatura racional que sopesa pros y contras para tomar una decisión y actuar. Tu cerebro está cableado de manera tal que puede escuchar tu *presupuesto energético corporal*. Sería algo así como que tu afecto conduce el coche y tu razón va de acompañante, y no al revés. No importa si estás decidiendo entre dos chocolates, dos ofertas de trabajo, dos universidades o dos cirujanos de corazón, tus decisiones de cada día son conducidas por un ruidoso, pero casi sordo, científico que observa el mundo con gafas coloreadas de afecto.

Efectivamente, si observas la anatomía de tu cerebro, verás que está estructurada de manera tal que *no existe forma alguna* de que tomes una decisión que no esté influenciada por la interocepción y el afecto. No importa lo racional que creas que estás siendo al decidir. La interocepción es uno de los ingredientes más importantes para que experimentes lo que llamas «realidad». Estas predicciones interoceptivas, que producen tus sensaciones de afecto (de calma a energía y de desagrado a placer), determinan *qué* te importa en cada momento.

La **interocepción** (elemento 1), entonces, es parte fundamental de tu proceso predictivo e ingrediente clave en el mundo de tus emociones. Sin embargo, por sí sola no puede explicar una emoción. Que te sientas enfadado o triste es mucho más complejo que las simples sensaciones de desagrado, placer, calma y energía. Por eso nuestra fórmula de las emociones tiene además los elementos **experiencias pasadas** (2) —con tus interpretaciones de lo que está sucediendo– y **contexto** (3), influenciado por tu cultura.

Acabo de contarte mucho y en detalle sobre la importancia

de la **interocepción** en cómo te sientes y en cómo eso influye en tus emociones. Ya te hablé también del impacto de **tu contexto** y tu cultura en cómo te sientes. Te invito a continuación a conocer dos modelos explicativos de las emociones que te van a permitir entender cómo tus pensamientos, dadas tus **experiencias pasadas**, tienen *también* un impacto directo en **cómo prestas atención** a lo que te sucede —el evento, la circunstancia, la situación—; luego **evalúas** —con tus pensamientos— y esto termina contribuyendo a cómo respondes emocionalmente.

EJERCICIO. Completar

1. Cuando .... (comportamiento),

yo siento (o yo me siento) .... (la emoción),

porque .... (la razón).

2. Cuando .... (comportamiento),

yo siento (o yo me siento) .... (la emoción),

porque .... (la razón).

3. Cuando .... (comportamiento),

yo siento (o yo me siento) .... (la emoción),

porque .... (la razón).

EJERCICIO. Zona de confort

Para salir de tu zona de confort, logra esta semana alcanzar los mismos objetivos que te propones en una reunión de 60 minutos, pero en una de 15 minutos.

7

Cíclico y modal

Modelo cíclico

El hecho de que tus emociones pueden activar *fuerzas poderosas* para bien o para mal ha motivado, mayoritariamente en estos últimos diez años, a un sinnúmero de investigadores a realizar esfuerzos no solo para comprender cómo aparecen, sino también para descubrir **cómo hacer para que las regules**.

Como ya te conté, son en particular los avances tecnológicos en el campo de la biología del cerebro y de la neurociencia los que han permitido grandes hallazgos que sirven para comenzar a entender este multisistema complejo compuesto por diferentes áreas del cerebro que dan lugar a lo que llamas emoción. Al ser descubrimientos y experimentos que ocurren muchas veces en paralelo en diversos laboratorios del mundo, puedes encontrarte hoy con descripciones muy similares de lo que acontece en el cerebro, pero con diferentes nombres. Esto sucede dado que todavía no existe un marco de referencia robusto e integral para describir estos fenómenos cerebrales. Quizá uno de los científicos más respetados en el mundo de las emociones sea el doctor Kevin Ochsner, cuyo modelo quiero compartir como propuesta para entender tus emociones. Según Ochsner, tú te comportas dada una motivación particular o dado un objetivo determinado. Esta motivación u objetivo algunas veces es consciente y otras, no. Ese comportamiento que realizas está dirigido a 1) bajar las probabilidades de que se generen estados que para tu cuerpo y/o tu mundo tengan un **valor negativo**, *por ejemplo, abrigarte cuando tienes frío*, o 2) aumentar las posibilidades de que se generen estados que sean **positivos** para ti, *por ejemplo, abrir la nevera cuando tienes hambre*. La determinación de *valor* que les das a esos comportamientos ocurre de manera dinámica y fluida a muchos niveles en tu cerebro, en diferentes momentos, y, como ya vimos repetidas veces, influenciados por tu contexto. Es decir, que para Ochsner una **emoción** es un tipo de **valor superimportante**. En este marco, tus emociones aparecen cuando tú **evalúas** (con tus pensamientos, de forma consciente o no) que una determinada **situación** es relevante para tus objetivos, lo cual enciende un set coordinado de respuestas experienciales, de comportamiento, fisiológicas y emocionales. Y tus respuestas emocionales pueden ser la alegría, la ira, la tristeza, etc. Lo que tienen todas en común es que existe un momento donde **evalúas** si algo es bueno o malo para ti. Asimismo, tus propias emociones o las de otros también pueden ser motivo de valor y evaluación. *Por ejemplo, si te enfadas porque tu hijo se está portando mal, puedes evaluar tu enfado como algo inapropiado (valor negativo) o apropiado (valor positivo) según, por ejemplo, la edad de tu hijo.* Para hacer este modelo un poco más complejo tú también le das un *valor positivo o negativo* a tu proceso mismo de evaluación. Es decir, que con tus pensamientos, y otros sistemas cerebrales que enseguida te explico, terminas energizando, para arriba o para abajo, el mismísimo proceso que tiende a que esa emoción sea más o menos intensa. Esto último es lo que Ochsner denomina *regulación de las emociones* —que veremos en un próximo capítulo—. En síntesis, **la emoción surge tras un momento de evaluar un estímulo externo o interno y la regulación surge de la evaluación de la emoción en sí misma**. Es decir, la base de las emociones y su posible regulación es la *evaluación (darle valor)* que haces de un determinado evento, situación, circunstancia o persona.

En este modelo la evaluación ocurre en un proceso cíclico de tres fases:

1. **Una fase perceptiva**, donde tomas varios estímulos como información, datos o *inputs*. Estos estímulos pueden ser externos o internos y variar en complejidad. Durante esta fase tus sistemas sensoriales descifran los tipos de datos y los pasan a los sistemas evaluativos para ser computados con valor positivo o negativo.
2. **Una fase evaluativa**, donde, de forma dinámica, les das valor y valores a esos estímulos según tus objetivos, tu contexto y experiencias pasadas con ese estímulo u otros similares. Esto es realizado por varios sistemas cerebrales que interactúan de manera superpuesta (córtex prefrontal medio dorsal, rostral y ventral, estriado ventral, amígdala e ínsula). Allí se evalúan **conceptos, deseos, creencias, prestar o no atención a ciertas cosas o situaciones, valor del estímulo en un contexto determinado, reconocimiento y recompensas, amenazas y estados de tu cuerpo**. O sea que para *cada estímulo ocurren múltiples evaluaciones*. Según este modelo existen las (I) **evaluaciones primarias**; por ejemplo, si ves un león se enciende tu respuesta de miedo. Estas se realizan sin intervención de tu conciencia. En un nivel intermedio, las (II) **evaluaciones contextuales** contemplan datos que representan una combinación de asociaciones de estímulos y sus respuestas, que se asocian a *tus motivaciones históricas* (experiencias pasadas) o *contextuales del momento* (contexto); *tus expectativas*, reorientando de manera acorde tu

atención a tus creencias, valores y acciones; e *información de tus estados del cuerpo* (interocepción). Estas evaluaciones contextuales te indican cuándo un objeto es bueno o malo y si debe ser visto o evitado en el momento presente. Todas estas evaluaciones van a influir en tu comportamiento activando impulsos y acciones. En un nivel más alto están las (III) **evaluaciones conceptuales**, cuya actividad se focaliza en estímulos abstractos o verbales. Estas tendrán un rol clave en estados introspectivos y en juzgar el valor de un estímulo o acción que involucra tu razonamiento sobre ese valor dado.

3. **Una fase de acción**, donde tu cerebro y tú decidís respuestas «apropiadas» a esa evaluación, que van desde pequeños ajustes sensoriales (dilatación de la pupila) hasta procesos cognitivos (dejar de prestar atención a algo) y una cantidad variada de ajustes de diferentes sistemas (gestos de la cara, posturas del cuerpo, activación del sistema simpático o parasimpático, etc.). Es decir, en esta fase la acción puede ser mental (buscar información en tu memoria, formar una imagen mental, bucear introspectivamente en tu estado de ánimo) o física (dejar de mirar a los ojos a alguien, salir corriendo, liberar hormonas).

Después de la fase de acción el estado de tu mundo cambia —es decir, al sentir una emoción—; entonces una nueva fase perceptiva se dispara, repitiendo el proceso de manera cíclica. Pero, como en tu día a día estás percibiendo muchos y diferentes estímulos en simultáneo, estos procesos cíclicos interactúan entre ellos y la síntesis de esa dinámica da lugar, en este modelo, nada más y nada menos que a tu comportamiento momento a momento. En síntesis, para este modelo, tus emociones son un tipo particular de evaluaciones que tienen un objetivo muy específico, se desencadenan en segundos o minutos, e involucran cambios coordinados en tu experiencia subjetiva, tu comportamiento y tu fisiología.

Por ejemplo, estás en un autobús lleno volviendo de tu trabajo a casa. Enfrente tienes a una señora mayor, un adolescente y una mujer. De pronto, el adolescente saca un cuchillo y se lo muestra a todos. Una respuesta inicial tuya estaría a nivel de **evaluación primaria**, ya que *el cuchillo en su mano es una amenaza para tu vida*. Esto dispara una acción impulsiva que te lleva a apartarte del peligro. A **nivel contextual**, los datos del momento que estás percibiendo se integran con tus contextos históricos, es decir, con *otras situaciones parecidas, a quién te recuerda el adolescente, otra vez que tu cuerpo se movió frente a un peligro*, etc. Estas evaluaciones contextuales activarán otras acciones. Por ejemplo, tu evaluación primaria sobre el adolescente evoluciona de forma dinámica a que *parece un chico inofensivo o muy peligroso* dependiendo quizá de a quién te recuerde (contexto histórico), a que *muestra calma o ansiedad frente a la reacción de otros pasajeros* (contexto social), o según si *tú ya estás estresado por tu trabajo o tuviste un gran día* (contexto motivacional). Todas estas evaluaciones sirven para que tomes otras acciones y que además sean datos para otro tipo de evaluaciones, por ejemplo, introspectivas sobre *qué valiente o cobarde eres en estas situaciones*, etc.

El orden en que estas evaluaciones se activan e interactúan no es fijo y depende de las circunstancias de tu encuentro con algún estímulo. La idea central es que todos estos procesos cíclicos (*percepción, evaluación y acción*) se activan con sus respectivas tendencias de acciones asociadas mentales y/o físicas, comprendiendo de esta forma una respuesta emocional. Para este modelo de percepción, evaluación y acción, una emoción se refiere a una increíble variedad de respuestas, que van desde leves hasta superintensas, cortas a muy extensas, simples y complejas, privadas y públicas.

Modelo modal

El doctor James Gross, de la Universidad de Stanford, tomó el modelo de Ochsner para preguntarse si existen atributos compartidos que garanticen que *algo* es una emoción. El **primer atributo** tiene que ver con **cuándo** una emoción ocurre. Según Gross, en concordancia con lo que propone Ochsner, tus emociones ocurren cuando haces una evaluación o estimación de los eventos que te causan diferentes reacciones. Es decir, cómo evalúas (con tus pensamientos y otros sistemas) una situación es lo que causa una determinada respuesta emocional. Esta se basa justamente en la evaluación que haces, muchas, muchísimas veces, de forma inconsciente. En este proceso tú vives una situación o evento en un contexto determinado, le prestas atención, la evalúas y surge una respuesta emocional.

Por ejemplo, si acabas de salir de una primera entrevista laboral y la percibiste como positiva, seguramente sientas felicidad, excitación, alegría o incluso anticipación de que te van a llamar para contratarte. Pero, si tu interpretación de esa entrevista es negativa, seguramente sientas miedo, vacío o tristeza. Es decir, para que la emoción ocurra, el evento debe ser de alguna forma relevante para algún objetivo tuyo del momento. Los objetivos que sustentan esa evaluación pueden ser duraderos (mantenerte vivo) o transitorios (quiero que me vuelva a llamar). Pueden ser conscientes y complicados (aspirar a ser el mejor profesional) o inconscientes y simples (evitar pisar caca de perro en la calle). Pueden ser ampliamente compartidos, como tener amigos cercanos o muy personales, o encontrar un tipo particular de camisa. Sea cual fuere el objetivo, para Gross **es el sentido, la interpretación o evaluación que le das al evento o situación, en un contexto determinado, el que da lugar a tu emoción**. Si ese sentido cambia con el tiempo, ya sea porque cambió la situación o porque cambió tu interpretación de la situación, entonces la emoción también cambiará.

Según Gross, el **segundo atributo** compartido por tus emociones es su **naturaleza multifacética**. Esto significa, al igual que en el modelo de Ochsner, que tus emociones son fenómenos de todo el cuerpo que involucran ligeros cambios de tu experiencia subjetiva, tu comportamiento y tu fisiología periférica y central. **Las emociones no solo te hacen sentir, sino que te impulsan a actuar**. Estos dos atributos —cuándo aparecen y su naturaleza multifacética— constituyen lo que es conocido como **el modelo modal de las emociones**.

De acuerdo con este modelo, para que surja un momento de emoción debe haber una *situación* que llame tu *atención*, o sea, que tiene algún significado o relevancia para ti en ese momento, lo cual activa un multisistema complejo de respuestas que modifican de formas importantes la relación entre tú y esa situación. Es decir, *situación en un contexto, luego atención, evaluación y finalmente respuesta emocional.* Esta última respuesta emocional es la que tiene poder de cambio sobre tu estado. Es decir, a partir de sentir una emoción cambia tu relación con la situación. Ya no eres el mismo que antes de que sucediera esa situación. Te sientes enfadado, por ejemplo, o motivado, o frustrado. Recuerda que las situaciones con relevancia para ti pueden ser tanto externas (el metro acaba de pasar en tu estación y no paró) como internas (tu jefe te miró con mala cara). Y tus respuestas emocionales después de que les prestaste atención y evaluaste la situación son experienciales, de comportamiento y neurobiológicas.

Con la propuesta de ambos modelos recién descritos, el cíclico y el modal, no quedan dudas de que tu interpretación *(atención y evaluación)*, a través de **tus pensamientos y creencias**, de eso que te sucede tiene un impacto directo en cómo vas a responder emocionalmente. O sea, en cómo te sientes. Por esto, llegó el momento de que entiendas cómo afectas a toda tu vida, para bien o para mal, tan solo con tu forma de pensar.

Imagine

¿Sabías que tienes un poder que ningún otro animal del planeta posee? La **imaginación**. Puedes usarla para manifestar cosas y convertir lo invisible en visible. Sin embargo, creo que un pensamiento en sí mismo no es suficiente para que manifiestes cosas o circunstancias. Debes nutrirlo de una emoción, como entusiasmo, pasión o felicidad. Por esta razón, si estás entusiasmado con eso que quieres, tu sueño, vas a lograr más y mejores resultados que si te sientes pesimista o poco motivado. Logras más cosas —de esas que quieres— en tu vida si te focalizas más en eso que deseas en lugar de llevar tu atención a eso que no quieres o te falta. Los más pesimistas se focalizan todo el tiempo en no tener dinero, recursos, tiempo, talento para alcanzar sus objetivos. Por eso logran mucho menos de lo que podrían conseguir. Si tienes **confianza en ti**, entonces *siembras* pensamientos positivos cada día. Celebras pequeñas victorias y te tratas con respeto y compasión —como me dijo Robert Thurman en el prólogo—. Si eres así seguro que esperas que te sucedan, de forma natural, cosas buenas.

¿Te das cuenta del rol crucial de tu autoestima o confianza en ti mismo en cómo te sientes?

Si es baja, seguro que llenas tu cabeza de pensamientos deprimentes. No prestas mucha atención a tus logros o te dices «no fue para tanto». Te cuesta *ver* tus fortalezas. Tener confianza en ti es para mí la variable más importante a la hora de enfrentar cualquier desafío. Una definición de autoconfianza podría ser *la sensación de control en situaciones que implican cualquier desafío para ti.* Ahora bien, la confianza no es un rasgo estático. Más allá de que tengas mucha, bastante, poca o nada, la confianza es continua, fluida. Como verás más adelante, en el ejercicio «El ciclo de la confianza», siempre puedes incrementar la confianza en ti mismo, independientemente de lo que te haya pasado de niño. Cuando hay confianza mejoran las relaciones, y esto da lugar a más posibilidades. Estas posibilidades dan lugar a oportunidades que, bien priorizadas, te llevarán a que actúes teniendo más probabilidades de lograr el resultado que esperas. Con confianza te sientes, además, más involucrado y con mayor compromiso en lo que haces. Sin confianza pasa lo contrario. Esto no quiere decir que *pensar en positivo* vaya a resolver todos tus problemas, pero **manipular lo que piensas es una herramienta potente para gestionar lo que sientes**. Sin embargo, pensar en positivo también tiene sus limitaciones. Repetirte todo el tiempo en tu cabeza que *eres feliz* puede beneficiarte, pero claramente no va a eliminar tus emociones menos placenteras. Si no aprendes a aceptar tus emociones poco placenteras y a lidiar con ellas, al sentirlas vas a quedar preso de tu propio relato interno o narrativa. Si eres como yo, y como la mayoría de las personas, te aseguro que ya te volviste adicto a tu propia historia, sea bonita o fea.

Entonces, no solo para su aparición, sino además para poder manejar, gestionar y regular tus emociones, es esencial que hayas entendido el rol central que desempeñan tus pensamientos. Como te conté, tus pensamientos son parte de lo que activa, durante la etapa de evaluación del modelo cíclico o modal, tu respuesta emocional, y esas emociones, a su vez, generan más pensamientos. Pensamientos y emociones, tu mente, se dan de comer unos a otros. En círculos virtuosos o viciosos. Por ejemplo, si tú piensas *no sirvo para esto*, es muy probable que te generes emociones poco placenteras, como **vergüenza**. Y cuando te sientas **avergonzado** por *no servir para eso* vas a **atraer más pensamientos alineados con eso que crees de ti**. Vas a llevar tu atención a esas cosas para las que tú crees que *no sirves*, y/o a acordarte de tus fracasos o errores del pasado. Este círculo fortalece, literalmente, en tu cerebro una creencia que yo te aseguro que es errónea. Pero esto no termina aquí. Si crees que *no sirves para eso* y te sientes **avergonzado**, entonces no vas a ir a hablar con tu jefe sobre ese proyecto. Si crees que esa chica es demasiado guapa para ti, no la vas a encarar. Es decir, que los pensamientos generan emociones y estas conducen tus comportamientos y acciones —o no acciones—. Esto finalmente va construyendo tu realidad e impactando de forma directa en tu desempeño en la vida. Mientras que puede no ser muy obvio a corto plazo, **a largo plazo tus pensamientos tienen un impacto tremendo en tu calidad de vida**. Dediquemos entonces un capítulo entero a eso que piensas...

POSITIVO

EJERCICIO. El ciclo de la confianza

Tener confianza en ti es para mí la variable más importante a la hora de enfrentar un desafío. La definición de autoconfianza es la sensación de control en situaciones que implican cualquier desafío. El ciclo de la confianza consta de cinco pasos:

1. Sea lo que fuere que vas a enfrentar, decídete a pensar en positivo, orientado siempre al futuro y tratando de focalizarte en soluciones en lugar de en problemas. Ten pensamientos asociados al proceso de lo que vas a enfrentar y no al resultado esperado. Acuérdate de que el cerebro cree lo que tú piensas. Si empiezas pensando en negativo, te será imposible aumentar la confianza en ti mismo. Tienes que estar convencido de que el esfuerzo y el posible dolor valen la pena. Y de que las recompensas que *quizá* vendrán luego, también.
2. Trabajar duro. Estudio, entrenamiento, práctica, repeticiones, tiempo..., lo que sea, que sea duro.
3. Arriesgarse. Sin que corras algo de riesgo es difícil que tu confianza aumente. Correr riesgo construye tu confianza. Este es el punto más complejo, porque la decisión importante es cuánto, cómo, dónde, en qué momento voy a arriesgar. Aquí está la clave. ¿Cuándo fue la última vez que arriesgaste?
4. Después de 1, 2 y 3, quizá, y solo quizá, experimentes el éxito. No hay seguridad de nada, solo aumento de posibilidades de que lo logres.
5. Si lo logras y tienes éxito, automáticamente pensarás en positivo, y se alimenta el ciclo.

EJERCICIO. Al levantarte

Tómate cinco minutos para escribir los pensamientos del momento. Al acostarte haz lo mismo.

....

....

....

....

....

EJERCICIO. Ocúpate

Ocuparse de un resultado no es lo mismo que preocuparse. Ocupándote estás permitiéndote cambiar cosas. Preocuparse es solo rumiar dentro de tu cabeza. ¿Hay algo en lo que puedas ocuparte en lugar de preocuparte?

....

....

....

....

EJERCICIO. Bonito

Tendemos a juzgar los días como buenos o malos. Incluso en los días malos suceden cosas bonitas. Presta atención a las cosas bonitas del día. Nota qué cosas te hacen feliz. Intenta no focalizarte en lo negativo.

EJERCICIO. ¿Cuándo?

Escribe tus pensamientos durante los próximos dos o tres minutos. Luego categorízalos en pasado, ahora o futuro. ¿Cuántos tienes en el ahora? ¿Te sorprende algo?

....

....

....

....

....

8

¿En qué estás pensando, Willis?

> Deja a un hombre alterar radicalmente sus pensamientos y se sorprenderá de la rápida transformación que afectará a sus condiciones materiales de vida. Las personas creen que los pensamientos pueden mantenerse en secreto, pero no se puede; rápidamente se cristalizan en un hábito, y esos hábitos se solidifican en circunstancias.
>
> JAMES ALLEN

TU NARRATIVA

Espero que ya no tengas dudas de que tu estado emocional afecta de manera drástica a tus comportamientos y maneras de actuar en la vida. En estados más positivos tienes más energía disponible. Además, aumenta tu confianza en todo lo que haces, estás más abierto a considerar nuevas acciones que podrían mejorar tu vida, eres más hábil para salir de tu zona de confort —o llegar a *su limbo*— y aumenta tu creatividad. Nada mal.

En estados emocionales más negativos tu energía es menor. Baja tu confianza, se reduce tu motivación y estás más incómodo con los nuevos desafíos. Además, te preservas menos en tiempos difíciles y atraes más y más pensamientos negativos. Así es; puedes imaginar las emociones como imanes. Atraen *pensamientos* en la misma *frecuencia*. Cuando estás en un estado emocional negativo, inmediatamente vas a atraer pensamientos negativos que harán que tu situación parezca mucho peor. Un círculo vicioso. Por ejemplo, *yo ayer tuve un mal día laboral, las cosas no me salieron como quería, de pronto me encontraba en mi moto volviendo a casa y empecé a pensar que desde hace mucho tiempo tengo unos kilos de más de lo que a mí me gustaría. Comencé a culparme por eso. Luego recordé dos e-mails que no había mandado. Me culpé por eso. Al llegar a casa vi mi apartamento muy desordenado y pensé en lo poco que estaba cuidando mi espacio, mi hogar.* Así fue como, por tan solo un día laboral no tan bueno, una hora más tarde ya me sentía *miserable*. Lo importante fue que esa noche *me di cuenta* (autoconocimiento) de *cómo* había estado pensando todo el día y que era eso, mi interpretación de los hechos, lo que me hacía sentir miserable.

Por eso te recomiendo que registres cómo te sientes y *escribas* tus pensamientos del momento. *¿Cuál fue el disparador que me hizo pensar estas cosas?* Cuanto más a menudo hagas esto, más rápido vas a encontrar ciertos patrones de pensamientos muy tuyos.

En mi caso el disparador era una profunda sobreexigencia en mi trabajo y cómo me sentía cuando las cosas no me salían exactamente como quería. Por ejemplo, imagínate que anotas que te sientes triste desde hace unos días. Pregúntate: *¿Qué disparó este estado emocional? ¿Qué alimentó este estado durante estos días? ¿Qué me estoy contando a mí mismo estos días? ¿Cómo y por qué me hundí en este estado? ¿Qué puedo aprender de este evento?* Responderte esto tiene un gran valor y va a ayudarte a relacionarte mejor con eventos similares en el futuro.

Si tus pensamientos tienen un impacto directo en tus emociones (y viceversa), en el próximo capítulo veremos que podrás usarlos para modificar o gobernar tus emociones. Es clave saber en qué estás pensando, qué te estás diciendo. Es decir, la metacognición. Una eminencia científica en estos temas es el doctor Mariano Sigman, autor de *La vida secreta de la mente*. El contenido y la calidad de eso que te dices, a partir de ahora, lo llamaremos **tu narrativa**. Esta narrativa ocupa más o menos el 90 % de tu día y por ello tiene una relación directa y permanente con cómo te sientes y, por ende, con cómo te comportas. Lo que, al fin y al cabo, define cómo te va en la vida. Tus pensamientos definen tu vida. Pero... *¿por qué pensamos y nos decimos cosas diferentes?*

Lo que sucede es que, desde el momento en que naces, todo lo que escuchas, todo lo que dices en voz alta o para dentro, cada pensamiento, queda *temporalmente grabado* en tu cerebro. Esas narrativas, también conocidas por algunos autores como programas (porque es como programar tu cabeza), que recibes de los demás y/o de ti mismo, a medida que *se repiten* son física y químicamente *establecidas en tu cerebro*. A partir de ahora diremos que se «cablean» en tu cerebro. A mayor repetición de esas narrativas, más ancho y más fuerte se hace ese cable, mejor conectividad hay entre las neuronas.

El proceso de cómo a partir de estas narrativas tu cerebro crea, guarda y luego actúa, o sea, cómo actúas tú en tu vida, es algo complicado, pero básicamente está relacionado con la ya famosa y explicada neuroplasticidad. Te lo repito: la capacidad que tiene tu cerebro de formar nuevas conexiones neuronales basadas en nueva información. Esta **neuroplasticidad ocurre durante toda tu vida**. O sea, tu cerebro está todo el tiempo aprendiendo y cambiando. Cualquier aprendizaje o experiencia modifica de manera literal la estructura física y funcional, el cableado, de tu cerebro. Todo lo que fuiste pensando y diciendo en tu vida, sin que ni siquiera te hayas dado cuenta, se fue cableando y cambiando tu cerebro. Tus conexiones sinápticas.

Esto significa que en lo más profundo de tu cerebro **no hay una verdad**. Las áreas que reciben todas tus narrativas aceptan aquellas que te dices más frecuentemente y luego ejecutan esas historias que has ido incorporando o cableando, las más fuertes. Esas narrativas que te dijiste y te dices hoy son como **verdades o hechos para ti**, lo sean o no en la realidad. Todo este proceso que dura toda tu vida es el que va construyendo tus creencias, tus marcos o formas de pensamiento. Es más, la definición de creencias refiere a tus hábitos de pensamiento, eso que sueles pensar más a menudo. Tus cables de acero. Es decir, que tus narrativas más frecuentes se convierten en tus creencias. Entonces, **son los marcos de pensamiento que afectan de manera directa a cómo te sientes cada día de tu vida**. Estos no son una medida de qué es para ti lo correcto o lo incorrecto. Lo que tú crees es una medida de esas narrativas que fueron construyendo tus creencias. Todo lo que tú crees sobre ti, sobre lo que es verdad sobre ti. El proceso químico más importante y necesario para cablear esos programas en tu cerebro es la repetición. **Tu cerebro está diseñado para prestar atención —y guardar— a aquellas narrativas que más repites o te repites**. Por eso terminas creyendo cosas sobre ti que simplemente son las que más te fuiste diciendo. Hoy existe mucha evidencia que demuestra que, si te entrenas para *reformular tus pensamientos* (lo veremos en detalle en el próximo capítulo) dentro de un marco más «positivo» o «directivo racional», fortaleces las conexiones cerebrales en tu *córtex prefrontal izquierdo*. Este último, entre otras cosas, es el responsable de que salgas a buscar más opciones y alternativas para tus desafíos. Es decir, te ayuda a buscar más, y a veces mejores, maneras para enfrentar tus problemas. Y, como si esto fuera poco, también **te pone en acción**. Ahora, si eres de los que tienen muchas narrativas negativas, te aseguro que tienes más conexiones en tu *lado derecho del córtex prefrontal*. Este último se ocupa, entre otras cosas, de cerrarte a las opciones y que salgas corriendo. Te pone en modo *escapar o luchar* y te inhibe para la acción.

Algunos autores estiman que durante tus primeros dieciocho años de vida, **si creciste en un ambiente razonablemente positivo**, alrededor del 77 % de esos programas que recibiste fueron **negativos**. Sí, leíste bien: ¡razonablemente positivo! Y sin importar *cuándo* se cablearon durante tu vida, estoy seguro de que muchos de esos programas siguen en tu cerebro dirigiendo muchas veces cómo te sientes y cómo vives. Como te expliqué antes, la parte del cerebro que guarda esos programas no distingue si algo es verdad o es falso, y tu cerebro está diseñado para actuar en aquellos programas más fuertes (más repeticiones) que recibió como si fueran ciertos, sean o no verdaderos. Uno de los grandes desafíos con estos programas ya instalados es que un 90 % son inconscientes, o sea, completamente escondidos de tu consciencia. Otra vez comprobamos el gran poder del autoconocimiento, que en este caso sería traer más de esas creencias de tu inconsciente a tu consciente.

En síntesis, junto con tus genes y tus experiencias, terminas siendo el resultado de las narrativas, propias y ajenas, que fuiste recibiendo. O sea, casi todo lo que crees, piensas, dices y haces es el resultado de esos programas que recibiste. Y obviamente que todo esto afecta a tus emociones diarias y tus estados de ánimo.

Entonces, tu *narrativa* actual no es ni más ni menos que la reproducción (como dar al *play*) de esos programas que se han cableado más fuerte mediante la repetición. Ahora, las buenas noticias: como tu cerebro posee neuroplasticidad, aquellos pensamientos negativos que te hacen daño hoy los puedes recablear con mensajes diferentes y más positivos.

¿Cuáles serían ese tipo de pensamientos o narrativas negativas? Cualquier cosa que piensas o dices desde una perspectiva de que algo no va a funcionar; todo lo que piensas o dices sobre ti mismo que repetidas veces pone el foco en tus defectos, imperfecciones o fallos; cualquier cosa que piensas o dices que limite tus creencias en ti mismo o en tu futuro; cualquier cosa que piensas o dices que te limita sobre quién quieres ser o qué quieres lograr; cualquier cosa que piensas o dices que te haga ver el mundo como un lugar lleno de problemas; cualquier cosa que piensas o dices que se focalice todo el tiempo en tus miedos y debilidades.

Algunos ejemplos muy escuchados: *¿Para qué probar? Alguno de estos días va a suceder. Estoy seguro de que no va a funcionar ni voy a poder. Nada me sale bien. No logro nunca organizarme. No tengo la paciencia para eso. Nunca sé qué hacer con esto. No soy bueno en geografía. Qué torpe soy. Para ti es fácil decirlo. Ya sé que no me va a gustar. Mis hijos me vuelven loco. Si tan solo fuese más inteligente... Hoy no es mi día. No tengo tiempo para descansar. No le gusto a nadie. Ya no tengo la energía que solía tener.*

Cada vez que te repites este tipo de frases, estás cableándolas más y más fuerte en tu cerebro, que, te recuerdo, **cree que eso que tú te dices es verdad**. Casi siempre son los pensamientos relacionados con la derrota los que te predisponen a fracasar. Te anticipan el fracaso y esperan que fracases, como si fuese algo inevitable. Entonces, al tener este tipo de diálogo interno, incluso si no te das cuenta de que lo estás haciendo, estás cableando tu cerebro para fracasar. Y tu cerebro va a ser eso para lo que fue cableado... ¡por ti!

Muy pocas veces estas *narrativas* o pensamientos negativos son producto de momentos de bajón de tu vida por alguna mala noticia, ansiedad o incluso depresión. En su mayoría son hábitos que fuiste construyendo. Si no haces nada al respecto van a crecer y hacerse más fuertes. O sea, se quedarán contigo.

Y hasta hay veces que terminas creyendo que es tu forma «normal» de pensar. Esta forma afecta a todo sobre ti. **Te aseguro que no naciste para pensar en negativo, sino que aprendiste a pensar de esa manera.** Es más, cuando miras los ojos de un bebé lo que se puede ver son oportunidades y posibilidades infinitas. Sin embargo, se calcula que en tus primeros dieciocho años de vida vas a escuchar unas 150.000 veces la palabra «no» o algo que *no puedes* hacer o que *no va a funcionar* para ti. Además de que te van a decir quién eres y qué creer del mundo que hay a tu alrededor. En el cerebro infantil, cualquiera que sea la experiencia o lo que le digan suficientes veces, se comienza a formar aquello que el menor cree y creerá sobre sí mismo y qué es la «verdad» sobre todas las cosas en su vida. Casi todo lo que piense será gobernado por esas narrativas y programas repetidos que recibe. Todo esto, te recuerdo, sin importar si esas narrativas son realmente ciertas o no. Con la suficiente repetición se convierten en verdades en el cerebro de cualquier menor. En definitiva, todos nacemos con un potencial inimaginable, pero con toda tu vida por delante empiezas a recibir esos programas que terminan formateando y formando lo que crees y lo que te crees. Te dicen quién eres, incluso quién serás y quién no serás, en tu vida.

Algunos autores argumentan contra este «poder» que tienen tus pensamientos diciendo que son simplemente los clásicos desafíos de la vida misma, con sus altos y bajos, los que hacen que tú fracases o lo logres. Dicen que es la buena suerte la que intercede, o no, en tu vida. O quizá hasta mencionan las diferencias en tu ADN. El doctor Shad Helmstetter, que ha dedicado toda su carrera científica a investigar esas narrativas, asegura que siempre les irá mejor a las personas que reciben mejores programas, más sanos y positivos, que a aquellas que reciben mensajes negativos. Shad asegura que la mayoría de nosotros no somos conscientes de cómo estos mensajes pueden dañar nuestra vida, y ha creado una serie de preguntas para que puedas hacer una suerte de autodiagnóstico de cómo tu *narrativa* está afectándote:

¿Tienes pensamientos negativos muy a menudo? ¿A veces te sientes deprimido o desanimado sin ninguna razón aparente? ¿Te cuesta focalizarte en tus objetivos y lograr las cosas que te propones? ¿Sientes que discutes más de lo que deberías? ¿En ocasiones te parece que la vida está en tu contra? ¿Sientes que no tienes control sobre tu futuro? ¿Acostumbras dejar de hacer las cosas y decir que lo vas a hacer «más adelante»? ¿Ves primero lo peor y por último lo mejor? ¿Te dices cosas que te hacen sentir menos que los demás? ¿Te haces mucha autocrítica y criticas mucho a los demás? ¿Te cuesta ver la vida y el mundo como algo positivo, como te gustaría que sea? ¿Dejaste de creer en tus sueños?

Además, Helmstetter creó tres tipos de *pensadores* negativos, según el **nivel**, la **intensidad** y la **cantidad** de pensamientos negativos que ha tenido y tiene. Es interesante leer la descripción de lo que él llama **síntomas** para evaluar si te sientes reflejado en alguno de ellos.

> **Nivel 1:** Expresas dudas frecuentemente. Te sientes deprimido sin causa aparente. Te preocupas mucho. Empiezas a sentir que no tienes control sobre tu vida en general. Esperas que te pasen cosas malas. Te quejas cada vez más. Te ríes y sonríes menos de lo habitual. Te criticas y criticas a los demás cada vez más a menudo.

> **Nivel 2:** Eres rápido para señalar lo que no va a funcionar. Discutes todo, todo el tiempo. Casi no escuchas al otro. Sueles comenzar tu día cansado. Te focalizas más en ti mismo que en los demás. Vas cada vez menos a eventos sociales. Sueles ver los

problemas como más grandes de lo que son. Te cuesta ver alternativas positivas. Eres supercrítico con los demás. Sueles enfadarte con los resultados. Dudas del futuro. Muy a menudo te sientes sin esperanza y sin control.

Nivel 3: Ves la vida desde un punto de vista negativo. Pierdes confianza en ti mismo y en los demás. Crees que las cosas nunca mejorarán. Casi no sonríes ni ríes. Sueles ser egoísta e ignorar a los demás. Vives criticando y dudando. Crees que pensar en positivo es solo un deseo y criticas a quienes lo hacen. Crees que pensar en negativo es la forma realista de ver la vida. Reemplazas esperanza aceptando la desesperación. Reemplazas acción con enfado y frustración. Casi nunca eres divertido. Adoptas formas fatalistas de lo que es la vida. Aceptas el fracaso como algo natural. Casi siempre terminas en una vida de infelicidad constante.

En síntesis, tu *narrativa* es algo que adquieres de manera no consciente y que incorporas (cableas) a tu cerebro de forma física y química. Y si no haces nada para cambiarlo, no solo se queda en ti, sino que empeora con el tiempo.

¿Qué es lo primero que piensas cuando un familiar tuyo llama de manera inesperada? ¿Buenas noticias o malas noticias?

Ahora más buenas noticias: seas nivel 1, 2 o 3 de *narrativa* negativa, hayan pasado años o décadas diciéndote (y creyendo) y estableciendo esos mensajes negativos, **los puedes cambiar**. Y puede llevarte solo semanas de trabajo, no años. Recuerda que tu cerebro está diseñado para recablearse con nueva información que tú le proveas. La manera más sencilla, pero no fácil, consta de dos o tres pasos, según diferentes autores.

Primero tienes que **monitorear y registrar** la mayor cantidad posible de pensamientos que estás teniendo (internos o que digas en voz alta) durante al menos cuatro semanas. Si puedes, escríbelos sin filtros en un cuaderno o el ordenador. Después de esas cuatro semanas, léelos y fíjate, cuáles son los que sueles repetir más a menudo y si son neutros, negativos o positivos. Los puedes resaltar con marcador fluorescente. Varias veces hicimos este experimento con mis alumnos de la Maestría en Negocios y es impresionante la información que pueden obtener de ellos mismos. Otra vez: autoconocimiento.

Por ejemplo: *¿Qué es lo que te dices cuando se pone la luz roja en el semáforo? ¿Y nada más levantarte? ¿Cuando alguien no está de acuerdo contigo? ¿Justo antes de dormirte? ¿Cuando llegas tarde a un lugar o alguien llega tarde?*, etc.

En esta primera etapa la idea es que comiences a ser consciente de tus pensamientos. Pensar en qué piensas: **metacognición**.

Luego es tiempo de que empieces a **editar**. Cada vez que te des cuenta de que estás pensando o diciendo algo desde una perspectiva negativa, deberías **detenerte y reformularlo desde lo positivo, o al menos con una directiva más realista, lógica o con evidencias**. No te estarías mintiendo, estás recableando tu cerebro con una perspectiva más acertada o cercana a lo que quieres ser. Tu nuevo tú. **No estarías engañándote, estás corrigiendo la dirección**. Por ejemplo: «Todo me sale mal» lo cambio por «Hay muchas cosas que hago bien, voy a seguir esforzándome para tratar de lograr esto que tanto quiero».

Para algunos investigadores estos dos pasos no son suficientes. Permiten que no sigas acumulando pensamientos negativos, pero no eliminan los que ya están establecidos. Para esto último sugieren que escuches todos los días de 10 a 15 minutos de audios de pensamientos positivos, como si estuvieras aprendiendo un idioma nuevo. Es que *es* un idioma nuevo para ti. Puedes encontrar páginas web o aplicaciones que incluso te permiten distinguir diferentes categorías de pensamientos positivos según lo que tú quieras practicar o mejorar. Autoestima, control de tu vida, dinero, salud, trabajo o carrera, relaciones, calidad de vida, etc. Las aplicaciones que te recomiendo son Affirmations Assistant, Mooditude y SelfTalk.

Un ejemplo de lo que vas a encontrar en estos audios sería así:

Yo elijo gustarme como soy (*tú eliges gustarte como eres*; puedes encontrar en primera persona o en segunda persona, como si fuera una voz que te habla), *me gusta la forma que tengo de pensar, yo me conozco y estoy orgulloso de la persona que soy, me gusta la forma que tengo de vivir mi vida, creo en mí, me gustan las cosas que hago, elijo hacer lo que hago, yo me agrado, tengo muchas cualidades, valgo mucho la pena, merezco vivir de la mejor manera y recibir lo mejor de los demás y de la vida, la gente disfruta de mi compañía, a la gente le gusta cómo pienso, merezco cosas buenas de la vida, estoy orgulloso del trabajo que hago, etc.*

Increíblemente, los estudios más serios con personas que deciden realizar estos tres pasos y cambiar su *narrativa* muestran que, cuando las cambian en algún área de su vida, empiezan a cambiar mucho más rápido en todas las otras áreas. Esto podría suceder porque, cuando cambias tu *narrativa* y creas nuevos programas en un área, tu cerebro comienza automáticamente a formar nuevas conexiones neuronales en áreas similares o complementarias.

Con respecto a los niños, hazles saber siempre que crees en ellos y háblales sobre su propia narrativa, explicándoles que *aquello que se dicen sobre sí mismos es lo que van a empezar a creer sobre ellos mismos.* **Creer en uno mismo y tener determinación sin duda crea niños geniales**. Tú como padre o madre eres el programador principal que tus hijos van a tener en toda su vida. Finalmente, procrastinar, el miedo intenso, la duda, no creer y negar son herramientas de autosabotaje para que no cambies y sigas haciendo lo que siempre hiciste. Estas últimas también son parte de tus narrativas y programas.

Metacognición

Entendiste que el contenido y la calidad de tus pensamientos influyen de manera directa en tus emociones, y viceversa. Te creas círculos virtuosos o viciosos de pensamientos-emociones-pensamientos. Según esto último, está clarísima la importancia que tiene a la hora de sentirte bien, mal, neutro o como tú quieras **conocer tus propios pensamientos**. Esto se denomina **metacognición**. La cognición comprende las representaciones y actividades simbólicas mentales, como aprender, resolver problemas, razonar y la memoria.

Según la definición del doctor John Flavell, la metacognición se refiere a los pensamientos que tienes sobre tus propios pensamientos. Sin embargo, hoy en la literatura científica se encuentra que la metacognición no es *un solo* concepto, sino que es *multifacético*. Por ejemplo, comprender los límites de tu propia memoria también es una forma de metacognición, ya que incluye tus creencias y conocimientos sobre tu memoria. Es decir, es la cognición sobre otras cogniciones.

Definimos entonces al menos tres formas de metacognición bien estudiadas por diferentes disciplinas. 1) **La metacognición del conocimiento**, que sería lo que conoces sobre algún tipo de cognición tuya: sobre cómo aprendes, cómo mejorar tu aprendizaje, tu memoria, etc. La metacognición del conocimiento pertenece a tu conocimiento declarativo sobre tu propia cognición. Este último se compone de hechos, creencias y episodios que puedes decir verbalmente y que son accesibles para tu consciencia, por ejemplo, *un viejo recuerdo sobre algo que te pasó.*

2) **La metacognición del monitoreo**, que sería cuando estás evaluando un estado actual de una actividad cognitiva: *juzgando si estás encarando un problema de la manera correcta.* 3) **La metacognición del control**, cuando regulas algún aspecto de una actividad cognitiva: *decidiendo si pasar más tiempo pensando en una respuesta a una pregunta, decidiendo si usar otra táctica para resolver un desafío.*

Los doctores Thomas Nelson y Louis Narens relacionan la metacognición y la cognición a través de dos niveles: un nivel **meta** y otro nivel llamado **objeto**. Este último es el proceso cognitivo que está operando en el momento, como la atención, el aprendizaje, el estar resolviendo un problema, etc. El nivel meta serías tú comprendiendo la tarea que estás haciendo y el proceso cognitivo que estás usando mientras haces esa tarea. La interacción entre estos dos niveles define cómo será tanto tu metacognición de monitoreo como tu metacognición de control. Esta última se ejerce cuando el nivel meta modifica el nivel objeto, o sea, la información que le llega a tu nivel meta actúa influenciando la actividad que estás realizando (nivel objeto). Uno de los lugares donde más se ha estudiado la metacognición y, donde creo yo, más necesitamos fortalecer para que cuando seamos adultos podamos tener mayor bienestar es en el ámbito de la educación.

Y hablando de educación, en el próximo capítulo te propongo las herramientas de *En el limbo* que quizá más te van a gustar para aplicar en esas situaciones que te incomodan en tu día a día. Hace años que las enseño en diferentes ambientes y las practico yo mismo, y he sido testigo de *pequeñísimos* cambios en mí y en las personas que han generado impactos *gigantes* en su bienestar y en su vida tanto profesional como privada. ¡Vamos a regular juntos tus emociones!

EJERCICIO. *Talk* negativo y positivo

Piensa en tres cualidades positivas que tienes. Durante el día, cuando aparezcan pensamientos negativos, recuerda o repite en silencio esas tres cualidades positivas.

EJERCICIO. No creas todo lo que piensas

Pensar algo no significa que sea real o verdad. ¿Cuáles son los pensamientos que estás teniendo ahora? ¿Son reales? ¿Son verdades o juicios falsos?

EJERCICIO. Prevención de la rumiación

Pregúntate:

1. ¿Tu narrativa interna negativa te ayudó alguna vez en el pasado?
2. ¿El problema que «estás teniendo» es real o imaginario? ¿Es parte de tu presente o de tu pasado?
3. ¿Te estás focalizando en tu problema o en los objetivos inmediatos que quieres lograr?
4. Muchos problemas no son placenteros; son difíciles e injustos. Incluso algunos no los puedes resolver. Acéptalo.

EJERCICIO. Veinte veces

Escribe debajo esta frase veinte veces más: *Yo puedo hacer lo que quiero.*

....

....

....

....

EJERCICIO. Si yo puedo

Completa estas diez frases:

Si yo puedo ...., entonces

puedo ....

Si yo puedo ...., entonces

puedo ....

Si yo puedo ...., entonces

puedo ....

Si yo puedo ...., entonces

puedo ....

Si yo puedo ...., entonces

puedo ....

Si yo puedo ...., entonces

puedo ....

Si yo puedo ...., entonces puedo ....

Si yo puedo ...., entonces

puedo ....

Si yo puedo ...., entonces

puedo ....

Si yo puedo ...., entonces

puedo ....

EJERCICIO. Si yo siento

Completa estas diez frases:

Si yo siento ...., entonces puedo

sentir ....

Si yo siento ...., entonces puedo

sentir ....

Si yo siento..., entonces puedo

sentir ....

Si yo siento ...., entonces puedo

sentir ....

Si yo siento ...., entonces puedo

sentir ....

Si yo siento.., entonces puedo

sentir ....

Si yo siento ...., entonces puedo

sentir ....

Si yo siento ...., entonces puedo

sentir ....

Si yo siento ...., entonces puedo

sentir ....

Si yo siento ...., entonces puedo

sentir ....

9

Autorregulación emocional

Tienes que regular

Ya tienes superclaro que, más allá del modelo o marco de referencia de estudio, las emociones surgen cuando algo que te importa está en juego. Tus respuestas emocionales suelen encajar con las demandas cambiantes de las circunstancias de tu vida. Tus emociones son fenómenos complejos que poseen diferentes facetas y que podemos definir como multidimensionales. Esto implica que para que ocurra una emoción debe haber una coexistencia de varios fenómenos coordinados y simultáneos. Respuestas específicas de tu comportamiento, experienciales y fisiológicas, que en conjunto influyen en cómo respondes a los desafíos y las oportunidades que percibes. Sin embargo, muchas veces lo que sientes puede inducirte a un error. Por ejemplo, cuando los contextos donde te ocurren las situaciones actuales difieren dramáticamente con respecto a aquellos contextos en los que tus emociones fueron moldeándose a lo largo de tu vida. Es en estos casos donde pareciera que tus emociones no encajan en una determinada situación. Es entonces cuando intentas **regular tus respuestas** a esas emociones para que sirvan a tus propósitos y objetivos.

La regulación emocional, de manera sencilla, sería tu capacidad para darles forma a las emociones que sientes, cuando las sientes y como tú las vives y expresas. Es decir, no se refiere a cómo tus emociones te regulan a ti y tus estados, sino a cómo tú las regulas a ellas. Definido en estos términos, regular tus emociones podría abarcar un montón de actividades: ir al cine a ver una comedia cuando estás triste, patear un cubo de basura cuando estás enfadado, imaginar el miércoles por la tarde, cuando estás desanimado en el trabajo, la fiesta divertida que tendrás el sábado, poner música suave tras un día agotador, etc.

Podemos definir tres **características centrales de la regulación emocional**. La primera es la **activación de un objetivo para modificar el proceso de generación de una emoción**. Esta activación puedes iniciarla tú (regulación intrínseca o autorregulación) u otra persona (regulación extrínseca), como un terapeuta, amigo, pareja o familiar. En general, los investigadores que trabajan con adultos se concentran en entender regulaciones intrínsecas y los que lo hacen con bebés o niños, en regulaciones extrínsecas (el padre que acaricia a su hijo para que no esté tan triste). Ambas regulaciones pueden ocurrir en simultáneo, cuando el padre acaricia al hijo para que no esté tan triste (extrínseca hacia el niño) también se calma a sí mismo (intrínseca).

Una segunda característica central de la regulación emocional es **la activación de un proceso que será responsable de alterar la trayectoria de esa emoción**. Como veremos, son muchos y variados los procesos que pueden ser reclutados para esta tarea, algunos explícitos y otros implícitos. Los explícitos son conscientes, como *tratar de mirar el lado positivo de un evento incómodo o forzarte a parecer tranquilo cuando estás nervioso antes de dar una charla*. Los implícitos funcionan sin que tengas conciencia de que están ocurriendo: *esconder que te gusta alguien por miedo a ser rechazado por esa persona o desviar rápidamente la atención de algo que puede ser muy molesto para ti.* Lo más correcto es pensar que las posibilidades de regulación emocional ocurren en simultáneo en un rango que va desde lo consciente, explícito, con esfuerzo y controlado hasta el otro extremo de ese rango: inconsciente, sin esfuerzo, implícito y de regulación automática.

La tercera característica central de este proceso es el **impacto de la dinámica de las emociones**. Esto se refiere al tiempo, la magnitud, la duración y las variadas **respuestas experienciales, comportamentales o fisiológicas**. O sea que el proceso de regulación emocional tiene las características del **objetivo** que quieres lograr; la **estrategia**, qué proceso vas a usar para alcanzar tu objetivo; y el **resultado**, las consecuencias de tratar de usar ese proceso para conseguir ese objetivo.

Ahora bien, el objetivo de regular las emociones no incluye solo que despliegues esfuerzos para hacer decrecer tu emoción negativa, como *tratar de relajarte cuando te notas muy tenso (intrínseco) o ayudar a un amigo que está muy estresado (extrínseco).* También puedes usar estas estrategias para aumentar una emoción positiva, como *compartir una buena noticia con tu familia (intrínseco) o contarle algo divertido a alguien para que esté menos triste (extrínseco).* Y puedes hacer lo contrario: aumentar tus emociones negativas, por ejemplo, *reinterpretar una pelea poco significativa con un amigo al contársela a tu pareja como algo superserio.* Y disminuir emociones positivas, como cuando *ayudas a que se calmen tus hijos antes de irse a dormir.* Lo más común, obviamente, es tratar de hacer decrecer en intensidad o duración emociones como la ansiedad, la ira y la tristeza, pero muchos describen la necesidad de aumentar en tiempo y/o intensidad el amor, el interés y la alegría, por ejemplo, compartiendo sus experiencias positivas con otras personas.

A partir de esto puedes diferenciar que a veces tratas de regular tus emociones por motivos más bien hedónicos, como el deseo de aumentar el placer o de decrecer el dolor a corto plazo, y otras veces es por cuestiones más instrumentales, como cuando quieres cambiar tus emociones para lograr algún objetivo no necesariamente emocional. Estas últimas son muy clásicas en ambientes laborales: mostrar interés por tus estudiantes, estar tranquilo frente a pacientes nerviosos en hospitales, mostrarse relajado frente a pasajeros molestos, etc. Con respecto a la regulación, puedes **aumentar, disminuir o mantener** emociones *positivas* o *negativas,* es decir, lograr cierto control o gobierno de ellas; **regular** tus emociones de manera **no consciente**, sin que te des cuenta, y a veces regular no es **ni bueno ni malo**, es decir, puede haber modos de regulación apropiados y también inapropiados.

Modelos de regulación

Si bien las estrategias de regulación se distinguen por actuar y tener principalmente un impacto en los diferentes puntos del proceso de generación de una emoción **—situación (en un contexto determinado), atención, evaluación y respuesta emocional—**, estas no se producen de manera lineal, ya que la generación de emociones es un proceso continuo que se extiende más allá de un episodio aislado.

Un primer modelo clásico de regulación consiste directamente en inhibir, mediante un esfuerzo por tu parte, la expresión de la emoción. Es conocido como **supresión de la expresión emocional**. Esta estrategia está focalizada en la respuesta destinada a que inhibas la expresión del comportamiento que esa experiencia emocional te dispara. Por ejemplo, *estás enfadado con tu pareja, pero decides no hablar del tema.*

Modelo de Gross

Gross, cuyo modelo modal estudiamos en el capítulo 7, propuso uno diferente al de la supresión, que dividió en cinco dimensiones de estrategias que puedes elegir, según tu contexto y circunstancias, para regular tus emociones.

1. **Selección de la situación**. Consiste en que decidas acercarte o evitar ciertas situaciones, personas o lugares que te producen (porque ya lo sabes) estímulos emocionales particulares. Involucra que realices acciones que muy probablemente te harán sentir menos molesto o más tranquilo frente a situaciones que sabes que te incomodan o te producen emociones no deseables.

   Por ejemplo: *sabes que ir cenar con tu amigo que te hace reír te permite relajarte antes de un examen. Evitar a tu jefe en el pasillo de la oficina ayuda a que no te pongas tan ansioso el día de una reunión importante. Arreglar una salida romántica con tu pareja. Decidir no hacer una presentación frente a tus compañeros.* El uso de esta estrategia supone que *conozcas* las características probables de una situación y tus respuestas emocionales típicas esperables frente a ella. Una dificultad para el buen uso de esta estrategia es que hay que distinguir adecuadamente los beneficios a corto plazo de los de a largo plazo. Por ejemplo, si eres tímido, es probable que te sientas mucho mejor a corto plazo al evitar una situación social. Pero... ¿y a largo plazo? No ir a ningún evento social puede alejarte de amigos, hacerte perder oportunidades, etc.
2. **Modificación de la situación**. Supone **organizar** una situación de modo que se elimine o reduzca la posibilidad de provocarte emociones indeseadas o que promueva

emociones deseadas. Se trata de cómo puedes modificar de forma directa una situación para que cambie su impacto emocional. *En lugar de evitar a tu jefe en el pasillo antes de esa reunión, lo vas a ver a la cafetería, donde sabes que está más relajado para conversar. Pedirle a tu profe una semana para prepararte para una exposición frente a tus compañeros. Esconder tu ropa sucia cuando tus padres te visitan en tu casa. Proponer a tus hijos juegos de mesa en un día lluvioso de verano, etc.*

3. **Desvío atencional**. Consiste en que examines y selecciones entre los diversos aspectos de una situación aquellos que consideras más convenientes para ti. Es decir, **redirigir tu atención** dada una situación particular para modificar tus emociones. Es una de las primeras estrategias que aparecen en los niños cuando no tienen muchas posibilidades de seleccionar o modificar situaciones de su vida. A diferencia de las primeras dos, que eran cambios externos, en el ambiente, esta ya es una estrategia interna, dentro de tu cabeza. Una técnica muy utilizada dentro de esta estrategia es la **distracción**, que te permite focalizar tu atención en otro aspecto de una situación particular o moverla lejos de esta. Esto involucra cambios en el foco interno de tu atención. Por ejemplo, *cuando tu jefe bosteza mientras estás hablando en esa reunión llevas o desvías tu atención a las personas que te están escuchando atentamente.*
4. **Cambio cognitivo**. Se refiere a que **interpretes** una situación de manera diferente a como lo vienes haciendo. Cambiar la forma de pensar para que tenga otro impacto en lo que sientes, es decir, **reevaluar, reformular o reinterpretar la situación**, darle otro significado. *Tu jefe te mira «mal» mientras estás hablando en esa reunión y*

piensas que se peleó anoche con su pareja; entonces, no sientes miedo. Esta *reevaluación o reinterpretación cognitiva* es una estrategia que se focaliza en el antecedente de que tú sabes cómo sueles responder emocionalmente frente a una situación. La idea central es que construyas significados alternativos a esta determinada situación con el objetivo de disminuir su impacto emocional negativo. Puedes usar esta estrategia en situaciones externas —*este seminario es una oportunidad para mí, ya que puedo aprender algo importante para mi trabajo*— o internas —*no es ansiedad, sino motivación por jugar la final.*

5. **Modulación de la respuesta**. Una vez que se han activado los mecanismos de la emoción —ya estás enfadado—, intentas influenciar tu tendencia a responder siempre de ciertas maneras —*siempre grito; ahora respiro profundamente*—. Es lo que puedes hacer para influir en tus respuestas fisiológicas, experienciales o comportamentales de manera directa. Por ejemplo, cuando estás enfadado puedes usar medicación, ejercicio físico, comida, tabaco, meditación, relajación (y muchas otras más); para disminuir tu transpiración (fisiológicas), dejar de dar golpes en la mesa (comportamentales), y percibir con menor tensión cómo te sientes en ese momento (experienciales).

   ¿Quién no ha comido chocolate cuando estaba triste o ansioso?

Supresión versus reevaluación

¿Qué pasa cuando comparamos la supresión de la expresión de la emoción con el modelo de reevaluación cognitiva (cambio cognitivo) de Gross? Esta investigación tuvo como objetivo comparar ambas estrategias para verificar si producen perfiles de consecuencias diferentes. Para ello también se introdujo una condición de participantes «sin regulación». A estos últimos no se les dice qué tienen que regular, son libres de autorregularse si así lo eligen.

Se supone que si haces esfuerzos para regular cierta emoción por medio de la **reevaluación** —cambiar el significado que le das a la situación o evento—, alteras la trayectoria de tu respuesta emocional en general, lo que conduce a respuestas disminuidas en lo que se refiere a tu comportamiento y tu fisiología. Por el contrario, si suprimes la expresión emocional, es obvio que tendría que decrecer tu comportamiento expresivo, pero no la experiencia emocional *per se*, e incluso podría incrementar tu respuesta fisiológica. Esto último se debería al esfuerzo que haces para inhibir un comportamiento de la expresión de esa emoción. En un estudio llevado a cabo por el doctor Richard Lazarus y sus colegas se les presentaba a los participantes una grabación de un ritual de circuncisión con manipulación de música que escuchaban mientras lo veían. Algunos participantes escuchaban una música diseñada para minimizar el impacto negativo emocional, negando completamente los aspectos dolorosos de la intervención y enfatizando sus aspectos de felicidad. Otros no escuchaban ninguna música. Al comparar ambos grupos, los que sí tenían música mostraron respuestas de conductancia de la piel menores y valoraciones placenteras del estado de ánimo en general. La conductancia de la piel es la medida de las continuas variaciones en las características eléctricas de tu piel, por ejemplo, causada por la variación de la sudoración del cuerpo. La conductividad de la piel aumenta en ciertos estados emocionales.

Asimismo, Gross hizo ver a diferentes participantes un vídeo que mostraba la amputación de un brazo para provocar disgusto o desagrado. Los participantes eran asignados al azar en tres grupos. El primer grupo debía pensar en algo a conciencia sobre lo que estaban mirando de modo que no les provocara nada (reevaluación). El segundo tenía que inhibir sus reacciones emocionales (supresión). Por último, el tercer grupo debía simplemente mirar el vídeo (grupo control).

Los resultados indicaron que la supresión disminuyó la expresión del disgusto (comportamiento), pero incrementó la conductancia y la activación del sistema cardiovascular (fisiológico). La **reevaluación cognitiva** también disminuyó la expresión de la emoción (comportamiento), pero no alteró la respuesta fisiológica (activación de la conductancia de la piel y activación del sistema cardiovascular). A su vez, en este grupo hubo una atenuación de la experiencia de disgusto que causaba el vídeo. Es decir, hacer un esfuerzo para suprimir la conducta que te dispara una emoción es posible, pero de todos modos se altera tu respuesta fisiológica y no decrece la sensación de experiencia negativa. Por el contrario, reevaluar también evita la conducta que dispara esa emoción, pero no altera tu respuesta fisiológica y disminuye la sensación que te queda de haber atravesado esa experiencia negativa. ¡Reevaluar parece ser mucho mejor que suprimir!

Otros estudios fueron un poco más allá y quisieron investigar los límites de las condiciones de los efectos de la supresión. Para ello Gross y el doctor Robert Levenson trabajaron con dos emociones contrapuestas, la tristeza y la alegría. Los resultados fueron los mismos que cuando investigaron el disgusto. Suprimir tanto la tristeza como la alegría conduce a un incremento de la activación del sistema cardiovascular, cambios de los indicadores de amplitud del pulso y aumento de la temperatura. Es significativo que suprimir una expresión emocional *negativa* (conducta) no genera un impacto en la experiencia que vives; sin embargo, si se suprime la expresión emocional *positiva*, es decir, la conducta que dispara esa emoción, sí se provoca un impacto en la experiencia que sientes. O sea, disminuye la valoración de esa experiencia positiva que estás viviendo. Esto sería algo así: si haces esfuerzos para suprimir una conducta disparada por una emoción considerada negativa para ti, de todas formas la experiencia que vives es muy fea; pero si lo haces con una conducta disparada por una emoción positiva, la experiencia que vives es menos bella que si no hubieses suprimido la expresión. En síntesis, si estás feliz y reprimes las conductas y los comportamientos de esa felicidad, vas a vivir la experiencia de sentirte feliz con menos intensidad. Si te sientes feliz y quieres cantar..., canta. Por otra parte, tus fuertes impulsos para inhibir la expresión emocional tienen un impacto en tu fisiología. Entonces, si eres de aquellos que habitualmente suprimen la expresión de sus emociones, deberías tener niveles de experiencias negativas similares a si no suprimieses, pero niveles de experiencias positivas disminuidos. Por el contrario, si empiezas a usar la técnica de **reevaluación cognitiva, seguramente comenzarás a sentir tus experiencias negativas como menos intensas y a disfrutar de un mayor número de experiencias positivas**. Esto reafirma, otra vez, lo que vimos en el capítulo anterior sobre el impacto que tiene el cómo piensas en el cómo y cuánto sientes.

Finalmente se comprobó que la supresión y la reevaluación tienen consecuencias distintas en el **nivel afectivo a largo plazo**. Para esto verificaron a largo plazo a participantes que suprimían y a otros que reevaluaban y observaron un impacto significativo en su bienestar, posible depresión y satisfacción personal.

En otro experimento se les pidió a mujeres que no se conocían que miraran una película con imágenes perturbadoras y luego debatieran sus reacciones. Agrupadas en pares, una de ellas debía 1) suprimir, 2) reevaluar o 3) interactuar naturalmente. Las compañeras de aquellas participantes que suprimieron (1) presentaron incrementos en la presión sanguínea, no así las que reevaluaron (2) o actuaron naturalmente (3). Esto podría indicar que **interactuar con alguien que muestra poca respuesta emocional positiva y se manifiesta inexpresivo a las pistas emocionales provocaría una mayor activación fisiológica en el otro**. O sea, si tu pareja suprime una emoción negativa que está atravesando, ¡a ti te sube la presión sanguínea!

También se estudió que aquellos que **reevalúan tienden a ser más queridos socialmente** y que suprimir tus emociones lleva a que encuentres menos apoyo social y a que tengas menos habilidades sociales. Es decir, en el campo de las relaciones interpersonales y el bienestar, la **reevaluación está asociada con una mejor salud mental**. De hecho, los individuos que la usan habitualmente presentan menores síntomas de depresión, más satisfacción con su vida, son más optimistas, con mayor autoestima, crecimiento personal y autoaceptación. Contrariamente, aquellos que suprimen habitualmente presentan dificultades en sus habilidades sociales, se encuentran menos satisfechos, disminuidos en su autoestima y evitan relaciones sociales, todos factores que aumentan el riesgo de cuadros depresivos.

Si usas la reevaluación cognitiva vas a ser percibido por los demás como una persona comprometida emocionalmente y receptiva. Por el contrario, si suprimes, vas a tender a ser más pesimista y se te acumularán desafíos sin resolver. Además, suprimir tus respuestas emocionales conlleva que agotes tus recursos cognitivos en detrimento de tus interacciones sociales y, a su vez, te crea una discrepancia entre la experiencia vivida internamente y lo que expresas exteriormente. Este sentido de falta de autenticidad puede generar sentimientos negativos sobre tu propia estima, dificultades a la hora de establecer vínculos cercanos, contribuir a comportamientos sociales evasivos y aumentar tu ansiedad. ¡Guau! *¿Te das cuenta del impacto que causa vivir durante años escuchando «no te enfades», «no tengas miedo»,* *«no es para tanto», «no llores», etc.? ¿Y del impacto que en este momento estás ejerciendo en tus hijos?*

Cuando se mide qué pasa en el cerebro de aquellos que reevalúan, se observa un incremento en la activación de sus córtex prefrontal lateral, que es importante en el control cognitivo, y una disminución de la activación de la amígdala y el córtex orbitofrontal, regiones importantes para el procesamiento de diferentes tipos de emociones. Muchos estudios también indican que **las mujeres usan la supresión como estrategia de regulación emocional menos frecuentemente que los hombres**. Lo que no se puede saber es si tiene más que ver con diferencias en las áreas cerebrales entre hombres y mujeres, que las hay, o si la supresión emocional está bajo un control interno como consecuencia de la internalización de normas sociales, usos y costumbres que gobiernan las expresiones emocionales esperables o indeseables.

Cuando se hacen estudios cerebrales se encuentran regiones específicas para el proceso regulatorio emocional. Por ejemplo, la amígdala tiene un rol crucial al procesar la información sensorial que le envía el tálamo y al córtex somatosensorial (donde se procesa la información de tus sentidos). Además, la amígdala tiene autopistas neuronales bidireccionales hacia el hipocampo (tus recuerdos emocionales) y hacia el hipotálamo (región clave para la activación fisiológica). Entonces, a día de hoy se observa que tu regulación emocional está modulada por al menos una red de interconexiones entre tu amígdala, tu ínsula, circuitos de tu córtex orbitofrontal (evalúa tu estado emocional y selecciona un comportamiento «adecuado») y el cingulado anterior (interpreta tu estado emocional). Incluso el córtex prefrontal (tus funciones ejecutivas, tu razón, tu análisis) participa indirectamente en la regulación emocional a través de sus conexiones con el córtex orbitofrontal.

En síntesis: si utilizas estrategias de reevaluación cognitiva, vas a afrontar las situaciones estresantes, pero tomando una actitud positiva, reinterpretando lo que consideras estresante y realizando esfuerzos activos para reparar tu malestar. A nivel afectivo, vas a experimentar y expresar más emociones positivas y menos negativas. Socialmente, es más probable que compartas tus emociones con los demás y mantengas relaciones más cercanas con aquellos que te rodean. En términos de bienestar, vas a tener menos probabilidades de presentar síntomas de depresión, mayor autoestima y satisfacción en general. Ahora, si suprimes o inhibes la expresión de una emoción, puede resultarte efectivo en la disminución de la expresión de las emociones negativas, aunque no te ayuda en la reducción de las vivencias negativas asociadas que vas a tener. Requiere que manejes y regules voluntariamente tus tendencias a las respuestas emocionales clásicas según vayan surgiendo, lo que repercute en **un alto consumo de tus recursos cognitivos** que podrías utilizar con otros fines. Si eres de estos últimos, vas a presentar una incongruencia entre tu experiencia emocional subjetiva (lo que realmente sientes) y tu expresión comportamental (lo que dejas ver a los demás), enmascarando tus emociones internas. Por eso es muy probable que entiendas con menor claridad lo que sientes, tengas menor éxito en la reparación de tu malestar y percibas tus emociones de una forma menos favorable, preocupándote más de las situaciones que te generan ese malestar.

Regulación explícita e implícita

Además de las estrategias de regulación, a las que dediqué varios párrafos para mostrarte los **beneficios de reevaluar una situación versus suprimir la expresión de la emoción**, se pueden diferenciar regulación emocional implícita o explícita. De este modo, el motivo por el cual regules puede ser implícito, es decir, **no consciente**, o explícito, o sea, **te das cuenta de que lo quieres hacer**. Por lo tanto, la naturaleza del proceso del cambio emocional va de más automático a más controlado. Esto da lugar a cuatro *dimensiones de estrategias* de regulación emocional.

> Dimensión 1: **regulación explícita-controlada**. La mayoría de los estudios abarcan esta dimensión, que implica un objetivo explícito de regulación *(quiero sentirme más feliz)* y procesos de cambio controlados por ti de forma consciente. Dos de las tres estrategias más estudiadas, que ya te mencioné, son la **atención selectiva**, que implica que muevas el foco de tu atención hacia el estímulo o fuera de él, y la **reevaluación**, cambiar intencionalmente cómo piensas y describes el significado de un estímulo para que puedas alterar tu respuesta emocional. La **distracción** es el proceso por el cual mantienes tu mente ocupada con pensamientos irrelevantes para disminuir la cantidad de tu atención dedicada a cierto estímulo. Quizá esto te aburra, pero los sistemas de control cerebral asociados a cuando realizas una regulación *explícita-controlada* son cuatro: tres áreas de tu córtex prefrontal, 1) la dorsolateral (DLPFC), 2) la ventrolateral y 3) la dorsomedial, y, además, 4) el cingulado dorsal anterior (dACC). Tu DLPFC está activa tanto en la *distracción* como en la *reevaluación*, ya que ambas implican que tengas en mente objetivos y manipules contenido relevante mientras controlas el foco de atención. Esas dos estrategias también involucran tu dACC y córtex prefrontal dorsomedial, ya que monitorean los conflictos entre los resultados buscados y tu comportamiento actual, marcándote cuándo es necesario que hagas ajustes. Por último, la reevaluación involucra tu córtex prefrontal

ventrolateral, debido a que es necesario que selecciones interpretaciones acordes a tu objetivo e inhibas las interpretaciones inapropiadas. En general, estas últimas son como hábitos de pensamientos, tendencia a interpretar y darle los mismos significados a lo que te sucede. Además, las estrategias **explícitas-controladas** también modulan la actividad de tu amígdala, que se ve reducida cuando regulas una emoción negativa mediante **distracción** o **reevaluación**. Es como hacerle *chis* a tu amígdala.

Dimensión 2: **regulación explícita-automática**. Implica que tengas un objetivo explícito para cambiar una emoción, pero con procesos de cambios automáticos (no te das cuenta). Esto no ha sido muy estudiado, pero un ejemplo evidente son los **efectos placebo**. Aquí la expectativa o creencia de que un tratamiento es efectivo puede cambiar determinado comportamiento tuyo. En tu cerebro, un tratamiento placebo se observa en un incremento de la actividad en varias regiones de tu córtex prefrontal, pero a su vez *se reduce la actividad en regiones de tu cerebro relacionadas con la percepción del dolor*, como el tálamo, la ínsula anterior y el dACC. A pesar de que los tratamientos placebo reclutan muchas regiones de tu córtex prefrontal (responsable de tus pensamientos), no requieren de un control cognitivo. Por eso es automático. Esto sugiere que los efectos placebo pueden ocurrir sin un esfuerzo consciente importante. Estudios comparativos con imágenes cerebrales mostraron que el *placebo* actúa directamente en la actividad de las regiones relacionadas con el dolor, mientras que la *reevaluación* cambia las conexiones entre las regiones sensibles al dolor y aquellas relacionadas con tu sistema de recompensa (placer).

Dimensión 3: **regulación implícita-controlada**. Aquí lo que sucede es que tú regulas una emoción sin que te des cuenta mientras realizas otra tarea. Es decir, no tienes una intención consciente de regular una emoción, pero sí se involucran procesos controlados. Un ejemplo es la tarea conocida como prueba de Stroop emocional. En esta se estudia el tiempo de respuesta del participante para nombrar colores de palabras emocionales negativas. Se ha demostrado que se nombra el color de una palabra emocional («guerra», «cáncer», «matar») más lentamente que el de una palabra neutral («reloj», «ascensor», «ventoso»). El Stroop emocional en realidad no involucra un efecto de conflicto entre el significado de la palabra y el color del texto. Parece captar la atención y el tiempo de respuesta lento debido a la relevancia emocional de la palabra para la persona que participa. En esta prueba involucras la necesidad de contener respuestas para distraer la información de una palabra mientras mantienes selectivamente la atención en el color de la palabra para completar la tarea.

Dimensión 4: **regulación implícita-automática**. Se estudiaron dos estrategias: **extinción** y **reevaluación reforzada**. En ambas se trata de que aprendas a través de la experiencia que el valor emocional de un estímulo **cambió** porque el resultado asociado a este estímulo fue alterado o eliminado. En la *extinción*, un estímulo que previamente anticipaba un resultado adverso o malo para ti ya no lo hace; en cambio, en la *reevaluación reforzada*, un estímulo que asociabas a cierto resultado ahora prevé un resultado diferente. Estas estrategias son llevadas a cabo por el córtex orbitofrontal medial y el córtex prefrontal ventromedial. Aparentemente, estos integran la información de diversas áreas cerebrales y actualizan las representaciones del valor emocional del estímulo para respaldar y que des respuestas apropiadas según el contexto. Las personas con lesiones en esas áreas tienen dañada la capacidad de integrar la información del contexto para así guiar sus comportamientos. Por ejemplo, puede suceder que se reduzcan tu enfado y tus reacciones fisiológicas al enfado después de haberte presentado palabras relacionadas con ese enfado, pero en oraciones desarmadas, como algo aislado a la tarea. Otro ejemplo es cuando tienes que aprender que un estímulo que era una recompensa para ti ahora ya no lo sea.

Más allá de comprender y distinguir estas cuatro dimensiones de regulación emocional, estos enfoques te permiten adquirir una mejor comprensión de tus procesos mentales relacionados con la regulación emocional. Puede haber instancias en las que no tengas el objetivo explícito de cambiar determinada emoción, pero, al repensar alguna situación, terminas haciéndolo implícitamente.

Regulación por *mindfulness*

Mindfulness es una disciplina, técnica o forma de vivir para algunos, muchas veces descrita como «la consciencia que surge al prestar atención a las cosas tal cual son, en el momento presente, y sin juzgar». Para mí, *mindfulness* es una habilidad que todos tenemos que requiere de práctica y entrenamiento. Mucho de la teoría budista que se encuentra en el *mindfulness* (o técnica de atención plena) lo puedes encontrar en «El gran discurso de las fundaciones del *mindfulness*» (Maha Satipatthana Sutta)

MINDFULNESS

de Silanda. Dentro de la historia de las enseñanzas de Buda, el *mindfulness* se halla inmerso en cuatro fundaciones contemplativas que representan cuatro lugares donde focalizarse para poder mejorar tu atención: 1) el cuerpo, 2) las emociones, 3) la mente o consciencia (los pensamientos) y 4) los *dhammas* o cualidades mentales. Las primeras tres se basan en llevar la atención, sin juzgar ni querer cambiar nada, a 1) las percepciones y sensaciones físicas, 2) eso que estás sintiendo, o 3) tus pensamientos. Los *dhammas*, la cuarta categoría, describen las actitudes óptimas o las trampas comunes de la mente alrededor de la atención focalizada en alguna de las primeras tres categorías. Los *dhammas* ejercerían una especie de control regulatorio para que la práctica del *mindfulness* sea exitosa.

Como herramienta de regulación emocional, esta técnica promueve que explores con tu atención tus experiencias momentáneas sin importar si son o no placenteras. Esta exploración crea oportunidades para que aparezcan *insights* (nue-vas ideas) en tu mente, que suele pensar siempre lo mismo. Esto reduce esfuerzos automáticos para controlar o manipular tus estados emocionales. Justamente, en lenguaje pali, el término *vipasana*, el cual da origen al vocablo inglés *mindfulness*, significa *insight*.

El principio budista plantea que tu mente puede mantener de manera mecánica la atención en una cosa cada vez. Por esto, que despliegues tu atención a alguna de las primeras tres categorías limita tu elaboración conceptual, que es la que dispara o extiende tus estados de emociones negativas. Entonces, cuando enfrentas un desafío emocional, el *mindfulness* te propone, de manera paradójica, que focalices de manera directa toda tu atención en tus emociones negativas. Al focalizarte en esa emoción en lugar de en un objeto, disminuyes tu interpretación elaborativa, que en general te empuja a que vayas aumentando esa emoción negativa. Sería algo así como que no puedes rumiar sobre lo que te está pasando porque tu atención está justamente en esa emoción. Tengo claro que es más fácil decir que hay que «dejar ir» eventos del pasado que te dolieron que hacerlo. Sin embargo, entrenar tu atención (como cualquier entrenamiento de tu cuerpo o mente) mejora esta habilidad y cada vez se te hace más fácil mantener tu foco en la emoción sin interpretarla mi juzgarla. Yo practico *mindfulness* desde hace varios años y es como llevar tu cuerpo al gimnasio. Si mantienes la práctica todos los días, notarás cambios alucinantes en tu cabeza. Si lo haces una vez por semana, será como hacer dieta solo los lunes.

En lugar de distraerte de lo que sientes —para sentirte mejor—, el *mindfulness* te propone que lo aceptes. Al meditar detienes tus reacciones habituales y al volver a tu atención sensorial te permites que nuevos aspectos de tu situación sean percibidos, alterando de manera efectiva la interpretación de esa situación. Esta percepción alterada de la situación posibilita la generación de nuevas respuestas en lugar de que repitas reacciones preexistentes iguales o parecidas a la que estás atravesando. Esto sucede en una armoniosa combinación entre tu control de la atención (de arriba abajo, de la mente al cuerpo) y las sensaciones de tu cuerpo (de abajo arriba, del cuerpo a la mente). Gracias a eso se promueve la aparición de nuevas ideas de cómo responder a tu evento *(insights)* y limita tu interpretación, que es, en definitiva, la que te hace sufrir más. En síntesis, que utilices tu habilidad *mindfulness* para regular tus emociones facilita una nueva interpretación o reformulación de tu experiencia emocional y promueve la expresión, en lugar de supresión, de tus respuestas emocionales.

¡Utilizar el *mindfulness* como herramienta de regulación de tus emociones tiene ciertos atributos únicos! Estos los puedes seguir desarrollando al practicar; son los siguientes:

1. *La estimulación de tu metacognición* (darte cuenta de en qué estás pensando) como estrategia de regulación emocional. Si bien la disciplina empieza con la práctica de fijar tu atención en ciertos lugares (cuerpo, respiración, pensamientos, etc.), también te permite cultivar una conciencia de tus hábitos más frecuentes. Conocer estos hábitos te pone en un mejor lugar para ser flexible entre distintas respuestas emocionales en lugar de reaccionar de forma automática. Al cultivar una actitud de curiosidad frente a un desafío emocional, esta técnica te provee de una oportunidad para personalizar tus respuestas emocionales y mejorar así tu respuesta frente a las personas y situaciones fluctuantes de tu vida.
2. *Detectar e interrumpir tu rumiación.* Al ensanchar tu atención focalizándote en la naturaleza evolutiva de tu experiencia emocional (cómo va evolucionando lo que sientes a lo largo de los segundos y minutos), esta habilidad interrumpe las interpretaciones cognitivas de tus eventos negativos. Al estar en el momento presente en lugar de molestándote a ti mismo con tus recuerdos y expectativas poco realistas, las emociones negativas bajan. Al prestar exclusiva atención a tus emociones negativas en vez de tratarlas como problemas que hay que resolver, el *mindfulness* reduce tu sufrimiento.
3. *Crearte una trayectoria de cambio personal.* Esto requiere una intensa práctica. Una hora diaria durante ocho semanas y luego incorporar la práctica variando en tiempo y haciéndola quizá más informal (meditar en el tren, en el semáforo en rojo, esperando al dentista, esperando el ascensor, caminando, etc.).

Además de redireccionar tu atención solo hacia tu experiencia emocional sin juzgarla para poder regular lo que sientes, la práctica también tiene otros efectos muy importantes, por ejemplo, sobre el estrés. En lo que se podría llamar una respuesta *convencional* a un estado de estrés y aplicando el modelo modal de Gross (**situación —en un contexto—, atención, evaluación, respuesta emocional**), podemos pensar así:

1. Al ocurrir la **situación estresante**, en general tiendes a pensar en ella como en una problemática emocional que debes resolver.
2. Tu **atención** se focaliza en el estresor, que muy probablemente para ti sea externo (alguien, algo) e histórico (siempre te estresa lo mismo).
3. Tu **evaluación** te llevará a darte cuenta de que tu calidad de vida se ve reducida por eso que te *está* pasando y *debes* solucionar.
4. Tu **respuesta emocional** habitual será la tristeza, la frustración y el enfado.

Si usas el *mindfulness*, puedes responder al estrés de manera muy diferente. Es más, la práctica puede ayudarte a que utilices esos estados estresantes como oportunidades para meditar. Yo lo hago muy a menudo. Cada pequeña incomodidad o situación que me estresa un poco es una buena excusa para practicarlo:

1. Al ocurrir la **situación estresante** vas a *explorar con intención* (tienes que decidir hacerlo) la naturaleza de la emoción o las emociones que estás sintiendo.
2. Tu **atención** puede focalizarse en el estresor externo y/o histórico, pero teniendo claro que es una *sensación momentánea.*

3. Tu **evaluación** esta vez será que se trata de un desafío transitorio. Aquí aparecen los *insights* durante la práctica del *mindfulness*. Algunos de ellos, para darte pistas novedosas y diferentes de cómo resolver el estresor histórico o simplemente para que no te estrese más.
4. Tu **respuesta emocional** será la curiosidad y aceptación de lo que te está pasando.

La atención en el presente y sin juzgar ejerce una suerte de suspensión de la evaluación autocrítica y te revela o desenmascara cuáles son tus reacciones típicas y habituales; las haces conscientes. Con el tiempo, esta información puede promover la aparición de *insights* que podrían motivarte a responder a esas situaciones de estrés de formas novedosas y más adaptativas o ayudarte a desmantelar patrones de reacciones que ya no te sirven o te hacen mal.

Puedes autorregular tus emociones tanto para bajar o subir la intensidad de las menos placenteras como para bajar o subir la intensidad de aquellas que son placenteras. Con mis años de experiencia encuentro que la mayoría de las personas buscamos bajar la intensidad de las emociones menos placenteras. Sentirse menos enfadado, con menos miedo, menos tiempo triste, etc. Te propongo a continuación un *intermedio* donde exploraremos emociones de otros países y otras culturas para apoyar los primeros nueve capítulos de *En el limbo*, donde espero que te haya quedado claro que **las emociones no son universales**, sino más bien **construcciones** que haces de acuerdo con tu **interocepción** —que determina tu grado de energía y placer en determinado momento— más tus **experiencias pasadas** —influenciadas por tus formas de pensar y creencias— más tu **contexto**, impactado por tu cultura.

EJERCICIO. Situaciones incómodas

A partir de mañana empieza a 1) escribir al menos **diez situaciones** relacionadas con el trabajo, los estudios o tu vida en general que te hacen sentir mal, incómodo o molesto. Pueden ser en muy diferentes momentos del día y de muy distintas intensidades. Trata de que sean todas en los más diferentes contextos. Al lado de cada una, describe, en la medida que lo puedas captar, 2) si en el momento en que estás atravesando esa situación tu **cuerpo** te envía alguna señal (dolores, picazón, sudor, contracturas, rubor, ansiedad física, hambre, etc.). Luego describe con lujo de detalles 3) cuáles son los **pensamientos** que se te cruzan por la cabeza al estar atravesando esa situación. Y finalmente trata de atribuirle 4) una o varias emociones a esa situación.

Ejemplo: Hoy por la mañana 1) mi jefe me envió un e-mail preguntándome por qué no fui a la reunión de ayer con el CEO regional. 2) Me empieza una contractura en el cuello. 3) Pensé: «Yo le había dicho que tenía que visitar a un cliente importante, no me escucha cuando le hablo, ¿por qué no me lo preguntó al mediodía cuando fui a su oficina?». 4) Siento frustración y enfado.

1) Situación: ....

2) En el cuerpo: ....

3) Pensamientos: ....

4) Emociones: ....

1) Situación: ....

2) En el cuerpo: ....

3) Pensamientos: ....

4) Emociones: ....

1) Situación: ....

2) En el cuerpo: ....

3) Pensamientos: ....

4) Emociones: ....

1) Situación: ....

2) En el cuerpo: ....

3) Pensamientos: ....

4) Emociones: ....

1) Situación: ....

2) En el cuerpo: ....

3) Pensamientos: ....

4) Emociones: ....

1) Situación: ....

2) En el cuerpo: ....

3) Pensamientos: ....

4) Emociones: ....

1) Situación: ....

2) En El Cuerpo: ....

3) Pensamientos: ....

4) Emociones: ....

1) Situación: ....

2) En el cuerpo: ....

3) Pensamientos: ....

4) Emociones: ....

1) Situación: ....

2) En el cuerpo: ....

3) Pensamientos: ....

4) Emociones: ....

1) Situación: ....

2) En el cuerpo: ....

3) Pensamientos: ....

4) Emociones: ....

EJERCICIO. Reevaluación para la autorregulación emocional

Considerando las situaciones descritas en el ejercicio anterior, tómate un tiempo para reformular con tus pensamientos qué vas a pensar la próxima vez que te sucedan. Escríbelo y visualiza la situación, pero ahora con tus nuevos pensamientos. Siente (adelántate) cómo te vas a sentir cuando pienses eso nuevo mientras ocurre la situación.

....

....

....

....

....

....

....

....

....

....

....

EJERCICIO. Etiquetado para la autorregulación emocional

Observa las situaciones descritas en el ejercicio anterior y tómate un tiempo para pensar qué emoción o emociones te causan. Nombre y apellido correcto de la emoción. Trata de ser muy estricto en la exactitud de las palabras que usas para describir eso que sientes. Para reducir la intensidad de esa emoción —y que puedas pensar mejor— es clave que aprendas a distinguir diferencias, por ejemplo, entre estar frustrado o decepcionado, aburrido o desilusionado, etc. Etiquetar tu emoción (alfabetización emocional) hace que baje su intensidad, no así rumiar sobre lo que te pasa.

EJERCICIO. Identificar tus emociones

Saber con exactitud qué emoción te invade en momentos estresantes puede ser una tarea difícil, aunque muy importante de hacer. Cada vez que te sientas ansioso o estresado, pregúntate qué estás sintiendo y anótalo. Si te resulta difícil identificar emociones, puede ayudarte tener a mano una lista ya impresa o que crees tu propia lista. Para cada emoción que identifiques, piensa qué es lo que te está queriendo decir, qué significa esa emoción para ti, en vez de tratar de eliminarla o dejarla de lado.

....

....

....

....

....

....

....

....

....

....

EJERCICIO. Reposicionamiento para la autorregulación emocional

Revisa las situaciones descritas en el ejercicio anterior y tómate un tiempo para tratar de ponerte en el lugar del otro (si es que hay otro en esa misma situación) y sentir lo que él podría estar sintiendo. O imagínate qué sentirían en esa situación que estás atravesando personas que conoces (tu pareja, hijos, mejor amigo, padre o madre, jefe, exnovio, etc.). O cómo esas personas se sienten sabiendo que tú estás atravesando esa situación. No hace falta que lo sepas; imagínalo y escríbelo.

....

....

....

....

....

....

....

....

....

....

EJERCICIO. Redireccionar tu atención

Cuando no encuentres una actividad o foco para redirigir tu atención hacia un lugar más positivo, puedes escribir por la noche, antes de dormir, lo siguiente: diez cosas por las que estás agradecido (ej., que a mi hermano le esté yendo bien en el trabajo), cinco cosas que lograste ese día (por muy pequeñas que sean, como que la camarera del bar donde vas cada mañana te sonría, que tus colegas te feliciten, el cumplimiento de un objetivo, reunir a todos tus amigos en una cena, etc.), y cualquier cambio positivo que hayas logrado con respecto a tus malos hábitos (hoy no le grité a mi marido, pude tener paciencia con el tráfico, fumé menos que ayer, etc.).

....

....

....

....

....

....

....

....

....

EJERCICIO. Reformular

Cambiar el significado de una situación de modo que cambie el impacto emocional. Escribe al menos cinco eventos o situaciones que te hacen sentir mal. Al lado escribe qué vas a pensar la próxima vez que te ocurra alguno de esos eventos o situaciones. Y al lado, dado que vas a pensar diferente a lo que habitualmente haces, cómo te vas a sentir. Siéntelo y visualízalo tantas veces como puedas.

....

....

....

....

....

....

....

....

....

....

Registrar tus emociones

Buscar los patrones de cómo te sientes durante el día te va a ayudar a dominar tus estados de ánimo. Haz una lista de las emociones que has tenido durante los últimos días. Clasifícalas en positivas y las que provocan estrés o ansiedad. Usando estas listas como guía, la semana siguiente marca cada vez que identifiques alguna de estas emociones. Evalúa tu lista al finalizar cada día o semana. ¿Hay algo del recuento que te sorprenda? ¿Las emociones que provocan ansiedad superan a las positivas? Crea un plan de acción para realizar cambios orientados a lograr que las emociones negativas no ganen poder sobre ti. Cuando llevas un recuento de tus emociones, adquieres una mejor percepción del poder que tienen sobre ti, tanto las positivas como las negativas.

....

....

....

....

....

....

....

....

EJERCICIO. El mordisco

Elige un lugar donde puedas comer con calma. Siente la comida en tu boca, mastica muy despacio y presta atención a todos tus sentidos. Luego come normalmente. ¿Cuál es la diferencia entre ambas formas de comer? No hace falta que lo escribas.

INTERMEDIO

La vuelta al mundo en emociones

10

Emociones culturales

La historiadora cultural Tiffany Watt Smith, en su libro *The Book of Human Emotions*, recopiló y describió más de ciento cincuenta emociones con el objetivo de identificar sus diferentes matices. Aquí te muestro algunas de esas emociones «culturales» y te propongo ejercicios asociados a ellas para que además las sumes a tu alfabeto emocional. O al menos para que las uses para impresionar a alguien.

Abhiman. La traducción literal es «amor propio». Pero la pista para comprender su significado más profundo subyace en otra palabra también del sánscrito, *balam*: «fuerza». *Abhiman* evoca la pena y la ira que sentimos cuando alguien que amamos, o de quien esperamos un trato cariñoso, nos hace daño. En la raíz de esta emoción están el dolor y el shock, que rápidamente crecen en un feroz y golpeado orgullo. Aparece en sus inicios en los escritos Vedas, textos muy antiguos que son la base del hinduismo. Reconocer el *abhiman* como una parte inevitable de tu vida emocional es saber que romper los códigos no escritos del amor y el respeto entre parejas y familias es un engaño serio.

Amae. Se refiere al término japonés de ser cuidado y querido, una sensación de entrega temporal en un estado de seguridad. En Japón, el *amae* es parte de muchos tipos de relaciones: entre miembros de una misma familia, con amigos e incluso en el ámbito laboral. Tiene diversos tintes; los niños pueden ser acusados de comportarse de forma *amareu* para referirse a cuando quieren engatusar a alguien para que haga algo por ellos. Según el psicoanalista japonés Takeo Doi, el *amae* es una emoción que implica dar el amor del otro por sentado, y eso implicaría que cuando dependemos de la ayuda de alguien no hay obligación de ser agradecidos por ello.

Awumbuk. Es aquel vacío que se siente cuando los invitados se van. El pueblo baining de Papúa Nueva Guinea creía que los viajeros que se iban del lugar dejaban una suerte de pesadez, para poder viajar más ligeros. Durante tres días se mantenía una bruma que generaba esta sensación de vacío e inercia que interfería a su vez con las tareas familiares de cosechar. Entonces, para contrarrestar esto, una vez que se iban los invitados, los bainings tenían un ritual. Llenaban un recipiente con agua y lo dejaban toda la noche para que absorbiera el aire infectado. Al día siguiente, la familia se levantaba muy temprano y en una ceremonia arrojaba el agua a los árboles para luego poder continuar con sus tareas diarias.

Compersion. Sería lo opuesto a los celos, estado de felicidad o excitación al apoyar a tu pareja con sus otras relaciones dentro de una estructura no monógama. En Kerista, una comuna poliamorosa de San Francisco, durante los años setenta fueron de los primeros en adoptar el concepto de polifidelidad y empezaron a estudiarlo como una manera realista de hacer las cosas. Innovaron mucho en la no monogamia y acuñaron muchos nombres diferentes, y la emoción *compersion* fue una de ellas.

Gezelligheid. Deriva de la palabra holandesa «amigo» (*gezelligheid*) y se usa para describir esa sensación tanto física como emocional de sentirse cómodo y en un lugar acogedor rodeado de buenos amigos y a su vez reconfortado y sostenido por los otros. No es posible percibir esta emoción solo. Se suele utilizar para denotar esos momentos especiales de intimidad con los amigos o la pareja, pero también podemos experimentar esa sensación en lugares que tengan una atmósfera muy acogedora y cálida que nos haga sentir seguros y en casa.

Greng jai. Proviene de Tailandia y es la emoción de sentirse reticente a aceptar ayuda por las molestias que podríamos causar.

Han. Es una emoción coreana que se define como «tristeza, resentimiento y dolor profundo» con una mezcla de anhelo de que las cosas podrían ser diferentes. Por un lado, tiene que ver con uno mismo e incluye un sentimiento de arrepentimiento por experiencias vividas o decisiones tomadas, las cuales nos conducen a la constante pregunta de cómo hubiese sido si..., lo que genera una tristeza que se lleva siempre en los hombros. *Han* también puede ser causada por una injusticia sufrida a manos de otra persona, lo que crea resentimiento e impotencia. Se dice que este sentimiento está arraigado en Corea por su larga historia de invasiones extranjeras, guerras y marcada sociedad jerárquica, que han hecho de este un sentir colectivo.

Hiraeth. Proveniente de Gales y describe un sentimiento profundo de añoranza particular por un tiempo y un espacio que ya no existen; describe originalmente apego, nostalgia y afecto por un lugar del pasado.

Ijirashi. Palabra originaria de Japón que significa la emoción de ver a alguien superar un obstáculo o hacer algo digno de una celebración. Es el sentimiento que puedes tener cuando ves a un atleta llegando a la meta contra todo pronóstico, o al oír que una persona ha devuelto a su dueño una billetera perdida.

Iktsuarpok. Emoción inuit que se utiliza para referirse a esa sensación que prácticamente todos hemos experimentado en alguna ocasión cuando esperamos a alguien con auténtica ansiedad. Es esa espera expectante que te obliga a asomarte a la ventana o a la puerta para ver si la persona que estás esperando ya ha llegado, aunque sepas que todavía no es la hora, o a mirar constantemente el móvil para ver si respondió el mensaje. *Iktsuarpok* es la emoción que denota esa espera que encierra ansiedad e impaciencia, pero también esperanza e ilusión. Los inuits observaban el Ártico expectantes a la llegada de posibles visitantes.

Ilinx. Palabra francesa que se utiliza para indicar esa extraña excitación que experimentas con la idea de destruir algo. Se refiere a ese impulso que te recorre cuando tienes algún objeto frágil en tus manos y te asalta la idea de tirarlo al suelo y romperlo o el simple hecho de patear una papelera en la oficina. Esta sensación surge del deseo de crear caos, lo cual es perfectamente comprensible, ya que vivimos en una sociedad donde todo está tan perfectamente organizado y etiquetado que puede resultar agobiante. De hecho, esta sensación suele aparecer en esos momentos en los que te sientes atrapado.

Kaukokaipuu. En Finlandia describe esa emoción que provoca «deseo de estar en un lugar lejano», sentirte con ganas de estar allí aunque no conozcas ese lugar.

Liget. Entre los ilongots de Filipinas, el corazón es el centro de la vida emocional y la ira *(liget)* se percibe como un brotar de chispas que salen de él. No tiene nada que ver con el gusto por la violencia, sino que está relacionado con una especie de ira que surge de la envidia que provoca el éxito ajeno. Experimentar *liget* es valorado como algo positivo, dado que está asociado a los rituales de cacería y de pubertad, conlleva un deseo furioso de actuar para volver a controlar una situación o sobreponerse de alguna dificultad.

Malu. Se utiliza en Indonesia para indicar una sensación que implica sentirse inferior a los demás. De hecho, en ella se entremezclan diferentes emociones, como vergüenza, timidez y frustración. Puedes experimentarla cuando vas solo en el ascensor con tu jefe y no te sientes cómodo. En ese momento pierdes repentinamente toda la confianza en ti mismo y en su lugar te sientes avergonzado. Puede llegar a ser tan fuerte que te bloquea psicológicamente. Cuando la persona desaparece, experimentamos un gran alivio.

Man. Proviene del hindú; es un sentimiento profundo de querer algo con muchas ansias. Es un deseo visceral que a su vez está acompañado por un reconocimiento en lo más profundo de tu ser.

Mehameha. En el idioma tahitiano es la percatación a través del escozor de la piel de que algo no está bien, como un escalofrío.

Mono no aware. Frase japonesa que apela a entender la transitoriedad de las cosas con un sentimiento de belleza y finitud. Si una persona no se disolviera, si no desapareciera como humo, las cosas perderían su poder de conmovernos. Lo más preciado en la vida es su incertidumbre. La traducción literal, «la tristeza de las cosas», es el punto de partida. Refiere al agridulce sentimiento de ver las cosas cambiar. El diminuto dolor que acompaña a una flor cuando se marchita, la finitud que se aloja en cada una de las cosas.

Mudita. Palabra budista que implica una alegría empática, alegrarnos de forma sencilla y desinteresada de lo bueno que les pasa a otros.

Nakhes. De origen yidis, es el orgullo que sienten los padres por cualquier pequeño logro de sus hijos.

Nginyiwarrarringu. Para los pintupis, aborígenes que viven en el desierto de Australia occidental, hay quince tipos diferentes de miedo, entre ellos, *ngulu*, el miedo que sientes cuando otra persona busca venganza; *kamarrarringu*, la sensación de que alguien está detrás de ti; *kanarunvyju*, el miedo a los espíritus malignos que no te permite conciliar el sueño, y *nginyiwarrarringu*, el espasmo de alerta que te hace ponerte de pie y mirar alrededor, buscando qué pasó.

Oime. Palabra japonesa que se utiliza para indicar la incomodidad que se genera al tener una deuda con alguien.

Pronoia. Se emplea para expresar la extraña sensación de que todo el mundo te quiere ayudar.

Schadenfreude. De origen alemán, se refiere a una alegría maliciosa por el fracaso de otra persona o grupo; «su fracaso no me afecta a mí personalmente, pero me gusta».

Song. Proviene del pueblo ifaluk, habitantes de la Micronesia. Ante una transgresión moral, como puede ser la de romper un tabú, los integrantes de la comunidad ifaluk experimentan lo que se traduce literalmente como «ira justificada», una especie de estado que permite rechazar socialmente, criticar e incluso amenazar al perpetrador; todo menos agredir físicamente. Por otra parte, el perpetrador de la transgresión, al ser «víctima» del *song*, padece una emoción llamada *metagu*, lo cual lo impulsa a remediarlo, a pedir disculpas o a ofrecer un regalo en compensación.

Torschlusspanik. Palabra alemana que se utiliza para indicar que el tiempo está pasando muy deprisa. Es una sensación que puedes experimentar a medida que transcurren los años, sobre todo si no estás satisfecho con lo que has logrado en la vida. También implica la sensación de estar a punto de perder el tren, el miedo a desaprovechar la oportunidad de tu vida. De hecho, *Torschlusspanik*, que sería algo así como «pánico a que se cierren las puertas», encierra la preocupación por el paso del tiempo y la sensación de que no estás aprovechándolo lo suficiente.

Toska. De origen ruso, en su sentido más profundo y doloroso es una sensación de gran angustia espiritual, a menudo sin una causa específica. En el aspecto menos mórbido es un dolor sordo del alma, un anhelo sin nada que haya que anhelar, una añoranza enferma, una vaga inquietud, agonía mental. En algunos casos podría ser el deseo por algo o por alguien en particular, la nostalgia, una pena de amor. En su nivel más bajo se reduce al hastío, al aburrimiento.

EJERCICIO. Un poco menos de decepción

Seguramente alguna vez te sentiste decepcionado por alguien a quien aprecias o de quien esperabas un trato amable; es una emoción tan antigua que ya aparecía en los primeros textos del hinduismo con el término *abhiman*. Es esa pena e ira que causa el hecho de que alguien nos haga daño. Si en este momento es tu situación, te propongo lo siguiente: *tómate un tiempo para reconocer cómo te sientes*. Aunque pueda ser tentadora la idea de ignorar aquello que te molesta o decepciona, es importante que recuerdes que «permitirse» estar mal es una parte vital para procesar lo sucedido. Date un tiempo para reconocer cómo te sientes y poder etiquetarlo:

Siento enfado/decepción por...

Racionalízalo: piensa en lo que realmente está pasando. Trata de mirar la situación desde una perspectiva de observador, sin identificarte con lo que sientes. Toma nota —mental o por escrito— de los hechos, de lo que se dijo. Observa de nuevo la situación; si sigues sintiéndote con mucho *abhiman* continúa con los siguientes pasos. **Háblalo:** charlar sobre el tema es una muy buena idea, asegúrate de que sea con alguien en quien realmente confías. Dedica tiempo a practicar meditación.

EJERCICIO. ¡A vivir con más *gezelligheid*!

Como dijimos, *gezelligheid* es esa sensación de sentirse cómodo y en un lugar acogedor rodeado de buenos amigos y a su vez reconfortado y sostenido por los otros; muchos estudios dan cuenta de los beneficios que trae pasar y dedicar tiempo a los seres queridos. Propóntelo cada semana.

Algunas ideas extraídas de *Zen Habits*, de Leo Babauta: ¿Tienes unos minutos? Manda un mensaje, pregunta a tus amigos cómo están, desea un buen día. ¿Tienes 10 minutos libres? Envía un e-mail. No tiene que ser muy largo, solo interésate por la otra persona, por sus problemas, sus inquietudes, su vida. ¿Tienes 15-20 minutos libres? Llama. Es una buena forma de conectar con alguien, escuchar su voz y que escuche la tuya. ¿Tienes de 30 minutos a una hora libres? Visita a ese ser querido, familiar, amigo... Presta atención a esa persona, preocúpate por su vida, escúchala activamente. ¿Tienes un par de horas libres? Invítalo a comer en casa o haced algo juntos, como pasear o ir a algún sitio. No pierdas el tiempo viendo la televisión o en las redes sociales.

EJERCICIO. ¡Suéltame, pasado!

A veces te encuentras pensando «¿Cómo hubiese sido si...?», «¿Qué hubiera pasado si...?», «¿Y si en vez de... hubiera...?». Como ya definimos, la sociedad coreana eligió nombrar a esta emoción *han*, que es esa «tristeza, resentimiento y dolor profundo» con una mezcla de anhelo de que las cosas podrían ser diferentes. Cuando tienes esos pensamientos te encuentras aferrándote a algo que sucedió en el pasado. Para lograr soltarlo, en primer lugar hay que identificar esos momentos en los que fantaseas con él. Cuando eso ocurre, hazte las siguientes preguntas: ¿qué necesidad me trae aquí?, ¿qué echo de menos?, ¿qué circunstancias de mi presente me llevan a evadirme con eso?, y empieza a tomar conciencia de ello. En segundo lugar, hay que preguntarse cuáles son los beneficios secundarios de seguir estancado en el pasado.

Muchas veces queremos evadirnos del presente porque si conectamos con él y nos hacemos responsables de nuestra vida tendríamos que tomar decisiones que no queremos tomar. Conecta con el aquí y ahora y simplemente toma las cosas tal como van viniendo, decidiendo en función de tus verdaderas necesidades. Cierra círculos, etapas, capítulos. Perdónate para poder perdonar. Acepta tus errores; todos los cometemos y son parte del aprendizaje que hemos venido a hacer a este mundo. Agradece la experiencia. Da gracias a esas personas que formaron parte de tu vida por haber compartido ese tramo del trayecto, por la vivencia que propiciaron, por todo lo que aprendiste en esas circunstancias duras o amables. Todo, absolutamente todo, ha contribuido a lo que eres hoy. La parte más útil de mirar el pasado es poder honrarlo.

EJERCICIO. La mente en mi cuerpo

Si eres de los que se pone ansioso ante la espera de alguien o miras mucho el móvil para ver si respondió..., estás experimentando *iktsuarpok*. Si te suele pasar eso, te propongo un simple ejercicio: para un segundo...; deja lo que estés haciendo, incluso, si puedes, contén unos segundos la respiración, y comienza a fijarte con detalle en lo que te rodea, los sonidos internos y externos, observa tus pensamientos, tu postura corporal y pregúntate: «¿Dónde estoy?, ¿tengo la mente donde tengo el cuerpo?».

EJERCICIO. Impermanente

Te propongo empezar a contemplar y abrazar la impermanencia de las cosas y las personas, o, como lo definen los japoneses, a vivir con *mono no aware*. Te invito a que leas las tres ideas siguientes, reflexiones sobre ellas, explores si resuenan como ciertas en tu propia experiencia y saques tus propias conclusiones. Generalmente tenemos tendencia a la impermanencia y la muerte, y reflexionar sobre estos temas puede generar un gran rechazo... La muerte es inevitable. Ningún ser humano ha vencido a la muerte, por muy poderoso que haya sido durante su vida. Cada instante que pasa nos acerca más al momento de la muerte, que es incierto. Aunque tendemos a imaginar que ocurrirá en algún tiempo lejano en el futuro, en realidad no lo sabemos. El cuerpo es frágil y muchas condiciones son necesarias para mantenerlo con vida. Si consideramos que la transformación de nuestros hábitos mentales es algo importante, el tiempo de hacerlo es ahora. Cuando nos toca morir, lo único que nos ayuda realmente son las prácticas transformativas que hayamos realizado. En ese instante, el dinero y los objetos acumulados no son de ayuda. Lo que sí es útil son los hábitos mentales que hayamos cultivado durante nuestra vida, incluidos el desapego a posesiones y la aceptación de la impermanencia. Dedica algún tiempo a la semana a reflexionar sobre estos puntos y observa qué surge. Proponte conectar con una motivación genuina de aprovechar este breve viaje en la vida para cultivar tus aspiraciones más profundas.

EJERCICIO. Felicidad multiplicada

Al hablar de empatía generalmente se la relaciona con ponerse en el lugar del otro, especialmente en situaciones adversas. Existe la expresión budista *mudita*, que implica una alegría empática, alegrarnos de forma sencilla y desinteresada de lo bueno que les pasa a otros. Te propongo que esta semana intentes vivenciarla, cuando alguien te cuente un logro, un mérito. Primero es necesaria tu atención plena, deja el móvil de lado, cualquier tarea que estés realizando, e intenta ponerte en el lugar del otro y mirar la situación desde su perspectiva. Segundo, es importante que comprendas y te interese lo que la otra persona pueda estar sintiendo o viviendo. Cuando empezamos a notar y dar tiempo a estos momentos de felicidad compartida, nuestra felicidad también se multiplica.

EJERCICIO. Lo que me falta cumplir

Como ya definimos, *Torschlusspanik* es una palabra alemana que se utiliza para indicar la sensación de que el tiempo está pasando muy deprisa. Es una sensación que puedes experimentar a medida que los años pasan —o en cualquier momento de tu vida—, sobre todo si no estás satisfecho con lo que has logrado en la vida. Te propongo que pienses y enumeres aquellos objetivos que deseabas cumplir, anhelabas, soñabas, y aún no has logrado. Ordénalos de acuerdo con su prioridad y resalta aquellos que deberías cumplir sí o sí antes de morir. Mientras haces este ejercicio, tómate un tiempo para pensar en qué emoción te provoca cada uno de ellos. ¿Tienes un deseo enorme de cumplirlos? ¿O simplemente te harían sonreír, sentir bien? Seguramente quedaron unos pocos objetivos marcados... Ahora pregúntate: «¿Cómo podría incluir esto en mi vida? ¿Cómo podría dedicarle más tiempo? ¿Qué acciones puedo ir tomando para acercarme a cumplirlos?».

EJERCICIOS
LAS CIEN PRÁCTICAS PARA TU AUTOCONOCIMIENTO

HACIA TU DIRECCIÓN

Ayer ya terminó, proponte vivir el presente como un nuevo comienzo *hoy*. Tómate unos segundos para reflexionar sobre la siguiente pregunta: ¿cuál sería un importante «si» que podría ayudarte hoy a moverte en la dirección que quieres, a cumplir tus objetivos?

REPOSA-RECONOCE-VUELVE

En esta oportunidad, nuevamente realizarás algunas respiraciones. Puedes elegir estar sentado o parado; lo importante es que vas a *reposar* toda tu atención sobre la respiración. Presta especial atención a ese momento en que tu atención se va del foco; una vez que lo *reconoces*, simplemente *vuelve* tu atención a la respiración. Repítelo durante unos minutos.

FOCALÍZATE EN EL ABDOMEN

Puedes elegir estar sentado o parado, y las manos pueden estar apoyadas sobre el abdomen o relajadas a lo largo del cuerpo. Cuando respires, nota cómo la tripa sube al inspirar y baja al espirar. Nótalo durante cinco respiraciones. ¿Qué emociones aparecieron?

QUERER ES PODER (PRIMEROS PASOS)

Muchas veces dejamos de priorizar esas cosas que realmente queremos hacer... ¿Qué es aquello que siempre hubieras querido para tu vida? ¿Cuál sería ese primer pequeño paso para que eso ocurra? ¿Puedes dar ese paso *hoy*?

«SILENCIO, ESPERO EL SILENCIO»

Te propongo que durante un minuto dejes a un lado cualquier artefacto electrónico y te sientes sin ningún tipo de distracción; si te parece, puedes cerrar los ojos. Luego hazte las siguientes preguntas: ¿qué se siente al estar sentado en silencio?, ¿en qué piensas?, ¿has pensado en algo de una forma diferente a la que habitualmente piensas?

MIRA HACIA ARRIBA

¿Qué te estás perdiendo a tu alrededor por estar mirando tu móvil o portátil? Mira hacia arriba y nótalo.

VIAJANDO

En el camino al trabajo, o en un recorrido que haces habitualmente, detente y mira en todas las direcciones. ¿Qué es lo que te habías perdido antes?

LA CONEXIÓN DEL ARCOÍRIS

En este mismo momento, haz una pausa y contempla en el lugar donde estés todo a tu alrededor... ¿Puedes encontrar cada uno de los colores del arcoíris?

EL OJO DEL SAMURÁI

Estudia el paisaje que te rodea e intenta memorizar detalladamente cómo es. Cierra los ojos y visualiza ahora el paisaje en tu mente. Vuelve a abrir los ojos. ¿Cómo de cerca has estado?

DESCUBRIENDO COLORES

Busca una ventana que se encuentre cerca de ti y observa a través de ella todo lo que está vivo. Luego busca y cuenta cada uno de los tonos de verde que alcances a reconocer.

PLANIFICANDO

Haz planes ahora mismo para algo que siempre has querido hacer. Lo hagas o no, tómate un tiempo para planificar.

ACTOS DE GENEROSIDAD

¿Hiciste algún acto de generosidad o gratitud esta semana? ¿Cuál puedes hacer ahora mismo, hoy o más tarde?

MIRADAS

Atentamente y con calma, establece contacto visual con alguien y cruzad la mirada. Registra las sensaciones antes, durante y después de establecer el contacto.

DECISIONES SANAS

¿Qué decisión física o emocionalmente sana tomaste esta semana? ¿Cuál podrías tomar hoy?

ABRAZO A UNO MISMO

Envuélvete con tus brazos y ofrécete a ti mismo un abrazo durante tres respiraciones.

OBJETIVOS

¿Cuáles son tus objetivos para el próximo año? ¿Cómo te hacen sentir?

ALIADOS

Escribe el nombre y la relación de aquellas personas con las que sabes que siempre puedes contar.

....

....

....

LO QUE NUNCA

Esta semana haz algo diferente a lo que haces siempre en algún aspecto de tu vida profesional (trabajo y estudios) y en alguno de tu vida personal. Anota aquí cómo te sentiste justo antes, después y al hacerlo.

....

....

INSEGURO

Escribe algo de lo que te sientes inseguro, pero escríbelo en letra grande, que ocupe toda la página. Una vez escrito, míralo; míralo y léelo varias veces. Luego pasa la página.

DENTRO DE CINCO

¿Dónde crees que estarás dentro de cinco años? ¿Estás en el camino correcto para llegar a eso? ¿Estás seguro o no tienes ni idea de si estás en el camino?

ARRIBA Y ABAJO

Hoy vas a mirar el suelo, la tierra. Más tarde escribe aquí lo que viste; mañana, lo mismo, pero mirando para arriba. Cambiar la perspectiva te puede ayudar a sentirte más seguro.

Para abajo: ....

....

Para arriba: ....

....

¿Cómo te sentiste en cada caso?

MENSAJE

Mándale un wasap a la última persona que conociste en tu vida, la más nueva. Escríbelo aquí.

....

....

....

MOTIVACIÓN SECRETA

Escribe algo que te motive y que nadie sepa, una motivación o algo que te guste, pero que sea secreto. Luego píntalo de negro para que nadie pueda verlo.

....

....

....

....

TWITTER

Descríbete primero en 15 palabras y luego en 140 caracteres.

....

....

....

....

MÁS SOBRE MÍ

(Solo para que lo pienses.) ¿Cómo conociste a tu mejor amigo/a? ¿Cuál fue el desafío más importante que tuviste que atravesar en este último año?

PROPINA

Hoy dale algo a alguien de la calle o deja una propina ridículamente grande. No se lo cuentes a nadie.

TU MAYOR DESEO

¿Cuál es tu mayor deseo para el futuro?

SIESTA

¿Cuándo fue la última vez que dormiste una siesta, aunque sea pequeña? ¿Cuándo será la próxima? ¿Cómo te sientes al despertarte?

SOÑADO

¿Cuál sería tu trabajo soñado? (aunque no exista ese trabajo).

FRASCO

Dibuja un frasco. Guarda en ese frasco algunas emociones y sensaciones de tu pasado.

EN LA DUCHA

Hoy, siéntate mientras te duchas. ¿Qué sensación tuviste?

LA TARTA

Inventa una tarta, real o dibujada, con muchas capas. Ponle nombre de emoción a cada capa y explica por qué.

LA CARTA

Escribe una carta para ti mismo de aquí a seis meses. Cuéntate cómo te sientes y por qué y cómo te gustaría sentirte. Léela dentro de seis meses.

LA CARTA INMEDIATA

Ahora, escribe una carta para ti, pero para leerla diez minutos después de escribirla.

MIEDO

Haz una lista de todo lo que te ha dado y te da miedo. Ve tachando esa lista a medida que lo vayas superando.

....

....

....

....

LA ROPA

Ponte alguna ropa al revés hoy y luego escribe cómo te fue.

....

....

DÓNDE

Si la felicidad fuese un lugar, ¿cuál sería? ¿Y la tristeza?

LOS DEMÁS

Ve a tomar un café, té o chocolate a una mesa junto a la ventana o fuera. Describe a tres personas que pasen al azar. ¿Cómo se sienten? ¿Por qué?

HOLLYWOOD

Si fueses una estrella de Hollywood, ¿cómo se llamaría una película sobre tu vida? ¿Qué actor o actriz haría de ti?

....

....

....

....

....

INFANCIA

¿Qué querías ser cuando eras niño? ¿Cómo te fue con eso? ¿Cómo te sientes al respecto?

....

....

....

....

....

SOY BUENO

Haz una lista de diez cosas en las que eres muy bueno.

....

....

....

....

....

CONSEJO

Escribe un consejo malísimo y luego practica ignorándolo.

....

....

....

....

....

MOTIVADO

Escribe diez cosas que te motivan, que te emocionan positivamente.

....

....

....

....

....

¿TE ACUERDAS?

Escribe a un amigo/a sobre una experiencia memorable que tuviste con él o ella.

LUGARES YA

Haz una lista de los cinco lugares en los que te gustaría estar en este momento y explica por qué.

....

....

....

....

ÚLTIMOS SIETE

Analiza las emociones que viviste en los últimos siete días. Si no las conoces, búscalas en internet.

- Tristeza
- Ira
- Agradecimiento
- Bondad
- Celos
- Orgullo
- Estrés
- Seguridad
- Aburrimiento
- Cansancio
- Apatía
- Felicidad
- Nervios
- Calma

CITA

Describe cómo debe ser tu primera cita con alguien para que sea perfecta. ¿Y para que sea una catástrofe?

....

....

....

....

ENFADO Y ASCO

Haz una lista con diez cosas que te hacen enfadar y diez que te dan asco.

....	....
....	....
....	....
....	....
....	....
....	....
....	....
....	....
....	....
....	....

MÚSICA

¿Cuál es tu canción para reír? ¿Y para llorar?

....

....

DIARIO

Lo lograste, ¡felicidades! Escribe un titular de prensa que resuma tu logro.

....

....

....

ROPA

Si tuvieras que vestir la misma ropa todos los días, ¿cuál sería?

....

....

....

....

MALOS HÁBITOS

Escribe todos tus malos hábitos; después, arranca la página y tírala a la basura o úsala en la barbacoa del domingo.

....

....

....

....

....

MENSAJE NO ENVIADO

Escribe aquí ese mensaje que nunca pudiste enviar y que nunca vas a enviar.

....

....

....

....

....

ME ACONSEJARON

¿Cuál fue el mejor consejo que recibiste en tu vida?

....

....

....

NUEVO

¿Qué cinco cosas te gustaría probar que nunca hiciste?

....

....

....

....

....

PIES

Camina tres pasos atentamente, lo más silenciosos que sea posible, registrando las sensaciones en las plantas de los pies.

VIAJE MENTAL

Tómate un minuto y usa los dedos para contar cuántas veces tu mente se va al pasado, al futuro o a alguna otra parte. Luego regresa al presente para un descanso.

CONTEXTO

Céntrate en una cosa a tu alrededor. Luego expande tu visión para captar la totalidad del contexto. Alterna entre ambas modalidades cada tres respiraciones durante un minuto.

LA NADA

Fíjate en si puedes distinguir ese espacio de calma y quietud entre la inhalación que se va a convertir en exhalación y la exhalación que se va a convertir en inhalación. Lleva toda tu atención ahí durante un par de respiraciones. Repítelo cada vez que cojas este libro para seguir leyendo. Antes y después de leer.

TU FRENTE

Pon tu dedo índice sobre la frente. Con calma, nota y anota todas las sensaciones en tu dedo y en tu frente: temperatura, textura, humedad... ¿Qué más? Repítelo una vez por semana hasta terminar de leer este libro.

CONTACTO

Registra tres puntos en los que tu cuerpo sienta contacto consigo mismo o con el mundo a tu alrededor.

A TUS PIES

Toma una inhalación profunda. Imagina que el aire viaja hasta llegar a tus pies. Registra las sensaciones en los pies apoyados contra el suelo. Repítelo cinco veces.

DESEOS

Pide un deseo cariñoso para alguien que te importa mucho. Pide uno para ti. Pide uno para alguien que no conoces. Y pide uno para alguien que te molesta.

CORAZÓN

Pon una mano encima de la otra, apoyándolas sobre tu corazón. Cierra los ojos. Registra las sensaciones que van de la calma a los nervios y del placer al displacer. ¿Tienen nombre las emociones que sientes? Hazlo durante cinco respiraciones.

TARAREAR

De pie o sentado erguido, inhala, llevando el aire al abdomen. Al exhalar, suelta el aire tarareando lo más fuerte posible. Repítelo hasta sentir la vibración por todo tu cuerpo, incluida la cabeza, como si fueras un colibrí.

MENOS EL DEDO

Tómate un minuto y trata de mover a la vez los músculos de todas las partes de tu cuerpo, salvo un dedo que permanezca completamente inmóvil.

ABDOMEN

Acuéstate con algo apoyado sobre el abdomen (pueden ser solo tus manos). Durante tres respiraciones, observa, escucha y siente el aire al entrar y al salir, y cómo sube y baja el abdomen.

CHOCOLATE

Inhala suavemente por la nariz, como si estuvieses oliendo una taza de chocolate caliente. Exhala soplando ligeramente por la boca, como si estuvieses enfriando el chocolate (si no te gusta el chocolate, puedes elegir otro alimento preferido).

VACÍO

Presta atención a los objetos que te rodean. Ahora, observa el espacio a tu alrededor, no solo las cosas, sino también su forma y su volumen. El espacio que ocupan y el que no ocupan, eso que los artistas llaman «espacio vacío».

MORDISCO

Toma un pequeño mordisco de algo y guarda el resto. Usa tus otros sentidos para explorarlo. Llévatelo a la boca y registra lo que sientes y su sabor sin masticarlo. Mastícalo muy despacio y trata de registrar todo lo que puedas. Come lo más atentamente posible.

CANCIÓN

Ponte a escuchar una de tus canciones preferidas. Mientras lo haces, no hagas nada salvo prestar atención a todos los pensamientos, recuerdos, emociones y sensaciones que asoman mientras dura la canción.

MUECAS

Cierra los ojos e invita a tus labios a sonreír delicadamente. Registra cómo es una sonrisa desde dentro, en la cara y en las sensaciones que experimentas. Repítelo, pero poniendo cara de enfadado, de miedo y de tristeza.

SENSACIÓN

Localiza en tu cuerpo una sensación. Identifica si es agradable, desagradable o neutra. Busca estar allí. Registra las sensaciones sin juzgarlas. Es impersonal.

QUIETO

Mira a tu alrededor y busca algo absolutamente inmóvil. Permite que tu mirada y tu mente se apoyen en una quietud similar a la del objeto.

PAUSA

Hagamos una pausa. ¿Qué puedes sentir con tus manos en este momento? ¿Tu ropa? ¿Tu piel? ¿El sillón? ¿El móvil? ¿Qué está tocando tu cuerpo? ¿La silla? ¿El suelo? ¿La cama? Observa durante un momento cada sensación.

RELAX

Te invito a contraer y relajar lentamente todos tus músculos, desde la cabeza hasta los pies. ¿Qué sucede? ¿Qué sientes en tu cuerpo y en tu mente mientras lo realizas?

CAMPANA

Te invito a cerrar los ojos. Escucha cómo comienza, se mantiene y finaliza el sonido de una campana hasta que ya no puedas oírlo.

ADMIRACIÓN

Piensa en algún problema que tengas. Luego imagina cómo alguien que admiras resolvería «ese» problema que tienes hoy. Considera hacer algo similar.

FUTURO

Piensa en algún problema que tengas esta semana. Ahora piensa: ¿cómo lo verías dentro de una semana, un mes, un año o una década?

CÓMO SERÁ

Piensa en algún lugar en el que nunca hayas estado. Date tiempo para recorrerlo y observarlo con tu imaginación. Que las ideas lleguen solas.

DESCONOCIDOS

Te propongo un desafío. ¿Te animas hoy a sonreír y conectar de manera auténtica con un desconocido?

DÍSELO

Para hoy te propongo un nuevo desafío: dile a alguien que te diste cuenta de lo que hizo ¡y que realmente te importó!

ABRAZO

Nuevo desafío: te invito a abrazar a alguien hoy. Estate atento y respira en el contacto.

FUERTE

Piensa en una fortaleza tuya. Ahora mismo haz algo para ejercitar y mejorar aún más esa fortaleza.

DECISIÓN

¿Qué decisión física o emocionalmente sana tomaste esta semana? ¿Cuál podrías tomar hoy?

PASO

¿Qué es eso que siempre has querido para tu vida? ¿Cuál sería un primer pequeño paso en esa dirección? ¿Puedes dar ese paso hoy?

CON MIEDO

¿Qué pequeña cosa tienes miedo de hacer? ¿Podrías hacerla igualmente?

PASITO *PA'LANTE*

¿Qué has hecho en este último mes para convertir algo de tu vida de un «paso hacia atrás» en un «paso hacia delante»? ¿Cómo podría ayudarte esto en un futuro problema?

¿VES COMO PUEDO?

¿Cuándo fue la última vez que pensaste que no podías más y, sin embargo, continuaste? ¿Cuándo podría ser la próxima vez?

INCÓMODO

Si es importante, da igual lo incómodo que sea. ¿Estás dispuesto? ¿Qué sería?

SUELTA

¿Qué es aquello a lo que te aferras que sería mejor dejarlo donde está?

CONFIAR

¿Qué merece tu confianza? ¿Tus pensamientos sobre la vida o tu experiencia directa?

PERDÓN

¿Qué pequeño error tuyo del pasado estás dispuesto a perdonarte hoy?

CANSADO

¿Qué es lo que tu cansancio te está queriendo decir que no quieres afrontar?

NECESITO HOY

¿Qué necesitas hoy del 1 al 10? ¿Intuición, coraje o franqueza?

RESILIENCIA

Definimos resiliencia como la capacidad de reponerte de eventos adversos en tu vida lo más rápido posible. ¿En qué situaciones de tu vida pusiste en práctica tu resiliencia? ¿Cuáles fueron esas experiencias que te golpearon y de las cuales lograste salir airosamente? ¿Qué eventos, situaciones o dificultades te encuentras hoy que requieran de un mayor grado de resiliencia?

SONIDOS

Reconoce cinco sonidos a tu alrededor ahora mismo. Cuéntalos con los dedos.

MOLESTO

Escribe todo lo que te molesta. Luego pasa página.

....

....

....

....

....

....

....

CLASIFICACIÓN

Piensa en tus últimos tres meses y clasifícate: *triste, feliz, enfadado, con miedo, otras emociones...*

- Cómo estoy en general.
- Cómo estoy físicamente.
- Planes para el futuro.
- Hábitos de dormir.
- Creatividad en el día a día.
- Trabajo duro.
- Manteniendo la calma.
- Trabajando para vivir.
- Sintiéndome bien.
- Crecimiento personal.
- Crecimiento profesional.
- Me cuido.
- Siendo genial.
- Mostrando amabilidad.
- Divirtiéndome.
- Esforzándome.
- Haciendo cosas en la naturaleza.
- Mandando tuits o wasaps divertidos.
- Comiendo bien.
- Llamando a casa, a mis padres.
- Siendo amigo.
- Disfrutando mi propio espacio.
- Resolviendo.

SENSACIONES

Durante esta semana, tómate un momento cada día para dejar lo que estás haciendo y reconocer cinco sensaciones en tu cuerpo. Cuando lo hagas, cuéntalas con los dedos. Anota aquí cuáles fueron cada día.

Lunes ....

Martes ....

Miércoles ....

Jueves ....

Viernes ....

Sábado ....

Domingo ....

SEGUNDA PARTE

Siento, luego existo

11

Suelta la mochila

Guardarropa de emociones

¿Qué sucede cuando previenes o impides que la energía fluya, se mueva? Puedes pensar en tus emociones como en energía en movimiento (del inglés, *energy in motion*). Si no dejas que fluyan, se acumulan. Cuando reprimes una emoción, como vimos en el capítulo 9, interrumpes el fluir natural de su energía. Lamentablemente, nadie, o casi nadie, te enseña a relacionarte

con tus emociones, sean positivas o negativas, bonitas o feas, placenteras o no placenteras. Casi siempre te dicen que si son negativas, feas o no placenteras debes reprimir su expresión porque son *malas*. Como resultado, es altamente probable que hayas estado suprimiendo —o promoviendo que tus hijos, pareja o alumnos supriman— tus emociones durante años. Esto hizo que se establecieran sin que te dieras cuenta en tu *subconsciente*, permitiendo que se convirtieran en parte de tu identidad. Se vuelven patrones, hábitos y automatismos de los cuales no eres consciente. *No soy lo suficientemente bueno, soy una persona triste, soy pesimista, soy, soy, soy...* Todo esto se convierte en tus creencias, que ya están bien establecidas, puesto que las has venido desarrollando como resultado de suprimir su expresión. Me gusta verlo como que tienes una suerte de *mochila emocional* muy pesada. Puedes aprender a soltarla, como analizamos en las diferentes técnicas de regulación emocional. De alguna forma, soltar tu subconsciente. Este último está programado para ayudarte a lidiar con tu vida. Te ayuda a que no te olvides accidentalmente de respirar, a que tu corazón siga latiendo, a que se regule la temperatura de tu cuerpo, además de otros miles de cosas. O sea que no necesita que le agregues creencias adicionales para funcionar bien, y mucho menos que lo uses como guardarropa de emociones. Si eres como la mayoría de la gente —me incluyo, pero creo que cada vez menos—, pasas la mayor parte de tu vida viviendo en tu cabeza. Si es así, te cuento que estás alejado y con contacto insuficiente con tus emociones. Para empezar a soltar esa mochila lo primero que tienes que hacer es ser consciente de ellas, estar atento y reconocerlas, aceptarlas. Esa mochila, cargada de emociones feas, negativas y no placenteras se convirtió en parte de tu identidad y te hace sufrir. Pero, atención, **lo importante no es lo feo o negativo o no placentero de la emoción que se convirtió en**

parte de tu identidad, sino que las hayas reprimido, enviándolas una y otra vez a tu subconsciente.

Te recomiendo que a partir de hoy estés más atento. 1) Observa las emociones que consideres *negativas* con cierta distancia, sin apego. Esto significa, aunque nunca lo hayas considerado, conectar más con tu *cuerpo*, lo cual te hace estar más en el presente y sufrir (que está en tu cabeza) menos. Date cuenta de que cada imagen o pensamiento que se cruce en tu mente no es una emoción en sí misma, sino que es cómo interpretas esa imagen o pensamiento lo que te causa la emoción. Practica sentir cómo se siente. Trata de localizar esa emoción en el cuerpo, de describirla como si se la estuvieses contando a alguien. ¡Cuidado! No rumies y des vueltas y vueltas, enganchándote en una *historia* acerca de esa emoción. **Rumiación son los pensamientos nocivos que no dejan de rondar por tu cabeza. Aparecen una y otra vez, dando lugar a una sensación de frustración**. Pero sobre todo no *creas* en ninguno de los pensamientos o imágenes que aparezcan al sentir una emoción. 2) Etiqueta tus emociones. Como parte de tu autorregulación emocional, ya sabes que tus emociones son experiencias temporales. Algo que vistes durante un tiempo determinado, en general corto, de segundos o minutos. No eres *tú*. Nota que muchas veces te identificas con las emociones. En lugar de decir *siento tristeza*, te dices *estoy triste*. Esto último hace que te sea más difícil despegarte de ellas y fortalece tu identificación con esa emoción. Etiquetar es ponerle nombre a lo que sientes y punto. Reconocerlo sin rumiar sobre ello. 3) Suelta las emociones. Entiende que *tú* haces que se conviertan en parte de la historia que te cuentas. Es muy común que no puedas dejar de aferrarte a una historia que te dices, incluso cuando es una que te debilita. En efecto, puedes volverte adicto a historias destructivas, incluso sabiendo que no te ayudan en nada.

¿QUÉ HAY EN TU MOCHILA?

Ego. Lo que sientes —tus estados emocionales— puede fácilmente empujar tu atención lejos de tu momento presente y hacer que te pierdas muchas cosas. Cuando te resulta difícil estar con algo incómodo, es intuitivo y emocionalmente natural tratar de escapar, de alejarse. Pero en la vida muchas veces no hay otro lugar donde ir. Cuando estás atrapado en ciertas situaciones, a veces lo mejor es aceptar las circunstancias y adaptarte o ajustar. Los franceses tienen una emoción llamada *dépaysement* que se refiere a la sensación de desorientación que sientes al estar en un país con una cultura diferente a la tuya. Puedes sentir *dépaysement* incluso sin salir de tu país, tu ciudad o tu casa. Lo puedes experimentar de maneras sutiles cuando sales de tu zona de confort, al probar algo nuevo y sentirte como un pez fuera del agua. Obviamente es mucho más fácil quedarse donde uno conoce, en lo familiar, que enfrentar con coraje lo que es nuevo y no confortable. El desafío es que si te quedas en tu zona de confort no creces. Entonces, en lugar de evitar las situaciones, quiero ayudarte a que elijas reconocer y aceptar lo que estás sintiendo y hacer cierto esfuerzo para fortalecer tu resiliencia en eso en lo que te sientes incómodo o con miedo. Abraham Maslow decía: «Uno puede elegir ir hacia atrás para estar seguro o hacia delante para crecer. El crecimiento debe ser elegido una y otra vez, el miedo debe ser atravesado una y otra vez».

Si vamos a hablar de perderte y perder en el mundo de las emociones, no puedo dejar de mencionar **tu ego**. Él desempeña un rol esencial en cómo te sientes. Entonces, para tener un mejor manejo de tus emociones también conviene que entiendas a tu ego y cómo funciona. Seguro que muchas veces te refieres a algún amigo como que tiene un «gran ego». Lo más probable es que estés hablando de su orgullo, que es una manifestación del ego. Es decir, puedes mostrarte humilde sin tanto orgullo, pero igualmente estar controlado por tu ego. **El ego refiere a una identidad que construiste sobre ti mismo con tus pensamientos a lo largo de tu vida**. Es decir, no es una realidad concreta, sino una construcción. Los eventos que te suceden no tienen significado en sí mismos. Tú les pones significado cuando los interpretas. Por otro lado, aceptas muchas cosas sobre ti mismo por el simple hecho de que cierta gente te lo dice. De manera similar, te identificas con tu nombre, tu religión, tu edad, tu trabajo, tu mirada política, etc. Estos apegos e identificaciones tienen sus consecuencias, ya que establecen creencias —hábitos de pensamiento—, y estas llevan a que experimentes de una manera particular ciertas emociones. Ejemplo: *cada vez que me critican algo del trabajo, me ofendo*. En síntesis, tu ego sería, al menos para este libro, una suerte de *tu historia, tu identidad*. Entender cómo funciona tu ego está directamente relacionado con tu grado de autoconocimiento. Cuanta menos conciencia tienes sobre quién eres, más va a manejar tu vida tu ego; te vuelves su esclavo. Las personas con alto nivel de autoconocimiento o conciencia de sí mismas pueden *ver* a través de su ego. Entienden cómo funcionan las creencias y cómo apegarse tanto a esas creencias puede crear sufrimiento en su vida. Con esto no quiero decir que el ego sea malo; en realidad, no es ni bueno ni malo, es simplemente el resultado de una falta de autoconocimiento. Se va desvaneciendo cuanto más consciente eres de él, ya que tu ego y tu conciencia no pueden coexistir.

Tu ego es una identidad egoísta a la que solo le importa su propia supervivencia. Esto lo hace muy similarmente a como opera tu cerebro. Tiene su propio mecanismo de supervivencia y va a hacer todo lo posible para persistir. Como tu cerebro, su principal preocupación no es ni tu felicidad, ni tu paz ni tu tranquilidad. Al contrario, tu ego no descansa nunca, quiere que vayas todo el tiempo a conseguir algo. Quiere que hagas, que logres grandes cosas, así puedes llegar a ser «alguien». Para existir, tu ego necesita una identidad, y la construye identificándose con personas, cosas, creencias e ideas. Por ejemplo, a tu ego le gustan las cosas físicas. Tú no solo compras un producto, sino también las emociones e historias unidas a ese producto. Historias y emociones que te dicen algo sobre ti. Tu ego usa cosas para crear una historia con la que puedas identificarte. Esto no hace *malos* a los productos que consumes, solo es negativo para ti si terminas tan apegado que crees que *eso* te va a hacer feliz. Otro artilugio de tu ego es tu apariencia física. Muchas personas creen valer más o menos según cómo se ven físicamente. A tu ego le gusta la forma en que te ves y te ven porque es la más fácil de reconocer y cuantificar. Cuando te identificas muchísimo con tu apariencia física, tienes una tendencia a identificarte también con el dolor emocional y físico. Sin embargo, ¿sabías que puedes observar tu cuerpo sin identificarte con él?

También tu ego deriva de su sentido de identidad en las relaciones que tienes con otras personas. Es obvio que a tu ego le interesa solo lo que puede obtener de los otros. Usa a los demás para fortalecer su identidad. Fíjate en que si eres honesto contigo mismo vas a ver que la mayoría de las cosas que haces son para obtener la aprobación de los demás. Quieres que tus padres estén orgullosos de ti, que tu jefe te respete, que tu pareja te ame, que tus amigos te quieran. Algunos egos de padres crean un apego e identificación muy fuerte con sus hijos. Esto genera una falsa creencia de que ellos son sus posesiones. Por eso tratan de controlarlos y los *usan* para vivir la vida que ellos quisieron pero no pudieron vivir. Esto se ve fácilmente, por ejemplo, en las gradas repletas de padres en los campos de fútbol. También la sensación de necesitar a otro, como pareja, es en gran parte tu ego. Cuando te das cuenta de que no *necesitas* al otro puedes empezar a disfrutar de su compañía. Lo puedes ver como realmente es en lugar de tratar de conseguir algo de él. Otra de las cosas que usa tu ego para fortalecerse son tus creencias. En casos extremos, algunas personas están tan apegadas a sus creencias que están dispuestas a morir para protegerlas. Es más, son capaces de matar a los que no estén de acuerdo. La religión sería un perfecto ejemplo de los peligros de un excesivo apego a las creencias.

Para simplificar, estas son las características principales de tu ego: el sentido de cuánto vales depende del valor que los otros tengan de ti, necesitas de la aprobación de los demás para «valer». Tu ego nunca se satisface, siempre quiere más (más cosas, más éxito, más fama, más dinero, más reconocimiento, etc.). Tu ego vive a través de compararse, le gusta compararse con otros egos. Tiende a equiparar *tener* con *ser*; por eso le gusta identificarse con las cosas.

Finalmente, comprender cómo funciona tu ego te va a ayudar a manejar mejor tus emociones. Tu historia actual es el resultado de una fuerte identificación con personas, ideas o cosas. Esta identificación es la raíz de muchas de las emociones no placenteras que experimentas en tu vida. Por ejemplo, si las cosas no salen como querías, sientes *desilusión o molestia*. Cuando alguien desafía tus creencias, te pones a la *defensiva*. Tu historia pasada es un componente importante de tus emociones actuales y muchas de ellas están en tu mochila.

Miedo, ansiedad e ira. Estoy seguro de que tuviste o sabes de alguien que tuvo o tiene ataques de pánico o ansiedad. También estoy seguro de que tus padres o los padres de algún amigo o novio te decían, y quizá aún te digan, «no tengas miedo» o «no tengas miedo por esa tontería». Y enfado... *¿Cómo te vas a enfadar por algo así? ¡Relájate!* Quiero que entiendas la perspectiva biológica de algunas de las emociones consideradas *no placenteras* más frecuentes que llevas en tu mochila de tanto haberlas suprimido.

El **miedo**, en general, es considerado una emoción poco placentera o negativa, disparada en respuesta a una inminente amenaza que motiva una reacción defensiva para protegerte. En ti, ser humano, el miedo es acompañado por una sensación subjetiva de temor o, en situaciones más intensas, de terror. Está muy asociado a un desencadenante específico. En los humanos estos desencadenantes son en su mayoría psicológicos. Dada la energía que demanda tu cuerpo para defenderte de algo real o imaginario, el miedo crónico tiene un profundo efecto dañino en varios sistemas del cuerpo. Lo natural sería que la respuesta sea relativamente corta y que una vez terminado el estímulo amenazador el cuerpo vuelva a su estado de equilibrio —homeostasis—. Sin embargo, **tú, con tus pensamientos, puedes mantener el miedo durante mucho tiempo**.

La **ansiedad** es un estado de inquietud sobre algo del futuro que tendrá potencialmente un resultado negativo y que es incierto o impredecible. A diferencia del miedo, puede durar mucho más y está mucho más orientada al futuro que a tu presente. Además, no siempre tiene un desencadenante específico, como algunos miedos. La ansiedad en general prepara tu cuerpo para enfrentar una amenaza, mientras que el miedo tiende a que huyas de esa amenaza. Su relación es que tu miedo puede convertirse en ansiedad si, por ejemplo, fallas en resolver ese miedo. A pesar de esto, tu miedo no necesariamente antecede a tu ansiedad. Tu estado de ansiedad es casi siempre mantenido por procesos cognitivos: *rumiación* —te obsesionas con algo que está pasando o que te inventas que está pasando—; *abstracción* —cuando eliminas información sobre algún suceso para conservar rasgos que son más relevantes para ti—; *evaluación de riesgos*; *viaje mental en el tiempo* —vas y vienes entre el pasado y el futuro con tus pensamientos—. Entonces, si bien el miedo y la ansiedad son etiquetados como distintos, las diferencias no siempre son claras, ya que **los dos son creados en contextos donde existe una motivación más bien defensiva**. Desde una perspectiva funcional, la emoción miedo sirve para que tu cuerpo movilice recursos para protegerte de algún inminente peligro, real o imaginario. Anticiparse a una amenaza estimula la reorganización y priorización de tu estado metabólico. Tus sistemas digestivo, sexual y parasimpático (el que lleva a la calma) dejan de funcionar temporalmente, mientras que la llegada de sangre a tus músculos y la liberación de hormonas del estrés aumentan. Una de las grandes limitaciones de la ciencia para entender y estudiar el miedo es que este ha evolucionado para ayudarte a gestionar amenazas físicas. Por este motivo, es difícil llevarlo a las condiciones de un laboratorio, por cuestiones éticas. Hoy la realidad virtual está ayudando mucho a mejorar estos estudios, por ejemplo, en el miedo a las alturas, o utilizando predadores virtuales.

Desde la mirada biológica, la **ira** te sirve para un sinnúmero de funciones adaptativas. Te permite regular y organizar procesos fisiológicos, como la autodefensa, y a veces hasta te ayuda a dominar alguna destreza o disciplina. Por momentos, sentir ira puede servir para organizar y regular procesos interpersonales y orientarte en tus objetivos. Pero seguro que la visión más común que tienes sobre la ira es que tiene consecuencias negativas tanto para ti —problemas cardíacos— como para los que te rodean —te aleja de los que quieres—. Por eso tiendes a querer *bajar la intensidad* de tu ira y así evitar consecuencias que no te favorecen. Muchas veces es normal que uses esta emoción para culpar a otros y puede también motivarte a comportamientos agresivos. Un mayor autoconocimiento puede ayudarte a que sepas diferenciar qué nivel o intensidad de ira te ilumina hacia tus objetivos y cuál ya empieza a cegarte y, por ende, a que te arrepientas de tus comportamientos impulsados por esta emoción.

EJERCICIO. Mi ego

1. Escribe las cosas con las que crees que te sientes más identificado (tu cuerpo, tus creencias, tus relaciones, tu país, tu religión, tu coche, tu teléfono, etc.).

....

....

....

....

2. En una escala del 1 al 10, evalúa cómo de ciertas son estas frases para ti y tu ego:

- Mi ego tiende a equiparar tener con ser. (..........)
- Mi ego vive a través de la comparación. (..........)
- Mi ego nunca está satisfecho. (..........)
- Mi ego necesita la aprobación de los demás para sentirse valorado. (..........)
- Aumenta mi valor cuando trato de asociarme con gente famosa o inteligente. (..........)
- Me gusta el cotilleo. (..........)
- Tengo complejo de inferioridad. (..........)
- Tengo complejo de superioridad. (..........)
- Busco ser famoso. (..........)
- Busco constantemente tener razón. (..........)
- Suelo quejarme mucho. (..........)
- Busco reconocimiento, atención, que me admiren. (..........)

EJERCICIO. Dejar ir las emociones

Hale Dwoskin te propone un método de cinco pasos para liberarte de tus emociones a medida que van apareciendo. Verás que al leerlo seguro que te parece ineficiente y simplista, pero ¡pruébalo! Yo suelo hacerlo y obtengo resultados sorprendentes, sobre todo en las incomodidades pequeñas del día a día.

Paso 1: Focalízate en cierta emoción que quieras trabajar para sentirte mejor. No necesariamente debe ser una emoción superintensa. Podría ser, por ejemplo, sentirte algo molesto por algo de tu trabajo o familia.

Paso 2: Pregúntate: 1) ¿puedo dejar ir esta sensación?; 2) ¿puedo dejar que esta sensación se quede?; 3) ¿puedo darle la bienvenida a esta emoción?
De acuerdo con como tú quieras *(dejar ir, dejar que se quede o darle la bienvenida)* pregúntate:

Paso 3: 1) ¿Voy a dejar que esta sensación se vaya? 2) ¿Voy a dejar que esta sensación se quede? 3) ¿Voy a darle la bienvenida a esta sensación? Contesta sí o no a estas tres preguntas siendo megahonesto contigo mismo. Incluso contestar que no te ayuda a dejarla ir.

Paso 4: Pregúntate *¿cuándo?* Tu respuesta podría ser «ahora».

Paso 5: Repite este proceso cuantas veces sean necesarias para que esa sensación particular se vaya.

EJERCICIO. Llorar

¿Cuáles son tus lugares favoritos para llorar? (bajo la lluvia, en la cama, en la ducha, etc.).
¿Dónde no llorarías nunca?

EJERCICIO. Tu cualidad

¿Cuál es la cualidad o característica que crees que más proyectas hacia los demás? ¿Cuál es la cualidad o característica que te gustaría proyectar más hacia los demás?

EJERCICIO. Ansioso

Haz una lista de diez cosas que te ponen ansioso y puntúalas del 1 al 10. Ordénalas de menor a mayor (primero, la que menos ansioso te pone) y empieza a trabajar una por una con las herramientas de *En el limbo*. Al menos haz una cosa por semana para sentirte menos ansioso.

....

....

....

....

....

....

EJERCICIO. Preocupación

¿Cuál es tu mayor preocupación en este momento? Imagínate que a tu mejor amigo le preocupa lo mismo. Escríbele algún consejo.

....

....

....

EJERCICIO. Noticias

Escribe una lista con los últimos eventos negativos que escuchaste recientemente en las noticias. Ahora elabora una lista con la mayor cantidad de eventos positivos que escuchaste (en cualquier lado) en el mismo período.

....

....

....

....

....

....

EJERCICIO. Evento ansioso

¿Qué evento del futuro cercano te pone ansioso?
Resúmelo en una frase.

....

....

¿Qué es lo peor que podría pasar?

....

....

¿Qué es lo mejor que podría pasar?

....

....

¿Y algo entre lo peor y lo mejor?

....

....

Cuando pase el evento, vuelve a este ejercicio y escribe qué pasó. ¿Cuál de tus tres respuestas fue la más cercana a la realidad?

....

....

EJERCICIO. Imperfecciones

Escribe una lista de todas tus imperfecciones. Aclaración: las imperfecciones son las cosas que te hacen ser tú. Cuando termines esa lista, habrás escrito cosas que deberías celebrar y abrazar, de las cuales sentirte orgulloso.

....

....

....

....

EJERCICIO. Vuelta a la calma

Si tuviste un día difícil o sencillamente necesitas sentirte menos tenso, busca una posición cómoda, preferiblemente recostado. Tensa y relaja todos los músculos dos o tres veces. Nota cómo se sienten tu cuerpo y tu mente después de hacerlo.

EJERCICIO. A perder el miedo

«El hombre valiente no es el que no siente miedo, sino aquel que lo conquista», decía Nelson Mandela. Tómate unos segundos para pensar: ¿qué pequeña cosa tienes miedo de hacer?, ¿podrías hacerla igualmente?

EJERCICIO. Gestiona tus enfados

Muy a menudo queremos dejar de sentirnos enfadados, pensamos que no es bueno sentirse así, y terminamos generando más enfado en nuestro interior, además de favorecer el estrés, la ansiedad y la depresión. En vez de intentar suprimir el enfado, escribe las razones del mismo, y para cada razón escribe una respuesta/solución saludable. Saber diferenciar entre enfado y agresión es importante. El enfado es una emoción y la agresión es un comportamiento. Usar afirmaciones empezando con «Yo» es un buen comienzo. *Yo me enfado cuando tú...*

....

....

....

....

....

EJERCICIO. Hazte cargo de tus emociones

Una gran fuente de estrés proviene de culpar a otros de hacernos sentir de determinada manera, lo cual nos deja sin ningún tipo de poder de acción. Escribe aquellas situaciones en las que piensas que los otros te hacen sentir mal y comienza a parafrasearlas de este modo:

Él me hace sentir mal / Me enfada cuando dice esas cosas.

Ella me hizo daño / Me dolió cuando me llamó de esa manera.

....

....

....

....

EJERCICIO. Triste

Escribe momentos de tristeza que te sirvieron para reflexionar y/o para hacerte cargo de algo. ¿Hubo tormenta o paz durante ellos? Escribe momentos de tristeza que crees que no te sirvieron para nada. ¿Hubo tormenta o paz durante ellos?

....

....

....

....

....

....

12

Es uno, es dos, es tres

Seguro que tienes claro que el estrés impacta no solo en tu salud, sino también en tus comportamientos. La doctora Barbara Ganzel estudió la relación entre el proceso de estrés, el llamado estresor —que dispara tu estrés—, y la influencia que esto ejerce sobre ti —cuerpo, cerebro y mente—. Ella demuestra que tu ambiente físico y social tiene una importancia vital no solo en este proceso, sino también en cómo se manifiesta. Ganzel concluye que **el proceso de estrés en sí mismo puede cambiar en función de los eventos que te ocurren o si ya estás en condiciones crónicas de estrés**. Pero ¿cuál es la **relación entre el estrés y tus emociones**?

Para comprender el estrés primero tienes que entender el concepto de *alostasis*. En biología, la *alostasis* describe el proceso a través del cual tu cuerpo, cuando es sometido a situaciones de exigencia o de estrés, logra recuperar su estabilidad realizando cambios de comportamiento fisiológico y mentales que te permitan mantener un equilibrio, considerando también las posibles exigencias futuras. Por otro lado, la más conocida *homeostasis* tiene lugar cuando llega a ese nuevo equilibrio. Como te podrás imaginar, la *alostasis* es esencial para mantener tu viabilidad interna en medio de condiciones cambiantes. Entonces, ambos, *homeostasis* y *alostasis*, son sistemas internos responsables de mantener la estabilidad de tu organismo. Homeostasis, del griego *homeo*, significa «similar», mientras que *stasis* significa «detención» o *estático*: «Que está aproximadamente en el mismo nivel». El término *aloestasia*, del griego *allo*, significa «variable»: «Permanece estable al ser variable». Diferencias: la *homeostasis* es la regulación de tu cuerpo para lograr un equilibrio, pero mediante el ajuste de *un solo punto*, como podría ser el nivel de oxígeno en la sangre o la glucosa. Por otro lado, la *alostasis* es también adaptación, pero con respecto a un equilibrio más dinámico. Por ejemplo, si caminas por el desierto, tu cuerpo transpirará y se deshidratará rápidamente. Durante esta deshidratación, el sudor es solo una pequeña parte del proceso que, junto con muchos otros sistemas, también va a adaptar tu funcionamiento. En este ejemplo, los riñones pueden reducir la producción de orina; la membrana mucosa de la boca, la nariz y los ojos pueden secarse; el sudor disminuirá, y las venas y arterias se contraerán para mantener la presión arterial con un volumen de sangre menor.

Bajo la *alostasis* tu cerebro es el mediador central de la regulación fisiológica y comportamental en ese estado de alerta. Es decir, es el punto de interfaz entre un estresor determinado y los cambios que te suceden. Por ejemplo, cuando un estresor *saliente* (que tiene mucha intensidad para ti, que te llama mucho la atención) aparece, atrae tu atención y te motiva de cierta forma, ya sea por ser un estresor innato —un tigre mostrándote los dientes— o aprendido —un jefe que te grita—. O sea, el grado de «destacabilidad» de un estímulo es la capacidad que tiene para llamar tu atención. Y su intensidad se conoce como *saliencia*. En efecto, cuando tu cerebro está despierto recibe continuamente estímulos de los sentidos que te informan sobre lo que vas captando. La saliencia es la capacidad de relacionar las funciones cerebrales que integran información que permite hacer una selección entre los diferentes estímulos que recibes para que centres tu atención en aquella que más te interesa y anules los demás estímulos. Para ti, un *estímulo saliente* se convierte en un estresor si posee alguna cualidad que no deseas, como los dientes del tigre o el grito de tu jefe.

Pero también en biología nos referimos a *saliencia* como **eso que sientes en tu primera impresión al ver a alguien**. «La primera impresión es lo que cuenta», dicen los expertos. Dispones de entre diez y treinta segundos para ponerle un rótulo a alguien que tienes enfrente por primera vez: bueno, malo, guapo, feo, aceptable, repulsivo... Considerar o descartar en función de tus primeras sensaciones, basándote en tu instinto de supervivencia, es necesario para las evaluaciones instantáneas y para decidir cómo vas a comportarte. Algo saliente genera un estímulo de mayor intensidad, produces más dopamina en el cerebro, la cual elimina o amortigua otros estímulos para centrarse en ese principal y saliente. O sea que toda saliencia que se hace evidente te produce un pico de dopamina en el «circuito cerebral de la recompensa». Esta información se transmite a tu córtex para contribuir a crear otro proceso importante: **tu motivación**. Esta última ordena tu estado interno, que **puede activar, dirigir y mantener tu conducta para un propósito o fin determinado**. Por ejemplo, hablarle a ese jefe gritón de manera pausada y tranquila. Pero también puede, a su vez, **generarte comportamientos motivados por el miedo o la ira**, por ejemplo, frente a ese tigre. Este *sistema de recompensa* de tu cerebro revela mecanismos determinados que te permiten sentir cualquier estimulación recibida y que percibas como gratificante. Condicionas de esta manera tu comportamiento posterior, ya que empiezas a generar preferencias ante esos estímulos salientes que asocias, sin darte cuenta, a algo positivo para ti. Por ejemplo, los estímulos asociados con la recompensa que generan ciertos alimentos. Estas recompensas pueden ser naturales —el agua, los dulces, las comidas grasas, el sexo, etc.— o no naturales —el dinero, el juego, el trabajo, las drogas, etc.—. En todo este proceso, la dopamina es la que predice la recompensa. Lo hace a través de una producción base constante o con picos. Cuando se produce el pico es porque anticipa «que viene lo mejor», ya que muy probablemente estés ante un placer guardado en tu memoria; por ejemplo, al oler los cruasanes recién horneados. Por eso la dopamina es el neurotransmisor relacionado con las gratificaciones. Es el químico de la recompensa. Tiene relación con el placer, pero no lo causa directamente. Es la responsable tanto del entusiasmo como de la expectativa previos a la satisfacción. En todas las personas existe este circuito de la recompensa, tentación, compulsión, gratificación inmediata y placer por consumir, pero después, cuando se diluye la dopamina y el pico desciende, por lo general se produce una sensación molesta de displacer o insatisfacción. Por lo tanto, es bueno resaltar que las neuronas que fabrican dopamina también estarían implicadas en el manejo de los mecanismos de la atención y en la selección de tus posibles comportamientos ante estímulos biológicamente importantes —salientes— e inesperados. Dedicaré el próximo capítulo a que entiendas los mecanismos cerebrales, descubiertos por la neurociencia, involucrados en tu motivación. Es clarísima la íntima relación que hay entre **tu motivación y cómo te sientes**, es decir, tus emociones.

¡Pero también es clarísima la estrecha relación entre tu estado de estrés y cómo te sientes! **El estrés suele activar miedo, ira o enfado, evitación o ansiedad**. Fue diseñado como una reacción general a muchas situaciones diversas frente a algún tipo de amenaza o *estresor.* Pueden ser grandes depredadores, pequeños insectos —como arañas— o incluso cuestiones sociales, falta de contacto o vínculos, tener que enfrentar una conversación compleja, una tarea difícil, falta de comida, algo que está ocurriendo en tu cuerpo, un *pensamiento* acerca del presente, el pasado o el futuro. Es decir, **puede ser algo del ambiente o que lo dispare algo interno**.

Tu estrés comienza básicamente cuando percibes un peligro. En resumen, la respuesta al estrés implica señales percibidas y enviadas del cerebro al cuerpo, y viceversa; liberación de ciertas hormonas, y activación de conexiones neuronales. Además, el cuerpo, a través de los sentidos, le indica al cerebro la duración y la intensidad de la respuesta al estrés. El cerebro, con esa información sensorial, más la ya estudiada interocepción, decide si aumentar, mitigar o suprimir la respuesta al estrés.

Existen varios mecanismos para que, desde una perspectiva biológica, puedas mitigar la respuesta al estrés. Cuando tu cerebro percibe la amenaza, la *primera* reacción, muy rápida, se origina a nivel del hipotálamo y en la zona de los riñones, donde se produce y libera adrenalina. Esto ocurre más o menos al segundo de la percepción de la amenaza y tiene efectos casi inmediatos en distintas partes de tu cuerpo: se acelera el corazón; se envía más sangre a algunos músculos, especialmente los más grandes; se acelera la respiración; te falta el aire, y hay cambios en el campo visual. Todo esto sucede tan rápido que no se puede hacer mucho para prevenirlo, *pero sí para atrasarlo*. La adrenalina empieza a tener efectos en tu cerebro, que libera epinefrina, y esto dificulta que pienses y percibas con claridad lo que sucede. La epinefrina sería el equivalente en tu cerebro de la adrenalina en tu cuerpo. Sin embargo, si bien no puedes controlar estas neuronas productoras de epinefrina, tienes muchas otras neuronas disponibles que pueden ayudarte conscientemente a contrarrestar esta situación. Por ejemplo, hay algunas neuronas relacionadas con el llamado *nervio frénico*, que es el que controla el músculo del diafragma. Esto es muy bueno para que relajes tu respuesta al estrés. Si haces *largas exhalaciones*, tomas el control de las neuronas del nervio frénico y relajas el sistema autónomo. Entonces, cuando percibes que te estás estresando, te sugiero que exhales profundamente, lo que te va a generar cierta relajación. **Haz exhalaciones el doble de largas que las inhalaciones**. Esto es sumamente poderoso para mitigar la respuesta automática al estrés. Puedes liberar el aire por la boca o la nariz. Las áreas del cerebro que controlan el proceso respiratorio de inhalación-exhalación, su duración y profundidad, están conectadas a áreas que regulan la activación y excitación del sistema nervioso autónomo. Este sistema tiene dos componentes: el sistema autónomo simpático, vinculado con tus estados de mayor alerta —por ejemplo, en un extremo este sistema está relacionado con los ataques de pánico, pero en situaciones más comunes es el que simplemente te mantiene alerta de forma permanente—, y el sistema autónomo parasimpático, que tiene otras conexiones y relaciones dentro del organismo y está más involucrado en los procesos de relajación. Este último, por ejemplo, actúa durante tus respuestas de descanso, dormir, etc. Ambos actúan en un equilibrio dinámico; uno u otro está siempre activo y dominando sobre el otro.

Entonces, al estar estresado e intentar relajarte..., estás activando el sistema parasimpático o intentando «calmar» al simpático, o ambas cosas a la vez. La respiración tiene la capacidad de hacer ambas tareas simultáneamente. La exhalación más prolongada que la inhalación logra activar el parasimpático.

Segundo, **tu sistema visual** también tiene una gran influencia en la respuesta al estrés: se produce un cambio en la visión y tiendes a ver muy bien algún objeto individual en el que enfocas tu visión, que suele ser el estresor, mientras que excluyes el cuadro completo de la situación en la que estás. Esto pasa porque hay un cambio en las ópticas de los ojos y el movimiento de tus lentes oculares. Entonces, **puedes tomar control de tu visión y mantenerla más panorámica**. Esto se logra mirando al frente, erguido; así es posible ver delante, arriba, abajo y a los lados. Incluso puedes verte a ti mismo *dentro de lo que está pasando*, en la escena, obteniendo una visión más esférica y no tan limitada y acotada por la reacción automática al estrés, que se focaliza solo en el estresor. La *tercera* forma de mitigar el estrés es a través del **control de los músculos de la voz**, los que regulan el habla. Bajar un poco el timbre de la voz, que no necesariamente es bajar el volumen, no solo abre los canales de aire —oxígeno— y de esa manera permite que entre más al cuerpo, sino que además tiene una interesante conexión con el sistema que posibilita que controles el diafragma y, con ello, la respiración en tiempo real cuando estás hablando.

En general, cuando estás estresado no quieres que te interrumpan, te sientes incómodo, fuera de eje. Esto ocurre porque el estrés, y la adrenalina que produce, no solo afecta tu musculatura y sesga tu respuesta corporal; además, se apodera de los músculos concretos que controlan tu discurso. Cuando esto sucede, es más probable que no digas lo que quieres decir. Por eso, si ejerces mayor control de los músculos de la garganta, puedes contrarrestar esta situación. Todos estos músculos intervienen en la voz y también se relacionan con los nervios frénicos, que, como vimos, controlan el diafragma. Es decir, combinando respiración, visión y tu forma de hablar mitigas la aparición del estrés. Ojo, no va a dejar de afectarte, pero utilizando estas herramientas logras generar una fisiología más sana para enfrentarlo.

Es probable que tiendas a ver al estrés como algo demasiado patológico. Por supuesto, en ciertos niveles o con una frecuencia crónica no es saludable, pero es inevitable en algunos momentos de tu vida, y la ciencia busca formas para que puedas atravesar mejor esos momentos.

Te hablé sobre las herramientas para combatir el estrés, orientadas a **bajar el nivel de adrenalina en el cuerpo, con el fin de que te calmes**. Pero existe otra categoría de herramientas que apunta a todo lo contrario: que te «sumerjas» en el estrés, por ejemplo, que te metas en un baño de agua helada. Se busca un estrés de máxima intensidad, pues la idea de fondo es producir aún más adrenalina. Por ejemplo, hiperoxigenarse con inhalaciones breves y más rápidas que las exhalaciones. El objetivo es que te familiarices al máximo con la incomodidad del estrés para que, una vez allí, puedas *bajar* a niveles más saludables cuando te ocurran esas situaciones indeseadas. Sin duda, estas herramientas pueden ser buenas, **siempre y cuando tengas la aprobación de tu médico**. En definitiva, lo que pretenden es entrenarte en situaciones buscadas voluntariamente para que cuando te encuentres con aquellas que no esperas estés mejor preparado.

Pero hay situaciones, por ejemplo, si estás charlando o haciendo cualquier otro tipo de actividad, en las que no puedes enfocarte en la exhalación ni en el proceso respiratorio, ya que interferiría con lo que haces y/o tu rendimiento. Para resolver esto es importante que entiendas qué aspectos de tu fisiología están bajo tu control consciente en tiempo real, comprender la diferencia entre las neuronas motoras superiores, que están en el cerebro, y las inferiores, que están principalmente en el tronco encefálico y la médula espinal. Las neuronas motoras inferiores son las que controlan tu respiración cuando no estás siendo consciente y pensando en eso; también regulan tu ritmo cardíaco y son las que te harían alejarte rápidamente de algo que te causa dolor, como pisar algo afilado si caminas descalzo. Están directamente vinculadas al sistema musculoesquelético y, por lo tanto, controlan todos los procesos fisiológicos, como el digestivo, el respiratorio, el cardíaco, etc. Las motoras superiores, ubicadas en el cerebro, son las que pueden quitarles o disputarles ese control sobre algunas funciones a las neuronas inferiores. Por ejemplo, no solo levantar el pie cuando algo te causa dolor, sino, además, elegir conscientemente dónde pisar.

Otra herramienta para mitigar el estrés, que ya mencioné en el capítulo de autorregulación emocional, es la meditación. Esta técnica es la que tiene más evidencia científica. Si bien se observa un cambio concreto del cerebro en el momento de la meditación en sí, el objetivo último de esta práctica es que logres un cambio mayor en tu vida, que obtengas más calma y seas menos propenso a la respuesta de ansiedad que suele provocarte el estrés.

Te invito a que en el capítulo siguiente analicemos lo que podría ser el extremo opuesto al estrés, aunque también puede provocarte ansiedad: tu motivación.

EJERCICIO. Separar emociones de pensamientos

Mezclar tus pensamientos con tus emociones hace perder un poco el control sobre ambos. Escribe al menos cinco afirmaciones sobre lo que te provoca estrés o ansiedad. Empieza con «Siento que...». Analiza tu lista y verás que hay muchas afirmaciones que en realidad son pensamientos y no emociones, por ejemplo: «Siento que me va a ir mal».

....

....

....

....

....

EJERCICIOS
CAMBIAR COMPORTAMIENTOS Y ACLARAR TUS EMOCIONES

Te propongo a continuación unos ejercicios **para combatir tu ansiedad y estrés**, adaptados de la escritora Judith Belmont. Recuerda que, cuando te focalizas en lo positivo, ¡la ansiedad y el estrés sirven para motivarte y no debilitarte! Respetar tus emociones ayudará a que te respetes.

EXTERMINA LOS «DEBERÍA»

Puedes eliminar los *debería* cambiándolos por *me gustaría* o *desearía*. Haz una lista de todos los *debería* que tengas acumulados y reescríbela de un modo menos crítico.

Por ejemplo: cambia el pensamiento «Debería» estar más delgado por el pensamiento sano «Me gustaría» *estar más delgado, por eso voy a seguir diferentes estrategias para bajar de peso*. Eliminar los *debería* ayuda a que te aceptes como eres, con los defectos incluidos.

....

....

....

....

....

PIENSA CON GAMAS DE COLORES

Identifica aquellas creencias o pensamientos que sean blanco o negro para luego poder verlos con una perspectiva más flexible. Analiza los siguientes ejemplos de pensamientos todo-o-nada: *Nunca voy a poder recomponer mi vida. Él siempre termina estresándome*.

Cuando estas afirmaciones o pensamientos son reemplazados y vistos con más gamas de colores, se ven así: *Necesito hacer algunos cambios en mi vida. Me estreso con frecuencia cuando estoy con él.*

Esta es la oportunidad de escribir algunos de tus pensamientos todo-o-nada que puedan causarte ansiedad y estrés. ¡Reemplázalos! Observa cómo irá bajando tu ansiedad a medida que cambies los pensamientos absolutos por afirmaciones con más flexibilidad.

PON TUS PENSAMIENTOS EN EL BANQUILLO DE LOS ACUSADOS

Pensar en si hay evidencia ayuda a detener la autocrítica y favorece la autoaceptación. Primero, piensa en aquellas situaciones y ejemplos donde sueles boicotearte, criticarte, y comienza a examinar los hechos, las evidencias. Desafía esas críticas preguntándote cuál es la evidencia.

Pensamiento: *Soy un fracasado*. Analiza la evidencia: *¿Quién dijo eso? ¿Por qué creo en personas tóxicas? ¿Qué cosas exitosas hice para demostrar que ese pensamiento no es cierto?* No tienes que creer en todo lo que piensas.

DEJA EL PASADO EN EL PASADO

Puedes aprender modos de pensar que te ayuden a dejar el pasado en el pasado. ¿Cómo? Escribe algunos porqués que te mantienen apegado a tu pasado y luego modifícalos por *¿Cómo sigo?* Cambia un *¿Por qué fui tan tonto al...?* por *Para seguir adelante voy a trabajar en perdonarme por no saber antes lo que ahora sé.*

....

....

....

....

....

....

SEPARA LOS HECHOS DE LA FICCIÓN

Cuando separas los hechos de la ficción logras disminuir el estrés y la ansiedad. Para diferenciar los hechos de los imaginarios/ficticios haz una lista de tus preocupaciones. Con cada una de ellas, piensa y pon un visto en la columna correspondiente (hecho / ficción); cuando finalices, reformula esas afirmaciones en hechos.

Pensamiento preocupante: *Mi hijo tiene dificultades para aprender porque soy un mal padre* (hecho / ficción X).

Reformulación del pensamiento: *Puedo seguir aprendiendo cómo acompañar a mi hijo* (hecho X / ficción). Cambia el foco hacia las soluciones en vez de tener problemas insolucionables.

....

....

....

....

....

IDENTIFICA TUS DISTORSIONES COGNITIVAS

Las distorsiones cognitivas son errores de pensamiento muy típicos y comunes que generan estrés y ansiedad. Cuando estés ansioso, escribe tus pensamientos e identifica qué tipo de distorsión puede estar presente. Pensamientos todo-o-nada: *Nunca me escuchas*. Sobregeneralización: *Fracasé en el proyecto, soy un fracasado*. Comparación: *Él es más listo, es mejor que yo*. Adivinación: *Nunca lo voy a lograr*. Etiqueta:

Es un idiota. Razonamiento emocional: *No me llamó, me debe odiar*. Identificar tus distorsiones cognitivas ayuda a que dejes de creer en ellas de una vez por todas.

DEJA UN TIEMPO PARA LAS PREOCUPACIONES

Puedes aprender a compartimentar, limitar tus pensamientos ansiosos en vez de darles cabida todo el día entero. Busca un reloj de arena o temporizador o usa la alarma del móvil y dedica un rato específico a todas tus preocupaciones cada día. Durante esos tiempos asignados, solo focalízate en las preocupaciones y, con suerte, ¡te aburrirás de ellas! ¡Controla tus pensamientos ansiosos en vez de dejar que ellos te controlen!

REFORMULA TUS PERCEPCIONES

Divide una hoja en dos columnas y en un lado escribe el pensamiento que te causa ansiedad y estrés. Por ejemplo: *Sería terrible que dijera algo tonto durante la reunión*. Reformúlalo por *Nada es tonto si digo lo que pienso, todos tenemos derecho a dar nuestra opinión sin ser juzgados*. Para hacerlo más visual puedes usar un taco de pósits y pegar el nuevo pensamiento sobre el viejo.

MANÉJALO CON TARJETITAS

Puedes mantener la calma usando recordatorios en los momentos más difíciles. Prepara tarjetas con frases inspiradoras que puedas llevar contigo en esos momentos de estrés. Pueden ser afirmaciones, refranes positivos o recordatorios para mantener tu objetivo. Pensamientos irracionales en un lado y en el otro la alternativa positiva. Citas inspiradoras.

REGISTRA TUS PENSAMIENTOS

Puedes preparar un diario en papel o en el móvil. Dedica unos segundos a escribir lo que hayas hecho positivo ese día. Cuando detectes que aparecen pensamientos negativos, desafíalos y cámbialos por algo más positivo. Recuerda que eso que piensas impacta en tus comportamientos.

SIRVE UNA TAZA DE CAFÉ

Todos los días encuentra formas de tratar a los otros con amabilidad, desplaza el foco de ti. Imagina que cada una de las personas que te encuentras lleva una taza invisible que está vacía. ¿Cómo podrías llenar su taza con palabras y hechos? No te olvides de llenar también tu taza con amor propio y amabilidad.

PROPONTE OBJETIVOS QUE SEAN «SMART» (ESPECÍFICO, MEDIBLE, ALCANZABLE, RELEVANTE, TEMPORAL)

Los cambios se hacen paso a paso. Divide aquellos objetivos grandes en pasos posibles o más manejables. Usa la siguiente estrategia para pensar en objetivos más pequeños.

Ejemplo: *Quiero hacer más ejercicio y mejorar mi estado físico.* Específico: *Voy a ir al gimnasio cuatro veces por semana a hacer cardio y fortalecimiento.* Medible: *Voy a incrementar mi masa muscular un 3 % y a correr a un ritmo de 6 minutos el kilómetro.* Alcanzable: *Tengo tiempo para cumplir este objetivo.* Relevante: *Quiero sentirme mejor, mejorar mi apariencia y bienestar físico.* Temporal: *Voy a ejercitar al menos 30 minutos al día durante un mes.*

ESCUCHA..., NO OIGAS SOLAMENTE

Cuando tu escucha es atenta —no simplemente oír—, las relaciones florecen. Escuchar requiere mucho esfuerzo, pero aclara malentendidos, reformula sus pensamientos y empatiza con el otro.

Oír: *Nunca dije eso, ¡te lo estás inventando!*

Escuchar: *No recuerdo haber dicho eso, ahora entiendo por qué estás molesto si eso fue lo que oíste.*

¿Cómo puedes cambiar tus respuestas de simplemente oír a escuchar? El don de la escucha es uno de los más grandes que puedes brindar a otros.

CAMBIA «PERO» POR «Y»

Cuando usamos peros negamos lo que acabamos de decir. Piensa en este ejemplo: *Me gustas, pero puedes ser muy desconsiderado a veces. Me gustas y aprecio mucho cuando me muestras que me tienes en cuenta*. Ahora es tu turno de pensar cómo cambiarías tus propios «pero» para transformarlos en «y».

ANÓTALO

Escribir ayuda a sacar todo lo que tengas dando vueltas en la cabeza y es más útil para manejar el estrés y la ansiedad. Empieza a anotar usando hojas de cálculo, haciendo listas o con un simple diario para poder llevar un registro de tus progresos. Cuando tengas algún problema o conflicto que resolver, escribe tus pensamientos al respecto, pues te va a dar espacio para ser más objetivo y tomar una perspectiva diferente.

EL EJERCICIO ES UN LIBERADOR DE ESTRÉS

La mente y el cuerpo son las dos caras de una misma moneda; cuando cuidas a uno, también cuidas al otro. Elige un ejercicio o deporte con un plan que seguir en el que puedas comprometerte: realizar caminatas regulares, inscribirte en un gimnasio, hacer yoga o practicar un deporte en equipo. Llevar un registro de las veces que lo haces te ayudará a seguir motivado.

TEN UN SISTEMA DE APOYO

Identifica a aquellas personas con las que puedes compartir tus pensamientos más profundos. Sentirse importante para otros evita el aislamiento, que genera aún más estrés y ansiedad. Debe haber personas concretas con las que puedas hablar de algunas cosas y otras con las que puedas charlar de otros temas. Pregúntate quiénes son.

COSTE-BENEFICIO

Analizar los pros y los contras de tus decisiones ayuda a desarrollar más objetividad y autocontrol. Úsalo especialmente con esos pensamientos que te crean ansiedad.

Estrésate. El estrés tiene mala fama, pero puede ser a la vez positivo y motivante. Generalmente se lo relaciona con cosas negativas; muchos piensan en él como en algo que debe ser evitado. Sin embargo, un poco de estrés puede «volver más picante» la vida y hacerte sentir comprometido e involucrado. Piensa en situaciones como casarse o jugar el partido de tu vida. En vez de evitar emociones que impliquen estrés, ¡abrázalas! Considera el estrés como la cuerda de un instrumento: si la tensas demasiado, se romperá; si la aflojas mucho, no estará lo suficientemente firme. Solo la cantidad justa de tensión ayudará a crear una hermosa música.

Kit de autocalma. Elige objetos que te calmen y te saquen del estrés. Pueden ser juegos, como el sudoku o palabras cruzadas; fotos con imágenes relajantes; tarjetas con afirmaciones; pelotitas antiestrés, etc. Objetos simbólicos como una goma de borrar para recordar que está bien cometer errores. Imagínalo como un kit de primeros auxilios emocional.

DEBAJO

El estrés puede ser imaginado como una gran ola. Muchos estresores son como un tsunami. Cuando hay una gran tormenta, olas poderosas se agitan en la superficie. Pero, si caes en las profundidades, todo está calmo, quieto y pacífico. ¿Qué estresores están agitando la ola en este momento?

SOY ASÍ

Piensa en tres cualidades tuyas que sean positivas. Cuando aparezcan las negativas durante el día, recuerda o repítete en silencio estas tres cualidades positivas.

13

¿Qué te motiva?

¿Ganar o no perder?

Estar motivado por un proyecto, un producto, una experiencia, un encuentro, una persona, una comida, etc., te hace sentir muy bien. Te ayuda a ir en busca de tu objetivo y también te genera más probabilidad de alcanzarlo. La **motivación** es un gran generador de emociones y la falta de ella, también.

Viniste al mundo preprogramado con al menos dos necesidades básicas y ambas deben ser satisfechas si quieres sobrevivir: **la necesidad de seguridad y la de ser criado**. Esta última es clave y significa que otros, por general tus padres, te van a dar las cosas que necesitas: comida, bebida, afecto, abrigo y hasta quizá algún día apoyo económico. A estas se las conoce como *oportunidades para «ganar» algo*. Por otro lado, la seguridad es necesaria porque algo peligroso *podría matarte*. Cuando alguien te protege significa que te va a ayudar a evitar que te ocurran cosas malas o te hagan daño predadores, venenos, objetos afilados, etc. Estas son *oportunidades para «no perder» algo*.

Por un lado, ya sabes que a tu cerebro límbico le gustan y lo motivan las cosas que le dan placer y prefiere evitar aquellas que le producen dolor. Sin embargo, los últimos hallazgos sobre qué te motiva y qué no revelan que son dos áreas diferentes de tu cerebro, el *precuneus* y el *córtex subcallosal*, las que determinan a qué le prestas atención, dónde pones el foco, y a qué no. Podríamos llamar a esto *la neurociencia de la motivación.*

El científico Tory Higgins responsabiliza a estas áreas del cerebro de que seas más proclive a estar en un **modo promoción** cuando sientes tus objetivos como oportunidades para ganar, mejorar o avanzar, o en un **modo prevención** cuando los sientes como oportunidades para cumplir con tus responsabilidades y estar lo más seguro posible. Todos tenemos ambas áreas del cerebro, pero a algunos nos motiva más jugar a ganar (modo promoción) y a otros, a no perder (modo prevención). También están los que no tienen un modo dominante sobre el otro. Además, estos modos o focos sobre lo que te motiva pueden ser *contexto-dependientes*, por ejemplo, que seas más promoción en el trabajo y más prevención con tu hijos. La **motivación por promoción** trata de llenar tu vida con cosas positivas, como amor, admiración, logros, crecimientos, mejoras, etc. Estos son los objetivos que *idealmente te gustaría lograr.* Al lograrlos sientes emociones como felicidad, alegría, excitación y alta energía. La **motivación por prevención** consiste en realizar lo necesario para mantener una vida satisfactoria, haciendo lo que es correcto, estando seguro. Son los objetivos que *deberías alcanzar*, aquellos que piensas como obligaciones o responsabilidades. Cuando los logras, sientes emociones como calma, relajación y alivio. Si quieres saber cuál es tu modo predominante, contesta estas preguntas:

1. ¿Cuál es la cualidad o característica que idealmente te *gustaría* poseer o poseer aún más de lo que ya tienes?
2. ¿Cuál es la cualidad o característica que sientes que *deberías* poseer o poseer aún más de lo que ya tienes?
3. ¿Y otra cualidad ideal (diferente de la 1)?
4. ¿Y otra que deberías tener (diferente de la 2)?

Si repites estas dos preguntas unas cinco o seis veces en algún momento, te darás cuenta de que te costará contestar una más que la otra —*gustaría/ideal* versus *debería*—.

Si encontrar la cualidad *ideal* te cuesta menos que la cualidad *deberías*, entonces muy probablemente predomine tu modo promoción. Si son las cualidades que deberías poseer en las que te cuesta menos pensar, entonces predomina tu modo prevención.

(Si quieres saber cuál es tu modo predominante de forma más precisa, puedes visitar la página del Centro de Ciencia Motivacional de Nueva York, <www.gleam.com>, y buscar el test de estilo motivacional.)

Pero si naciste con ambos circuitos cerebrales..., *¿por qué hay uno que predomina sobre el otro?* La respuesta más probable es que debido al modo en que fuiste criado, sumado a tu temperamento desde temprana edad. Es la forma en que fuiste *reconocido, recompensado y castigado de niño* la que pudo haber contribuido a que hoy predomine un modo sobre otro. Si fuiste reconocido con muestras entusiastas de amor y admiración por traer buenas notas y castigado por no traer tan buenas notas, privándote de todo afecto y atención, entonces, tuviste padres en modo promoción. Es decir, cumplir con tus objetivos en la escuela era una forma de ganarte el amor y la aprobación de tus padres. Los padres en modo prevención suelen criticar y penalizar los fracasos, y los éxitos son vistos como que «nada malo sucede», que *las cosas están bien*. Cumplir con tus objetivos eran oportunidades para evitar la desaprobación de tus padres.

Tu modo que más prevalece influye también en a qué cosas prestas atención cuando, por ejemplo, un amigo te cuenta sus vacaciones o al tener algún problema en tu trabajo. Si eres de modo promoción, estarás buscando en la historia de tu amigo la presencia o ausencia de eventos positivos —*ganó, obtuvo, se perdió la oportunidad de..., etc.*—. Si eres más del modo prevención, buscarás la presencia o ausencia de eventos negativos —*evitó un desastre, una lesión, un error; estuvo seguro, etc.*—. Es decir, que a la información que mejor se lleva con tu modo motivacional no solo le prestas más atención y la recuerdas mejor, sino que además es más convincente para ti.

Hablando de emociones, tener claro cuál es tu foco o modo motivacional puede ayudarte a que te sientas mejor. Una mente más enfocada en promoción te va a llevar a una estrategia de entusiasmo donde pondrás toda la energía al comenzar un proyecto u objetivo nuevo. Esto es lo que necesitas, por ejemplo, cuando empiezas con algo que te requiere un esfuerzo real, como bajar de peso, ir al gimnasio o dejar algún hábito nocivo. Necesitas empezar *ganando* para alcanzar tu objetivo. Sin embargo, cuando se trata de propósitos a largo plazo o de mantenerlos en el tiempo, una estrategia de prevención es más favorable. Tienes que estar vigilante de no comerte ese cruasán, ya que acabas de perder tres kilos. El modo prevención es buenísimo para mantener un objetivo una vez que lo lograste.

Otra forma en que tu modo predominante afecta a tus emociones: si eres más modo promoción y sufres una derrota o fracaso por malos desempeños, tu autoestima se verá afectada directamente. O sea, cuando predomina el modo promoción, en general prevalece una autoestima alta. Experimentas los fracasos como la ausencia de algo positivo —no ser amado, no ganar, no ser recompensado, etc.—, y esto te lleva normalmente a sentir tristeza, desaliento e incluso depresión. Si eres más bien de modo prevención, estás más atento a la seguridad y no tanto a la autoestima. Quieres estar seguro de que el modo en que te miran es correcto, ya sea una mirada negativa o positiva. Al equivocarte o fracasar, te sientes como extraño contigo mismo; es la presencia de hechos negativos, que te lleva a experimentar emociones más relacionadas con la ansiedad: nervios, tensión, preocupación...

¿Pesimismo es igual a modo prevención?

Ya son miles los estudios que demuestran una y otra vez que, si eres *optimista,* comparado con ser *pesimista*, disfrutas de mejor salud y te recuperas más rápido de las enfermedades. Te adaptas con más facilidad a los cambios y enfrentas más activamente los problemas, además de tener relaciones más satisfactorias. Si eres optimista, en promedio, tiendes a alcanzar más y mejor tus objetivos con respecto a los pesimistas, sobre todo porque no te rindes rápidamente cuando la autopista está llena de baches. Sin embargo, hay personas para las que la mejor manera de asegurarse el éxito es creer que podrían fallar. Es decir, que aquellos con modo motivacional de prevención no son pesimistas en el sentido tradicional de la palabra. No es que crean que van a fallar, sino que se dicen a ellos mismos que podrían fallar si no son lo suficientemente cuidadosos o si no trabajan duro. Lo que los motiva es imaginarse la posibilidad de fallar en el futuro por no hacer lo necesario hoy. Esto es conocido en la literatura como *pesimismo defensivo.* El pesimismo puro y duro es creer que vas a fallar, y eso destroza toda motivación, seas de modo prevención o promoción. En definitiva, está claro que el pesimismo impide toda motivación. Si quieres tener más probabilidad de éxito en tu modo prevención tienes que suprimir o bajar un poco el optimismo y cultivar una mente escéptica al servicio de mantener cierta vigilancia. Ser más realista que optimista promueve que estés más atento a los sucesos. Cuando necesitas estar vigilante o atento para evitar un peligro y cumplir con tus responsabilidades, no puedes darte el lujo de tener demasiada confianza, aunque ya has sido exitoso en el pasado. Entonces, es importante entender que, si tienes una tendencia al modo prevención, tu pesimismo es estratégico. Sabes lo que estás haciendo.

Pero, atención, **el optimismo no siempre te motiva**, sino solo cuando eres alguien con un modo motivacional de promoción. Los optimistas son más felices si definimos la felicidad como estar más animado o alegre. Pero no es cierto si nos referimos a la felicidad como al hecho de tener una vida con más experiencias gratificantes y un mejor bienestar mental. No todo el mundo es alegre y animado, pero eso no quiere decir que no tenga una vida llena de sentido y experiencias gratificantes. Cuando los modo prevención tienen éxito, muy probablemente no salten de alegría. Pero sentirse tranquilos y pacíficos puede ser tan gratificante como sentirse excitado y contento. No por nada millones de personas en el mundo buscan, a través de la meditación, serenidad y calma en lugar de alegría.

Entonces, a pesar de ser la forma de tomar decisiones de tu cerebro límbico, no se puede reducir tu bienestar general a «acercarse al placer y evitar el dolor» solamente. Esto no captura lo que es tener una existencia comprometida y con sentido. **Las personas queremos ser efectivas, saber lo que es real, gestionar lo que nos va pasando y lograr los resultados que deseamos**. Quieres interactuar con el mundo a tu alrededor y ser capaz de entender y gestionar tu mundo de manera que te permita alcanzar tus objetivos. En definitiva, tener un modo promoción activo no necesariamente es mejor que tener un modo prevención, ya que puedes experimentar la eficiencia o ineficiencia en cualquiera de los dos. Recuerda entonces que todos tenemos ambas motivaciones y que hasta el más osado con modo promoción puede cambiar en un segundo a un modo prevención si, por ejemplo, un ser querido se pone enfermo. Y si tienes un modo prevención más predominante, también hay tiempos de aventura y entretenimiento. Me parece útil entender, entonces, el optimismo y el pesimismo defensivo como herramientas y no como características personales. *El optimismo es buena elección cuando estás tratando de hacer algo creativo o de correr un riesgo (no de vida). El pesimismo defensivo —pensar cómo podrías fallar en esto— es una buena elección cuando tu prioridad es estar seguro y a salvo.* Como dice el dicho, «espera lo mejor y prepárate para lo peor».

Estudios de investigadores como Jen Forster demostraron que en el trabajo o la oficina **ser predominante en modo promoción** —ver tus objetivos en términos de ganancias— **propicia el pensamiento creativo**. Esto se relaciona con sentirse cómodo corriendo riesgos y preocuparse menos por la idea perfecta o realizable y más por abrirse a oportunidades y posibilidades, Por otro lado, si perteneces al modo predominante prevención, quieres tener ideas a prueba de balas. Si eres de estos últimos, seguro que aportas más precisión a la hora de evaluar ideas y eres mejor en el pensamiento analítico, porque te concentras en la información que existe y consideras y analizas minuciosamente a la hora de sacar conclusiones, en lugar de ir más allá y complicar el estado de las cosas. Además, los motivados por promoción son conducidos por una preferencia por trabajar más rápido. Llegar a la meta lo antes posible para evitar perder cualquier oportunidad para ganar algo. Los modo prevención trabajan más despacio, pero de forma deliberada, a paso firme y con cuidado, para estar vigilantes y no cometer errores. Y, como ya sabemos, cuanto más rápido vas, más posibilidades de cometer errores, pero, cuanto más lento, más tiempo te lleva tu trabajo. Por eso el modo prevención prefiere la estabilidad sobre el cambio, la no pérdida sobre la posible pérdida, y el modo promoción, lo contrario, ya que cambiar representa para ellos la ganancia potencial de algo mejor. Estoy seguro de que con toda esta información empiezas a entenderte un poco más y también a los que viven o trabajan a tu alrededor.

Padres motivacionales

En lo que se refiere a ser padres, encontramos que todas las formas de crianza tienen sus pros y sus contras. Reconocer qué formato de crianza es el que mejor se ajusta a ti y a tu hijo es un verdadero desafío. Sin embargo, está clarísimo que la forma de crianza, cómo guías a tus hijos y el *feedback* que les das tienen un impacto profundo en cómo ellos van a ver el mundo. Esto también es afectado por su temperamento, especialmente porque este influye en el modo en que los demás van a interactuar con ellos. **Es en nuestra niñez donde se define si nuestro modo motivacional predominante será promoción o prevención.**

En esencia, el temperamento explica en gran parte por qué dos niños bajo idénticas experiencias responden diferente. Algunos de nosotros nacemos con mayor conciencia y respuesta a estímulos positivos, como sonrisas y comida; y otros, a estímulos negativos, como caras extrañas y ruidos fuertes. Esto se hereda y es bastante estable en el tiempo, a pesar de que el temperamento se modifica y puede cambiar en cierta forma durante las experiencias que vives. La evidencia indica que, si estuviste más atento a los estímulos positivos, tiendes a tener un modo predominante de promoción y si estuviste más atento a estímulos negativos, a modo prevención.

Tu modo motivacional predominante continúa en la adolescencia junto con el concepto de cómo quieres verte a ti mismo *(autoconcepto)*, cuando empieza a emerger quién quieres ser.

Este concepto que tienes sobre ti mismo, o autoconcepto, te ayuda a tomar decisiones y comportarte de ciertas formas. Ese autoconcepto puede ser dividido en **tres partes**. El **autoconcepto actual**, que serían las representaciones mentales de los atributos que posees en este momento: lo buen atleta que eres, cuánto sabes de cocina o literatura, etc. Luego está el **autoconcepto ideal**, las representaciones de tu versión (o de tus padres) ideal, tus deseos y aspiraciones, tus sueños de ser un atleta profesional o un escritor de ficción. Finalmente posees el **autoconcepto de lo que deberías ser**, cualidades, habilidades y responsabilidades que para ti son «obligatorias»; lo que tú (o tus padres) crees que deberías ser. El autoconcepto actual contesta quién eres y el ideal y el que deberías ser, en quién te quieres convertir. Todos tenemos nuestros autoconceptos o guías cuando somos niños; el tema es que no todos tienen guías fuertes. Y esto tiene serias consecuencias, porque las guías sobre nosotros mismos, que son fuertes y de fácil acceso, las puedes consultar regularmente y son además particularmente motivantes. *Los estudios demuestran que esas guías se hacen fuertes fundamentalmente por el* feed-back *que recibimos de nuestros padres.* Ese *feedback* tiene que tener **cuatro cualidades** para la creación de autoconceptos o guías fuertes. **Ser frecuente**, es decir, padres que están atentos a charlar a menudo con sus hijos de aquello que esperan de ellos. **Ser consistente**, que es la base para todo aprendizaje. Si los vas a premiar o castigar algunas veces, pero no otras, los vas a confundir sobre el mensaje que quieres darles. Lo mismo ocurre cuando tú y tu pareja no os ponéis de acuerdo en el comportamiento esperado o deseado de los hijos; es decir, eso daña las autoguías que los niños están construyendo sobre ellos mismos. **Ser claro**, es decir, que comuniques explícitamente las reglas, actitudes y razones para responder de una forma u otra. Y, finalmente, tienes que **demostrarles que sus comportamientos tienen consecuencias reales para que aprendan algo importante**. Es decir, sus comportamientos son considerados experiencias con mucha importancia.

¿Cuál es, entonces, el mejor estilo de crianza? Ninguno. Lo que es mejor para ti y tus hijos tiene mucho que ver con aquello que valoras. Lo que sí es seguro es que cada estilo tiene consecuencias negativas si es llevado al extremo. Si estás focalizado en un modo predominante de promoción, tratas de recompensar con amor —atención, reconocimiento, afecto— sus buenos comportamientos y castigar retirando ese amor para desalentar sus malos comportamientos. Pero, si ese amor es muy excesivo, conviertes a tu hijo en malcriado o consentido, y si te excedes en la falta de atención o cariño, puedes llevarlo al abandono. Esto último provoca que las autoguías de los niños sean débiles y que sufran por ello. Por otro lado, si te focalizas en el modo prevención, provees paz y seguridad para recompensar sus buenos comportamientos y usas la crítica y el castigo para desalentar sus

malos comportamientos. Al excederte puedes conducir a la sobreprotección o el abuso. Esto hace que a los niños les falten conocimientos, habilidades y autoconfianza para vivir su vida cuando sean adultos. Por todo esto creo que un poco de moderación como padres es importante; un equilibrio entre promoción y prevención los ayudará a crear guías fuertes sobre el ideal y qué deberían ser, y esto les dará las habilidades para ser exitosos en cualquier aspecto de su vida.

Cientos de estudios muestran que, sea lo que fuere que te motive, todo influye sobre ti: a qué le prestas atención, qué valoras, las estrategias que eliges usar y cómo te sientes cuando tienes éxito o cuando fracasas. Cómo te llevas con tus colegas, qué tipo de padre, hijo o pareja eres, etc., afecta a tus fortalezas y tus debilidades personales y profesionales. Considero importantísimo que conozcas cuál es tu modo motivacional predominante, es decir, a qué le prestas atención. Así, tus elecciones serán más poderosas, ya que de esta manera te darás cuenta de que puedes ser mucho más efectivo y eficiente en casi todo lo que haces en tu vida.

El principio del progreso

De todas las cosas que pueden encender y acelerar tu motivación, la más importante es que te des cuenta de que estás progresando en algo que es importante o tiene sentido para ti. Y cuanto más a menudo experimentas esa sensación de progreso, más productivo y creativo te conviertes a largo plazo. Cada día, una victoria, aunque sea pequeña, puede hacerte notar la diferencia en cómo te sientes y cómo te desempeñas. Que sepas qué cataliza y alimenta tu progreso, y qué hace lo contrario, resulta una de las claves no solo para tu desempeño, sino también para ser eficiente a la hora de gestionar a otras personas. Si te das cuenta de que vas logrando objetivos a través de tu esfuerzo, más satisfecho y motivado estarás con tus tareas, trabajos, propósitos o proyectos. Varios estudios en lugares de trabajo muestran que, cuando la gente dice «ha sido mi mejor día», se refiere a haber *logrado* y haberse dado cuenta de algún *progreso* individual o colectivo, aunque no necesariamente siempre con el resultado esperado. Y «mi peor día» está muy relacionado con haber sentido *un retroceso* en algo que estaban haciendo. El trabajo de la investigadora Teresa Amabile muestra la presencia de lo que ella llama *catalistas*, *nutrientes*, *inhibidores* y *toxinas* a la hora de motivarse o desmotivarse en algún proyecto. Motivarte: los **catalistas** son las acciones que apoyan de manera directa tu trabajo. Incluyen a otras personas o equipos que te pueden ayudar. **Nutrientes** son eventos como el respeto o palabras de aliento. Desmotivarte: los **inhibidores** son las acciones que fracasan en apoyar de manera directa tu trabajo. Y las **toxinas** son los eventos que socavan y desalientan lo que haces. Catalistas e inhibidores influyen directamente en tu proyecto, y nutrientes y toxinas, sobre ti como persona. Te cito algunos casos y te desafío a que busques los tuyos propios. Por ejemplo, acciones catalistas podrían ser establecer objetivos, permitir autonomía, proveer suficientes recursos y tiempo, ayudar con el trabajo del otro, aprender de manera abierta tanto de los éxitos como de los fracasos, y permitir el intercambio de ideas. Acciones inhibitorias serían interferir de manera activa en el trabajo del otro, o fracasar en proveer apoyo y recursos. Los nutrientes pueden ser el respeto, el reconocimiento, involucrarse, tu confort emocional, que tengas oportunidades o sentir pertenencia. Y las toxinas serían todas las opuestas a los nutrientes.

En un estudio con 12.000 empleados, Amabile descubrió que, cuando estos sufrían contratiempos o retrasos en sus proyectos, sentían más **frustración, miedo y tristeza**. Sin embargo, los días de pequeños, o a veces no tan pequeños, progresos reportaban, además de un mejor estado de ánimo, más emociones placenteras, como **alegría, felicidad y orgullo**. ¡Atención! Cuando me refiero a tus progresos tienes que saber que no siempre vienen acompañados de resultados u objetivos logrados. Se trata de que te des cuenta, o ayudes a otros a que se den cuenta, de que muchas veces no puedes cumplir con tus objetivos, pero, sin embargo, has progresado en algo. Esto es motivante para seguir intentándolo.

Entonces, progresar en algo y que te des cuenta de ello te relaciona más y mejor con emociones como la felicidad. Sin duda, la emoción más buscada, pero también la más escurridiza. ¡Dediquemos un capítulo entero a entenderla!

EJERCICIO. Del progreso

Paso 1: Describe uno o dos eventos en los que haya habido algún progreso o algún contratiempo esta semana.

....

....

Paso 2: Catalistas.

1. ¿Yo o mi equipo tenemos objetivos a corto y largo plazo claros para realizar un trabajo o tarea con sentido?
2. ¿Yo o mi equipo tenemos la suficiente autonomía para resolver problemas y hacernos dueños del proyecto?
3. ¿Yo o mi equipo tenemos los recursos adecuados para mover el proyecto hacia delante de forma eficiente?

4. ¿Yo o mi equipo tenemos el tiempo suficiente para focalizarnos en lo importante?
5. ¿Yo o mi equipo tuvimos la oportunidad de hablar sobre los éxitos y fracasos de esta semana?
6. ¿Tengo o tienen la suficiente ayuda cuando la necesito o la necesitan?
7. ¿Me permiten o permito que las ideas fluyan en mi equipo?

Paso 3: Nutrientes.

1. ¿Muestro o me muestran respeto, reconociendo o reconociéndome las contribuciones que hago para el progreso de mi trabajo?
2. ¿Me motivo o motivan, o yo motivo a otros, cuando me encuentro con dificultades o desafíos difíciles?
3. ¿Me apoyan o yo apoyo a mi gente frente a los problemas del día a día?
4. ¿Existe algún sentido de pertenencia o camaradería?

Paso 4: Describe uno o dos eventos donde haya habido algún contratiempo o posible crisis esta semana.

....

....

Paso 5: Inhibidores.

1. ¿Tenéis tú o tu equipo alguna confusión con respecto a los objetivos a corto y largo plazo?
2. ¿Estáis tú o tu equipo preocupados sin cesar por tu habilidad para resolver problemas y sentirte dueño de tus proyectos?
3. ¿Te falta o les falta algún recurso, tiempo o ayuda que permita avanzar?

4. ¿Eres de castigar o castigarte cuando te equivocas y no aprendes o ves ese error como una oportunidad?
5. ¿Eres de cortar los debates o reuniones de ideas de manera prematura?

Paso 6: Toxinas.

1. ¿Soy irrespetuoso con mi equipo al no reconocerles sus contribuciones al progreso ni escuchar sus ideas?
2. ¿Soy de desmotivarme o desmotivar a los demás?
3. ¿No presto atención cuando alguien de mi equipo tiene un problema personal o profesional?
4. ¿Hay alguna tensión o antagonismo entre mi equipo y yo?

Paso 7: ¿Qué puedo hacer mañana para fortalecer los catalistas y nutrientes identificados y proveer aquellos que faltan?

Paso 8: ¿Qué puedo hacer mañana para empezar a eliminar los inhibidores y las toxinas identificados?

EJERCICIO. *Ikigai*

Este es un concepto japonés que significa «la razón de vivir» o «la razón de ser». Muchos sociólogos, científicos e investigadores comenzaron a interesarse e investigar sobre este fenómeno y su posible relación con la longevidad y la felicidad. El *ikigai* se encuentra en la suma y unión en un punto de cuatro pilares fundamentales de la vida: pasión, vocación, misión y profesión. O, dicho con otras palabras, la mezcla de eso que amas, eso en lo que eres bueno, lo que el mundo necesita y aquello con lo que ganas dinero. No se trata de buscar la felicidad; el objetivo del *ikigai* es descubrir aquello en lo que somos realmente buenos, lo que nos proporciona placer cuando lo realizamos y que puede aportar algo al mundo.

Paso 1: ¿En qué eres bueno?
Haz una lista con todas tus habilidades y fortalezas.

....

....

Paso 2: ¿Qué es lo que te encanta hacer?
Ahora haz una lista con tus intereses (piensa en esta estrategia de pensamiento: crear, construir, hacer).

....

....

....

....

Paso 3: Encuentra tu pasión.
Revisa los pasos 1 y 2 para hallar aquellas áreas que se superponen o conectan y así poder identificar tu pasión (habilidad + intereses). Por ejemplo:

Paso 1: Escribir, editar, juntar información.

Paso 2: Escribir, psicología.

Como se ve, escribir es tanto una habilidad como un interés y, por ende, se puede identificar la escritura como una pasión. Pero también se puede trazar una conexión entre escritura y psicología si se tuviera en cuenta que ambas podrían fusionarse en una pasión por escribir artículos relacionados con ese tema.

Paso 4: ¿Qué crees que el mundo necesita de ti?
En vez de enfocarte en una idea muy abarcativa, hazlo en pequeños cambios con los que podrías contribuir a tu comunidad u organización. Enuméralos.

....

....

....

....

Paso 5: Misión.
Revisa la lista de los pasos 2 y 4 para encontrar un área que conecte a ambos y poder hallar aquel interés propio que aporte algo a tu *¿Por qué me pagan?*

Paso 6: Haz una lista de tus fuentes de ingresos o de todo aquello que puedes hacer y por lo que eres remunerado a cambio.

....

....

....

....

....

....

Paso 7: Vocación.
Vuelve a los pasos 4 y 6 para ayudarte a identificar una vocación que te permita obtener una remuneración y a la vez contribuir a la sociedad (necesidad + remuneración).

Paso 8: Profesión.
Para identificar tu profesión, mira las habilidades enumeradas en el paso 1 y todo aquello por lo que puedes recibir una remuneración en el paso 6 (habilidad + remuneración).

Una vez que hayas completado todos los pasos, combina Pasión + Misión + Vocación + Profesión y así tendrás una idea de cuál podría ser tu carrera ideal.

EJERCICIO. Empatía

Paso 1: Piensa en alguien que trabaja contigo —o no— con quien tienes dificultad para relacionarte. Piensa en alguna situación laboral —o no— en la que estuviste en completo desacuerdo con esa persona y escríbela.

Paso 2: Escribe una lista con todas las cosas que sabes o crees saber que tienes en común con esa persona. (Ejemplo: somos varones, tenemos hijos, nos gusta el deporte, somos muy exigentes, etc.) Si sabes poco sobre esa persona, imagina qué crees que tenéis en común.

....

....

....

Paso 3: Describe cómo es un día rutinario en la vida de esa persona. Lo que sabes; el resto te lo imaginas. ¿Con quién vive? ¿Cuáles son sus aficiones? ¿A qué hora se despierta?, etc.

Paso 4: ¿Qué es lo que sabes o crees saber que le preocupa a esa persona en este momento o en el momento del desacuerdo? ¿Cuáles son sus prioridades?

Paso 5: ¿Te imaginas qué es lo que más le gusta hacer en la vida, en el trabajo? ¿Qué es lo que realmente la motiva en ambas esferas?

Paso 6: ¿Cómo es su estilo de comunicación? (directo, evasivo, agresivo, por la espalda, por e-mail, dubitativo, a través de otros, etc.).

Paso 7: Ahora escribe de nuevo la situación por la cual no estabais de acuerdo, pero desde el punto de vista de la otra persona, teniendo en cuenta sus prioridades. La idea no es que te pongas de acuerdo con ella, sino que de esta manera puedas entender mejor su perspectiva y favorecer un debate más sano.

....

....

....

....

EJERCICIO. Conciencia del otro

Piensa en las tareas de tu equipo de trabajo, colegas o amigos, haciendo todo lo posible para separarlas de la persona que la hace; céntrate solo en la tarea. Del 1 al 10, ¿cuánta importancia tiene para ti esa tarea? Ahora, reflexiona. ¿Crees que la persona cuya tarea para ti tiene una importancia de menos de 5 se da cuenta de eso? ¿Crees que eso puede impactar en su desempeño? ¿Eres su jefe? ¿Qué podrías hacer distintamente?

EJERCICIO. Concurso de personalidad

Haz una lista de tu equipo de trabajo, colegas o amigos y pon arriba el que mejor te cae, con el primero que te irías a tomar un café o una cerveza. Ordénalos hasta llegar al que peor te cae. Solo piensa en su forma de ser, su personalidad, *no* en lo que hacen como trabajo. Ahora, reflexiona. ¿Hay diferencias en el tiempo de conversaciones casuales que tienes con esas personas? ¿Diferencias en el lenguaje corporal que usas con ellos? ¿Diferencias en lo que piensas cuando se te acercan? ¿Ellos se dan cuenta? ¿Qué podrías hacer diferente?

EJERCICIO. «No eres tú, soy yo»

La Universidad de Yale demostró que la palabra «tú» (*you* en inglés) es la más influyente de todas las que existen. Por eso es bueno usarla con cuidado, sobre todo cuando no estás de acuerdo con algo; la palabra «tú» tiene una connotación emocional muy poderosa. Es un disparador negativo que puede secuestrar las emociones de la gente cuando hay un conflicto real o potencial. Para cambiar y mejorar las relaciones con los demás, usa mensajes «yo» cuando no estás de acuerdo o quieres hacer una crítica, y mensajes «tú» cuando estás de acuerdo o quieres mostrar empatía. Esto lleva las charlas y discusiones a un terreno más productivo para debatir. Los mensajes «yo» funcionan así:

- Yo... (emociones).
- Cuando, dado que, en, etc. (hechos, no prejuicios, opiniones ni similares).
- Porque... (dar una razón).

Ejemplo de mensaje «yo»: *Estoy preocupado, fui criticado en la reunión y había trabajado muy duro para este proyecto.* En lugar de *Tú me hiciste quedar mal delante de todos en la reunión.* Pruébalo con estos tres ejemplos y sé más cuidadoso la próxima vez que debas decir algo de otro con el que no estás de acuerdo o hacer alguna crítica.

1. No están escuchando lo que dices.

Yo...

2. Esto nunca va a funcionar, es una idea estúpida.

Yo...

3. Tienes que decir algo por lo que no estás de acuerdo.

Yo...

EJERCICIO. No todos los errores son iguales

Hay *errores prevenibles en operaciones predecibles*, que son los errores que consideras «malos». Habitualmente, con un adecuado soporte, atención y entrenamiento, puedes evitarlos. Por lo general, no estabas atento, no entendiste el objetivo o no sabías hacerlo.

Escribe alguno de tus errores prevenibles en operaciones predecibles. ¿Qué te hicieron sentir?

....

....

....

....

....

Hay *errores inevitables en sistemas complejos*. Estos son producto de la incertidumbre y de trabajar en ambientes cambiantes. No puedes evitarlos, pero sí estar atento a los resultados para minimizar el impacto de los fallos. El contexto suele ser muy cambiante y te pilló por sorpresa. ¿A la próxima puedes prevenir para minimizar la posibilidad? ¿Cómo te sentirías?

Hay *errores inteligentes*. Son considerados buenos porque tienen un alto potencial de aprendizaje. Ocurren cuando estás experimentando. Están asociados a descubrimientos e innovaciones. Estás intentando aprender a hacerlo mejor. ¿Cuáles fueron tus últimos errores inteligentes? ¿Cómo te sentiste?

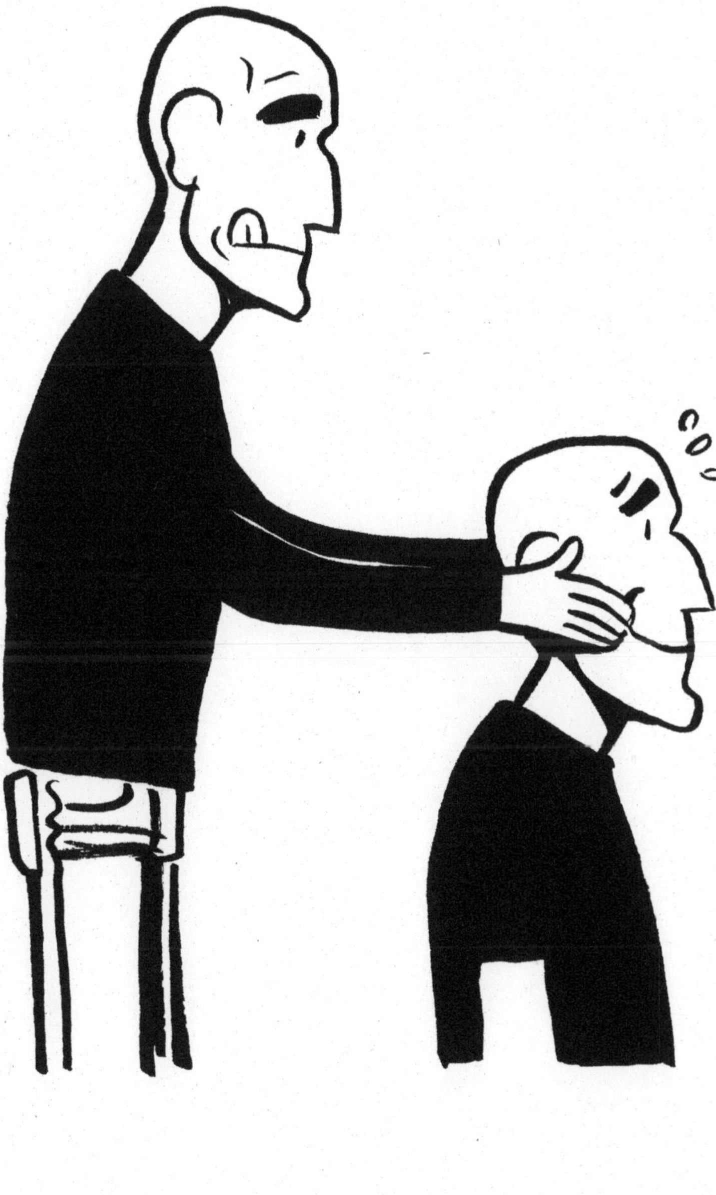

14

Felicidad, no tienes dueño

Felicidad y salud

Como ya te conté, la relación entre la biología y las emociones es un misterio que comienza a desvelarse fundamentalmente gracias al avance de la tecnología. Hasta ahora se sabía que los estados emocionales depresivos tenían repercusiones negativas sobre la salud. Pero en la actualidad diferentes estudios han observado que estar contento y feliz también tiene repercusión positiva sobre determinados mecanismos biológicos. La ciencia ya ha detectado, e incluso medido, las **huellas que la felicidad deja en la biología y ha podido comprobar que es una de las mejores formas de prevención de enfermedades**. Sin embargo, hay que tener cuidado de no caer en lo que yo suelo llamar *la tiranía del optimismo*. No se puede estar todo el tiempo feliz, y la búsqueda permanente y obsesionada de felicidad la hace, cuando menos, más escurridiza.

Si bien es cierto que disponemos de mejor y más sofisticada tecnología para entender y medir cosas dentro de tu cabeza, como la resonancia magnética nuclear funcional (RMNf), otra cosa muy diferente, y mucho más difícil, es diseñar un experimento que aporte resultados replicables. Es decir, es maravilloso tener tecnología para aprender y comprender, pero cómo usarla y sacarle provecho, y sobre todo qué concluir y con qué comparar, es algo mucho más desafiante. Además de la dificultad de tener que *extraer señales* dentro del gran *ruido* de un resonador, calcular medidas que tengan algún sentido y utilizar herramientas estadísticas para llegar a alguna conclusión, el desafío mayor es cómo diseñar un experimento para manipular estados emocionales en las personas. La lógica fundamental de un estudio clásico con RMNf consiste en introducir una experiencia de contraste, o diferencia, en cantidad o calidad de una variable de interés. Es decir, uno en general quiere medir y contrastar una condición en la cual hay un estado emocional versus una condición donde ese estado no está, y, por supuesto, observar si esa diferencia alcanza un *umbral estadístico* en términos de activación del cerebro. Si se observa la diferencia, está muy bien, pero, si esto no ocurre, no puede concluirse nada, ya que podría ser un problema de falta de poder estadístico o incluso tecnológico para detectar esa diferencia. En síntesis, cada vez que leas sobre un experimento hecho en resonador, cógelo con pinzas.

Que te quede bien claro: **la felicidad no es la ausencia de emociones desagradables o poco placenteras**. El doctor Martin Seligman, pionero en temas de bienestar y felicidad, define cinco elementos como la base para que puedas mantener un estado de felicidad a lo largo del tiempo. Yo creo que es un ejercicio interesante e introspectivo entender con cuál de estos elementos te sientes identificado: *¿Cuánto te sobra, cuánto te falta, alguna vez los tuviste, nunca los tuviste?*, etc.

1) **Emociones positivas**: tratar de buscar espacios y momentos para sentir emociones como paz, gratitud, satisfacción, placer, inspiración, esperanza, curiosidad y amor. Sin ellas, la felicidad dura poco. 2) **Involucramiento**: lograr *perderte* en alguna tarea o proyecto que te provea una sensación de «desaparición del tiempo», dado que estás totalmente involucrado en eso.

3) **Relaciones interpersonales**: tener relaciones con otras personas, pero con verdadero sentido y positivas. Que te sumen y no te resten. Que estés convencido de que valen la pena. 4) **Sentido**: dedicar tiempo y energía a una causa más grande o más importante que tú mismo. Por ejemplo, algo que ayude a tu comunidad, tu barrio, el planeta, la humanidad, etc. Todos necesitamos un propósito en la vida para mantener un estado de felicidad en el tiempo. 5) **Logros**: para tener una vida con satisfacciones necesitas esforzarte para mejorar, darte cuenta de que tus logros provienen de esos esfuerzos.

Más allá de las investigaciones de Seligman, creo que una de las ideas más *equivocadas* acerca de la felicidad es la de que tiene que ver *solamente* con sentirse alegre y contento todo el tiempo, tener una sonrisa de oreja a oreja. Para mí ser feliz y tener una vida plena está más relacionado con **aceptar** lo bueno y también lo malo, en lugar de aferrarte a lo bueno y rechazar siempre lo malo que te sucede; además de con aprender cómo reinterpretar lo malo, como vimos en el capítulo de autorregulación emocional. Muchos autores han demostrado que tener una buena salud mental y física está íntimamente relacionado con poder sentir y experimentar un amplio rango de emociones, tanto positivas o placenteras como negativas o no placenteras. Creo que otra idea muy equivocada es que la felicidad es un resultado o la llegada a un destino. Sin embargo, no eres feliz cuando estás corriendo detrás de la felicidad. Eres más feliz cuando ni siquiera lo estás pensando, cuando disfrutas el momento presente, ya sea porque estás involucrado en algún proyecto con sentido para ti, trabajando duro hacia un objetivo o ayudando a alguien que te necesita. La felicidad no es ausencia de sufrimiento, sino la habilidad de rebotar en el sufrimiento. Y tampoco es sentirse en éxtasis, euforia o alegría. La felicidad incluye bienestar, pero también **flexibilidad emocional** para experimentar un amplio rango de emociones. Mi idea de proponerte ejercicios no es para que aprendas a pegarte una sonrisa en la cara ni que elimines tus problemas. Es para que aprendas a manejar los estresores de tu vida con más resiliencia, como si estuvieses entrenando para una maratón. Como dijimos en otro capítulo, **la resiliencia es la capacidad de reponerte de las adversidades lo más rápido posible**. No digo que *hay que* reponerse rápido, pero en biología relacionamos la resiliencia con la velocidad en la cual te repones de una adversidad, sea esta pequeña o gigante. Y definimos **actitud** como la capacidad de mantener en el tiempo —con tu forma de pensar— emociones placenteras. Es decir, que la resiliencia y la actitud son socias, primas hermanas.

Que eres un todo en el que se juntan tu cuerpo, tus pensamientos, tus emociones y su biología, y que tu bienestar depende de que estas dimensiones estén atendidas es algo obvio y no necesita más explicación. La ciencia ha comenzado a incorporar esta mezcla, a la que se ha denominado «la medicina de la mente y el cuerpo». También se estudian cada vez más las intimidades moleculares de la relación entre lo emocional y lo puramente material que, por ejemplo, conducen a la aparición de un buen número de patologías. Si nos vamos al otro extremo de la felicidad, una persona depresiva muestra, por ejemplo, aumentos de una proteína llamada C reactiva, que, además, está asociada a un incremento de riesgo cardiovascular. Esto se correlaciona con estudios que demuestran una y otra vez que los pesimistas tienen el doble de patologías cardíacas que los optimistas. Además, las personas que pasan más tiempo tristes fabrican hasta un 30 % más de cortisol, la hormona del estrés, que aquellas que pasan más tiempo felices.

Sin embargo, para mí, como seguro que vienes entendiendo gracias a la lectura y los ejercicios, el propósito de *En el limbo* no es *tratar de evitar* la enfermedad. Es ayudarte, y ayudarme, a remarcar las bondades de estar vivos, tanto en el plano físico (cuerpo) como en el mental (pensamientos y emociones), y, por qué no, en el espiritual (que cada uno lo defina como quiera). Cada vez aparecen más y más estudios que demuestran **los riesgos en tu salud** general frente a **una actitud negativa** y cómo aquellas personas más positivas reducen más rápido su estrés y se recuperan más pronto de las adversidades de sus circunstancias. Son más resilientes.

Si hablamos de salud, entonces, no es suficiente con *no estar mal*, sino que hay que sentirse bien durante más tiempo. Ahora, eso sí, que quede una vez más superclaro: no me refiero solo a emociones *bellas* o placenteras, como la alegría, el placer o la calma. Reprimir, suprimir la expresión o evitar a toda costa dejarse atravesar por emociones *menos bellas,* como la tristeza o la ira, también puede causar enfermedades y riesgos en la salud, sobre todo si se prolonga esa suerte de negación en el tiempo, como vimos en el capítulo de la autorregulación emocional al estudiar la diferencia entre *suprimir la expresión de una emoción* y *reinterpretar la situación.* Te recuerdo, como plantean Seligman y muchos otros, que sentir placer en lo que uno hace, estar comprometido con uno, con alguien, con algo, y tener un sentido o propósito claro multiplica las posibilidades de que lleves una vida con mayor bienestar. Sin embargo, cuando se trata de tu lado emocional, buscar y seguir el camino hacia la felicidad es quizá el modo menos seguro para encontrarla.

Felicidad en tu cerebro

El neurocientífico Richard Davidson, conocido entre otras cosas por haber estudiado el cerebro feliz y contemplativo de los monjes budistas, asegura que **la felicidad es un estado cerebral**.

Según datos de numerosos estudios realizados con monjes, este estado cerebral es algo que puedes alcanzar voluntariamente. En el caso de estos últimos, a través de la meditación. Davidson ha demostrado que las personas que practican la meditación con cierta regularidad presentan de forma permanente mayor actividad en la corteza prefrontal izquierda. Esta es una región del cerebro asociada a las emociones positivas, al bienestar y a una gran capacidad para soportar el estrés. Lo bueno de estos datos, que cada vez tienen más evidencia científica de variados autores, es que no hace falta ser un monje budista para sintonizar *tus neuronas con la felicidad*. Unas ocho semanas de práctica con cortos períodos de meditación al día son suficientes para que los centros cerebrales del bienestar ganen la partida a los del mal humor. Eso sí, luego tienes que seguir meditando, para que estas regiones permanezcan activas. Es como ir al gimnasio.

Psicología positiva

Sin duda, la emoción más buscada y escurridiza de nuestra vida es la felicidad. Una de las más grandes mentiras de esta era moderna es que la felicidad está fuera. Es evidente que todos queremos ser felices, pero muy pocos coincidimos en la manera en la que pensamos lograrlo. Muchos ponen las condiciones de su felicidad en *cuando tenga dinero*, *si mi salud mejora*, *si encuentro mi pareja ideal*, *si entro en la facultad*, *si mi madre me pide perdón*... Actúan como si las causas de su felicidad estuvieran fuera y no dentro de ellos, como si dependiera de los demás. Algunos también la atribuyen a causas internas, algo puramente genético, como que hay personas felices y otras infelices. Otras piensan que van a tener felicidad en el futuro, que no se puede construir en el presente. Seguro que tú la estás buscando, pero se te escurre; puedes acercarte, pero no atraparla.

Ya Aristóteles reflexionaba sobre qué hacía feliz al ser humano. Pero la ciencia nunca se ocupó demasiado de estudiar la felicidad como lo hizo con la depresión o la enfermedad mental. En 1999 el ya mencionado doctor Seligman comenzó a estudiarla científicamente, y la llamó «psicología positiva». Según esta ciencia, tu felicidad es el resultado de tu herencia genética, las circunstancias y las acciones que decides tomar en la vida. Seligman propuso la siguiente fórmula: F = R + C + V. F es el nivel de felicidad en el tiempo, que resulta de sumar R, un rango base que cada uno trae, o sea, las características con las que naciste, más C, que son tus circunstancias, y V, que son las acciones que emprendes de manera voluntaria. Según los estudios de psicología positiva, tu rango base genético contribuye con el 50 % de tu nivel de felicidad. Las circunstancias —dónde vives, si estudias o trabajas, si tienes dinero o salud— solo contribuyen con el 10 %, mientras que lo que pertenece al dominio de tu voluntad —es decir, lo que decides hacer para construir tu felicidad— contribuye con el 40 %. Un montón.

Para esta disciplina es importante distinguir la felicidad momentánea, que puede conseguirse comiendo chocolate, por ejemplo, de la duradera, para la cual *no es suficiente con aumentar el número de emociones positivas.*

R: Tu *rango* fijo y personal de felicidad (50 %) es en gran parte heredado y funciona como un termostato al cual vuelves invariablemente. Es decir, aunque tengas mucha suerte durante un tiempo, regresas, pasada una época, a tu nivel base de felicidad. De la misma forma, después de una desgracia, afortunadamente, este termostato te ayudará a salir de esa desdicha y volver a tu «estado habitual de felicidad». Es decir, la variable R tiende a evitar que el nivel de felicidad aumente o disminuya.

C: Modificar las *circunstancias* (10 %) puede generar un nivel mayor de felicidad, pero cambiarlas puede ser difícil, poco práctico o costoso. Algunas circunstancias externas tienen un grado de incidencia mayor que otras sobre la felicidad. Por ejemplo, el dinero influye, pero mucho más la importancia que le das que cuánto dinero tienes. Parece que una relación de pareja estable tiene un efecto general positivo sobre tu nivel de felicidad. **Una vida social plena es una de las características de las personas más felices**. En la salud lo que importa es la percepción subjetiva de tu estado de salud.

V: Las *variables* (40 %), que tú puedes controlar, te pueden ayudar de forma duradera a vivir en un rango superior fijo de felicidad. Por ejemplo, sentir reinterpretando con tus pensamientos las circunstancias de tu vida, emociones como el optimismo, la esperanza, la fe, la confianza, la alegría, la tranquilidad, el placer, la fluidez, la satisfacción y el orgullo. También puedes **aumentar tu nivel de felicidad si dedicas tus esfuerzos a mejorar cosas como el interés por el mundo, el amor por el conocimiento, el valor y la valentía, la gratitud, la generosidad, el perdón y el sentido del humor**.

¿Qué piensa la biología acerca de la felicidad?

El estudio del cerebro humano y su comparación con el de otras especies ha permitido a las neurociencias abrir nuevos caminos para entender la felicidad. Explorando un poco la vida emocional de los animales encuentras más pistas para el viaje de tu felicidad que en todos los libros de autoayuda. Se pensaba que los animales no tienen ni emociones, ni inteligencia ni conciencia, únicamente comportamientos inducidos por recompensas o castigos impuestos por el entorno. Con excepción del neocórtex, la parte del cerebro que se desarrolló más tardíamente en los humanos, en la que tienen lugar los procesos de lo que asociamos con el pensamiento racional, es muy difícil distinguir a simple vista las diferencias anatómicas entre el cerebro de un perro y el tuyo. Compartes la estructura del cerebro reptiliano, responsable de las funciones básicas para la supervivencia, y la del paleomamífero, que se superpone al anterior y en el que se gestan tus emociones. Para la biología, si la felicidad es algo con lo que se nace o algo que se construye es una posición simplista que, en un extremo, limita la felicidad al equipamiento genético con el que vienes al mundo y, en el otro, asume que la felicidad depende solamente de los ambientes y las experiencias en los que te desarrollas. En realidad, para los biólogos la felicidad es más compleja que eso y, aunque la carga hereditaria tiene un papel trascendental, son muchos más los factores que entran en juego para configurar lo que podría llamarse la fórmula de la felicidad biológica, que sería algo así: la felicidad (F) es igual a las emociones, que son producto de la suma del mantenimiento de tu energía para una vida adecuada (M), tu búsqueda voluntaria de la felicidad (B) y las relaciones personales positivas (RP) dividida —o sea, los obstáculos de la felicidad— entre los factores reductores (FR), como el miedo, más la carga heredada (CH), que no solo es tu genética, sino también las cargas culturales.

M: Cuando en biología hablamos de *mantenimiento* (M) se trata de elegir qué parte de tus recursos limitados inviertes en acciones que garanticen la perpetuación de la especie y qué parte dedicas al puro mantenimiento de tu organismo, es decir, a conservarte vivo y saludable. En la carrera evolutiva, todo error en esta elección se paga con la extinción de la especie. En el reino animal, si los riesgos a los que se enfrenta un individuo son altos, invertirá menos en mantenimiento y más en reproducción, mientras que, si son bajos, hará lo contrario.

Nosotros, los humanos, tenemos un sistema reproductivo tremendamente ineficaz y, por eso, muy caro. Además de buscar pareja, a veces enfrentándonos unos con otros, tenemos que lidiar con unos breves períodos de fertilidad femenina, unos procesos de gestación muy prolongados y el hecho de que los bebés no nacen preparados para vivir de forma autónoma y transitan una infancia larguísima que demanda un exigente cuidado. Como especie vivimos durante miles de siglos una vida efímera, con un bajo presupuesto dedicado al mantenimiento o, dicho de otra forma, con poca energía destinada al bienestar y la felicidad. Por esto nuestra especie no solía superar los treinta años. En menos de doscientos años, la esperanza de vida en los países desarrollados se ha triplicado. Se trata del acontecimiento más trascendente de toda nuestra historia evolutiva. Ya cumplida la función reproductora, hoy cuentas con energías libres y recursos abundantes para invertirlos en tu mantenimiento personal: tu bienestar.

B: Para definir el elemento que sigue en la ecuación, *búsqueda*, debemos entender el hipotálamo. Allí se encuentra lo que los científicos llaman el *circuito de la búsqueda*, un mecanismo del cerebro que pone en alerta las áreas del placer y la felicidad. **Es en la búsqueda y en la expectativa donde encuentras la mayor parte de la felicidad**. Chorros de dopamina se derraman por el cerebro con la simple expectativa del placer, aun cuando este luego no se materialice. La dopamina está más relacionada con el deseo, con la anticipación, que con el placer en sí mismo.

RP: Las *relaciones personales* son el único factor que ha pasado por el filtro de la evidencia científica que, aun siendo exterior a ti, resulta determinante en tus índices de felicidad.

La incidencia de tu **trabajo**, salvo situaciones extremas, en tus niveles de felicidad es mucho menor de lo que se piensa. En lo que respecta a la **salud**, son abundantes los experimentos que demuestran que solo las enfermedades particularmente graves tienen un efecto directo en las tasas de felicidad. En la **familia**, se suele creer que los niños son la alegría de la vida, pero las investigaciones han encontrado que cuidarlos no resulta, por lo general, una fuente de placer, y su incidencia en los niveles de felicidad se inclina más hacia la baja que hacia el alza. El **divorcio** no reduce síntomas de depresión ni mejora la autoestima; de hecho, únicamente la mitad de los divorciados dicen ser felices cinco años después de la separación, mientras que dos tercios de quienes logran soportar una fuerte crisis matrimonial expresan ser felices después del mismo intervalo. El **dinero** por debajo de los niveles de ingresos mínimos para sobrevivir compromete la felicidad, pero por encima de ellos su incidencia es muy limitada, nula o se mueve incluso en sentido contrario. Cuanto más se tiene, más se quiere tener, y al aumentar los ingresos reales aumentan también los que la persona estima necesarios para ser feliz. Además, la ampliación en la gama de elecciones que se produce con el aumento del poder adquisitivo genera mayores ansiedades a la hora de escoger y frustraciones después de haber elegido. Sin embargo, las **formas de interacción social** sí impactan en tu felicidad. En efecto las relaciones provechosas con los demás y la existencia de formas de interdependencia positiva no solo son fuentes invaluables de conocimiento, sino uno de los factores clave para tu propia felicidad.

FR: Los *factores reductores* son parte de tus obstáculos a la felicidad. La **depresión** es el símbolo más emblemático de la infelicidad. Pero el **miedo** ocupa un lugar privilegiado, por ejemplo, por la sensación de no tener el control de tus circunstancias. Los seres humanos poseemos una capacidad ligeramente mayor que otras especies para gestionar el miedo, lo cual, al parecer, obedece a cierto desarrollo del córtex prefrontal. Aun así, *el factor que ejerce la mayor influencia negativa sobre tus índices de felicidad es el miedo.* Otro factor reductor es el poder que tiene tu mente consciente sobre procesos automatizables. *Cuando automatizas un proceso de tu vida, te libera tiempo y energía que puedes invertir en otras acciones.* Es decir, la interferencia de tus decisiones conscientes en los procesos automatizados o automatizables puede generar grandes costes en tu felicidad. Esto quiere decir que cuando sabes que algo que te lleva tiempo y energía podría ser automatizado puede bajar tu felicidad. Un tercer factor reductor es la **incompatibilidad entre tus ideas y la realidad que te ofrece el mundo**. No es de extrañar que tu cerebro quiera alterar la realidad magnificando o subestimando hechos externos, y que, en consecuencia, desencadene respuestas emocionales y acciones poco ajustadas. No controlar los acontecimientos irrita sobremanera a tu cerebro. Para tener un control parcial o a veces total tienes que haber alcanzado ciertas competencias en la tarea que quieres controlar, poseer una autoestima suficiente para creerte capaz de dominar la situación, la capacidad de imaginar situaciones distintas y más felices, y una inclinación a buscar soluciones constantemente.

CH: Otro obstáculo para tu felicidad son las *cargas heredadas*. Al parecer, así como naces con una estatura heredada, también tienes preconfigurada una base para tus niveles de felicidad. Al igual que postula Seligman con su psicología positiva, los factores genéticos constituyen cerca de la mitad de las variables que determinan tus índices de felicidad para la biología. Dicho de otra forma, *tienes el control de la mitad de los factores determinantes de tu propia felicidad.* No son solamente de tipo biológico, sino que hay cargas sociales y culturales ante las cuales tu capacidad de acción es nula o muy pequeña. Por ejemplo, la persistencia de gobiernos corruptos y de sistemas no democráticos incide muy significativamente sobre los niveles de felicidad.

A diferencia de otras especies, a ti te basta con imaginar la amenaza para desencadenar un impacto idéntico al de una amenaza real y, en consecuencia, pasarlo muy mal. En efecto, somos los únicos capaces de sentirnos impotentes y desesperados por algo que está ocurriendo en el otro extremo del planeta o que ocurrirá dentro de varios años. Tu sistema de alerta puede ser muy útil para responder a amenazas inmediatas, pero es un verdadero desastre si lo usas para pensar «¿Cómo voy a pagar las facturas del próximo mes?». Se trata de estrés por situaciones imaginadas, un estado mental de anticipación que genera un estado emocional de emergencia continua y que, al ir repitiéndose, puede dañar el hipocampo del cerebro, especialmente las regiones asociadas a los procesos de memoria y aprendizaje.

Esta fórmula biológica de la felicidad enfatiza que los factores que inciden en ella son diversos, pero que muchos son susceptibles a tu control. Podría concluir diciéndote que **en tu viaje a la felicidad debes alejar el miedo, manifestado de muchas formas diferentes; potenciar las emociones, invertir tiempo y energía en tu propio bienestar; buscar actividades que te den placer, y establecer relaciones interpersonales positivas**.

Claramente, para la biología, durante nuestra evolución las ventajas de poseer emociones han sido superiores a las desventajas de carecer de ellas. Sin emociones, nuestra especie se habría extinguido hace ya muchísimo tiempo. Hoy en día, los avances de la neurociencia permiten afirmar que *si no tuvieses emociones no serías más inteligente que los demás, sino que lo serías en menor medida.* Tan contraproducente como no saber gestionar tus emociones es no tenerlas. Las emociones se alojan en el cerebro más primitivo, estructura cerebral que compartes con reptiles y mamíferos y que pertenece a nuestra especie desde mucho antes —más de 200 millones de años— de que se desarrollara la región asociada al pensamiento lógico o racional, el ya nombrado córtex prefrontal. Las emociones tienen presencia en todos los procesos que llevas adelante y están tanto en la fase inicial como al terminar. Si tu proyecto se centra solo en el cumplimiento estricto de intereses materiales y personales a corto plazo, pero no tiene un elemento trascendente —emocional—, está condenado al fracaso.

Según el científico Dylan Evans, todas las decisiones son emocionales. Para él, en el inicio hay una emoción y luego se lleva a cabo un proceso de cálculo racional para ponderar la información disponible, pero, como son tantos los argumentos y la información que tienes, la lógica de la razón no acabaría jamás de exponerse. Por eso las emociones entran en juego de nuevo. Es tal la complejidad de evaluar correctamente en una galaxia de datos que las emociones te permiten inclinar la balanza y decidir. Sin emociones, nunca tomarías decisiones. Por eso la inteligencia artificial explora la posibilidad de crear un robot con emociones, para que pueda tomar decisiones en igualdad de condiciones que tú y yo.

Las emociones determinan igualmente tu memoria y, por ende, tus respuestas emocionales ante las cosas nuevas que te suceden. En realidad, más que tu recuerdo, es un elaborado proceso a partir de un dato real o inventado. Como tu cerebro es el escenario permanente de cambios estructurales en las neuronas o sus conexiones, la única alternativa que te queda para conservar información es reconstruirla permanentemente. Así, aunque muchos recuerdos te parecen frescos y vívidos, en realidad no son más que el recuerdo modificado de otro recuerdo. Para que tu memoria exista a pesar de los permanentes cambios, lo que se almacena no son bits de información, sino que tu mente se relaciona directamente con el significado. En consecuencia, cada vez que reavives un recuerdo, se reconstruye biológicamente. En efecto, puedes tener recuerdos muy certeros de acontecimientos que realmente no viviste, porque cuando rememoras algo en realidad estás volviendo a recordar. De este material muchas veces fantasioso y poco consciente depende, en gran medida, tu posibilidad de ser feliz desde el punto de vista de la biología del cerebro.

La felicidad, entonces, no tiene que ver con tener cosas —eso sería algo así como el «bientener»—, sino con el bienestar, es decir, la sensación interna de estar bien contigo mismo, independientemente de cómo sean tus circunstancias externas. La felicidad es ausencia de sufrimiento, y para que esto ocurra, al menos en algunas dosis interesantes, *lo que lo cambia todo es la aceptación*. Aceptarte nace de tu comprensión acerca de por qué eres como eres, por qué los demás son como son y por qué el mundo es como es. Aquello que no seas capaz de aceptar será tu más grande causa de sufrimiento. Ojo, aceptar no es resignarse ni ser indiferente. Tampoco es tolerar ni estar de acuerdo. Y mucho menos es un acto de debilidad. Espero estar convenciéndote de que, cuanto más te conozcas, más y mejor te podrás transformar. Y cuando tú cambias, todo cambia. Aprender sobre tus emociones y las de los demás muchas veces te va a enfrentar con tus propias creencias y formas de pensar, sentir e interactuar. Verás que lo que impactará en tu bienestar o malestar es mucho más tu actitud frente a lo que te sucede que las experiencias que vas viviendo. Por suerte, te vas a equivocar y seguirás equivocándote, ya que es gracias a los errores y a que sabes que estás fallando que puedes aprender para hacerlo mejor. **Tus errores son tus aliados para que puedas vivir lo más sabiamente posible**. Ahora estás aprendiendo sobre tus emociones y cómo gestionarlas, y, como ves, no es un aprendizaje lineal. Es normal que sientas que a veces das dos o tres pasos adelante y uno atrás, o incluso que te caes. Lo importante es que te levantes confiado de que con serenidad y poco a poco, ganando más autoestima, vas a lograr un mayor bienestar. En esto consiste que evoluciones como persona. **No hay nadie ni nada que te enseñe mejor que tus propias experiencias y circunstancias**. Para mí este es un camino sin llegada, un viaje sin días libres ni vacaciones.

La culpa *no* es de los padres

Si eres como la mayoría de las personas (me incluyo), es muy común que de tanto en tanto culpes o responsabilices a tus padres de tu no bienestar. Te aseguro que, **hasta que no te liberes emocionalmente de tus padres, no vas a estar verdaderamente en paz contigo mismo.** Por más «adulto» que te consideres, seguro que te quedan heridas originadas en tu infancia. Para liberarte de todo esto es fundamental **un trabajo de autoconocimiento**, para **dejar de culpar a tus padres de tu sufrimiento y asumir tu parte de responsabilidad**. Como vimos, la mayoría de tus molestias no se encuentran en lo que te pasa, sino en lo que interpretas acerca de lo que te pasa. Intentar cambiar a tus padres es un signo de inmadurez. Por eso te frustras cuando *no cumplen* tus expectativas ni son como a ti te gustaría que fueran. Como tampoco la felicidad de ellos depende de ti. Principalmente porque nadie hace feliz a nadie. Es muy difícil, por no decir imposible, que tus padres —u otras personas— te quieran si no saben quererse a sí mismos. Ellos, como tú, también son seres humanos llenos de miedos, frustraciones y complejos.

Quizá no tuviste los padres que querías, pero siempre puedes reinterpretar tu historia comprendiendo que una cosa es lo que sucedió y otra muy distinta lo que hiciste con ello en forma de interpretaciones.

Pero el amor es más fuerte

En biología solemos distinguir entre la *experiencia del amor* y las relaciones amorosas. Hay muchos más estudios sobre la primera, es decir, los estados momentáneos de amor, y no tantos sobre los relacionados con las largas relaciones sociales que son nutridas, entre otras cosas, del *amor como emoción*. Estas experiencias son sentidas *hacia* y *con* personas específicas —tu madre, tu novio, tu hijo, tu amigo, tu amante—, por lo que están contextualizadas por las relaciones interpersonales de esas conexiones. Muchos autores señalan que el amor no es un momento ni una instancia únicos de emoción, sino que viene en múltiples formas; por ejemplo, algunos con más bajo perfil y tibios o suaves, mientras que otros están llenos de energía y alegría. Como definía el doctor Arthur Rempel, «el amor parece ser reflejado por múltiples emociones en lugar de ser una emoción distintiva». En un estudio conducido por la doctora Phoebe Ellsworth, donde examinaba catorce emociones placenteras, el amor fue catalogado como la menos entendida o diferenciada de las demás. Otros autores argumentan que el amor no es *per se* una emoción, sino la experiencia de otras muchas emociones positivas que se sienten en el contexto de una relación segura y, la mayoría de las veces, cercana con alguien. Barbara Fredrickson, experta en la biología del amor, describió que al principio de una relación sostenida por una atracción tú estás profundamente *interesado* solo en esa relación y en lo que esa persona dice y hace. Compartes *alegrías* y te ríes con ella, muchas veces como resultado de darse cuenta de que *estáis* juntos. Al ir construyéndose esa relación, y quizá ya superadas tus expectativas, sientes una gran *felicidad*. Empiezas a compartir tu *esperanza* y tus sueños de un futuro juntos. Cuando se va solidificando esa relación, te relajas en una *cómoda* serenidad que proviene de la seguridad de un amor mutuo —*aquí me quedo*—. Te sientes *agradecido* por las alegrías que tu ser querido trae a tu vida y *orgulloso* de sus logros, como si fueran tuyos. Te *inspiras* en sus cualidades y quizá te *asombras* de cómo el universo os unió.

Algunos avances en estudios con imágenes cerebrales empiezan a distinguir la correlación neuronal entre amor romántico y amor de compañerismo. Además de estos dos «tipos de amor», se suman a la lista el amor compasivo y el amor del apego. Los cuatro tipos de amor estudiados comparten tu inversión en el bienestar del otro para su propio beneficio. *Si eso lo haces bien, mal o de manera más o menos saludable es otro tema.* Esta *inversión* es una cualidad necesaria y esencial del amor humano. Por ende, en su definición siempre aparece que el amor es una *clara orientación de cariño hacia otra persona.*

¿Quieres entender por qué tu relación fracasó o va a fracasar? La mayoría de los estudios con parejas subrayan que el amor no es un fenómeno unidireccional que concierne a los sentimientos de una persona hacia otra, sino una transacción bidireccional en la cual cómo una persona *percibe* los sentimientos que tiene su pareja sobre ella es vital para la aparición de la intimidad. Las respuestas a estas percepciones son consecuencia de un amplio rango de intercambio de emociones. Por ejemplo, si *muestras gratitud* a tu pareja, la forma en que esta *percibe ese agradecimiento* puede determinar con bastante certeza el futuro bienestar de tu relación y cuánto durará. Un estudio en Estados Unidos mostró que apoyar emocionalmente a tu pareja se asocia con un aumento del riesgo de mortalidad para aquellos que dicen que ella no responde emocionalmente a ese apoyo.

Quiero compartir también un concepto que me gusta mucho, que es el de *conexiones de alta calidad* (del inglés HQC, *high-quality connections*). Estas son conexiones positivas a corto plazo donde la experiencia es muy alentadora o animada y se perciben bidireccionalmente (es decir, es mutuo). Por ejemplo, la relación que tienes con el camarero que te prepara el café todas las mañanas. Pero también pueden ser parte de encuentros con relaciones que tienes a largo plazo. Otro concepto relacionado con el amor es el *rapport*, que sería algo así como el *enten-*

dimiento que tienes con el otro. También son emociones y conexiones positivas que aparecen entre personas que suelen decir que hubo un *clic* o que tienen *química*. No necesariamente tiene que ver con el deseo sexual. Según la ciencia, para que esto surja debe existir al menos una respuesta bidireccional donde primen la positividad, la atención y la coordinación. A diferencia del amor, en el *rapport* puede no haber intimidad ni historia entre esas dos personas.

Un prerrequisito o primera condición para el amor es la percepción de seguridad. Si evalúas a una persona o circunstancia como peligrosa, es altamente improbable que puedas compartir experiencias positivas con ella. El segundo requisito es la conexión sensorial, es decir, la conexión física que ocurre en tiempo real. Necesita de la presencia de los dos cuerpos a través del tacto, la voz, las posturas sincronizadas, los gestos o las expresiones faciales. Sin embargo, el modo central de conexión sensorial con alguien se da a través del contacto con la mirada. Entonces, qué tal si te defino el amor como **micromomentos de resonancia positiva**. Esto sería la consecuencia de sentir *todas* las emociones positivas. Para mí, el amor no es una emoción *per se*. **Es un fenómeno momentáneo a través del cual sientes y te haces parte de algo mucho más grande que tú mismo**. Por eso el sentido de la vida probablemente no surja del utópico y nada realista ideal del «felices para siempre», sino, como definió el historiador del arte Nicolas Bourriaud, de compartir momentos positivos en las «microutopías del día a día».

Sin embargo, ¿a quién no le ha *dolido* el amor? Estudiemos el dolor emocional y el físico. ¿Son lo mismo?

EJERCICIO. Los cinco elementos

Enumera al menos cinco emociones positivas o placenteras que hayas sentido en el último mes. Al lado de cada una de ellas recuerda qué sucedió y en qué estabas pensando. Piensa en si estás en algún proyecto o tarea que te haga sentir plenamente involucrado. O en alguno que te gustaría estar. ¿Cuáles son las cinco mejores relaciones interpersonales que tienes? ¿Por qué? ¿Qué te dan y qué das a cambio? ¿Estás sirviendo a alguna causa que consideres que le da más sentido a tu vida? ¿Hay alguna a la que te gustaría servir? ¿Cuáles fueron los últimos tres logros que necesitaron realmente de un esfuerzo por tu parte?

....

....

....

....

....

EJERCICIO. Cinco personas

Escribe una lista de cinco personas y di cómo crees que ellas te describirían en una frase.

Ahora pídeles que te describan en una frase.

....

....

....

....

....

EJERCICIO. La música que no te gusta

Escucha un álbum o recopilación de música que definitivamente no te gusta, pero préstale atención. ¿Cuál fue tu canción favorita? ¿Cuáles son los tres temas centrales de ese álbum? ¿Cuántas de esas canciones crees que están basadas en algo real? ¿Qué letra resonó en ti? ¿Cómo te sentiste escuchando ese álbum? ¿Qué piensas que siente el artista?

EJERCICIO. Me hace feliz

Escribe una lista de las cosas que crees que te harían feliz. Ahora escribe las cosas que te hacen feliz.

....

....

....

....

....

EJERCICIO. Desconectado

Pasa un día (24 horas) sin internet, wifi o datos. Escribe qué te sucedió.

....

....

....

....

....

....

EJERCICIO. Aumenta la dosis de gratitud y positividad

Adquiere el hábito de identificar cuando sientes gratitud o algún sentimiento positivo hacia ti mismo y otros. Cada día, encuentra tres nuevas razones. Puedes llevar un registro, y también asegúrate de que expresas esa gratitud a los demás.

EJERCICIO. El poder del abrazo

Este es un simple desafío. Te propongo abrazar a alguien *hoy*. Durante el abrazo, estate atento y respira durante el contacto. ¿Qué emociones aparecieron?

EJERCICIO. El granito de arena

Tómate unos minutos para pensar y responder la siguiente pregunta: ¿cuál sería una acción pequeña que podrías hacer (o no hacer) hoy para sentirte sano con tu cuerpo? Es importante que escribas la respuesta.

EJERCICIO. Las 25

Escribe una lista de las cinco personas con quienes más pasas tiempo en tu vida, las más importantes y frecuentes. Después, describe las cinco emociones que más describen a cada una de esas cinco personas; vas a tener las veinticinco palabras que influyen en tu vida hoy. Si quieres ir más lejos, describe al lado de cada una de estas veinticinco palabras (puede haber repetidas; las pones una vez) cómo las percibes en tu vida, cuánto de eso hay en un día común de tu vida.

....

....

....

....

....

EJERCICIO. Apreciarte

Piensa en una cosa que realmente aprecias de tu trabajo. Realiza tres respiraciones profundas pensando en ello. Piensa en una cosa que los demás deberían apreciar de ti. Haz tres respiraciones profundas pensando en ello.

EJERCICIO. Una pista en la mente

Elige una de tus canciones favoritas. Selecciona un instrumento o algo específico de la canción para enfocarte y deposita allí toda tu atención a lo largo de la canción. ¿Cómo te sientes ahora?

EJERCICIO. Música presente

Escucha una de tus canciones preferidas. Al hacerlo, solo presta atención a todos los pensamientos, recuerdos, emociones y sensaciones que asoman mientras dura la atención.

EJERCICIO. Priorizarte

Piensa en algunas actividades que te hacen sentir bien. Categorízalas según los siguientes criterios: 1) puedo hacerlas hoy, 2) puedo hacerlas esta semana o 3) puedo hacerlas este mes. Haz al menos una de ellas hoy, esta semana y este mes.

....

....

....

....

....

EJERCICIO. Soltar

Piensa en eso a lo que te sigues aferrando y que sería mejor dejarlo donde está.

EJERCICIO. A mamá

Escribe una carta a tu madre y dile cómo te sientes en este momento.

EJERCICIO. Felicidad

Haz una lista con diez cosas que te hacen feliz.

....

....

....

....

....

....

....

....

....

EJERCICIO. Gratitud

Trae a tu cabeza algo por lo que sientes gratitud. En silencio, retén esta imagen en tu mente. Repítelo otra vez. Escribe aquí qué era y cómo te sientes.

....

....

....

....

....

EJERCICIO. Amor

Cada relación romántica nos enseña algo que queremos o necesitamos de una pareja. ¿Qué aprendiste hasta ahora?

15

Dolor emocional

Creador innecesario

¿Sabías que eres el creador de muchísimo dolor innecesario en tu vida? **Cada vez que te quedas atrapado por un pensamiento, o aferrado a un estado emocional, sufres**. Un ejemplo claro de esto es cómo reaccionas al dolor físico. Seguro que cuando sientes dolor físico tu primera reacción es interpretarlo. Si lo haces, muy probablemente generas uno o varios pensamientos negativos. Si te identificas con esos pensamientos, como vimos en el capítulo «¿En qué estás pensando, Willis?», creas *sufrimiento mental*. Es decir, además de que te duele algo en el cuerpo, ahora, dada tu interpretación e identificación posterior con eso que piensas, lo pasas peor; por ejemplo, si eres de los que acostumbran a pensar, como me pasaba a mí con las migrañas: «¿Y qué pasa si ese dolor no se va nunca?». Otras interpretaciones comunes: «¿Y si empeora el dolor?», «¿Y si me tienen que operar?», «No tengo dinero, ¿cómo pagaría un buen médico?», «¿Y si no puedo jugar más al fútbol por esto?», «¿Y si no puedo ir a trabajar mañana? Tengo un proyecto importante que terminar», «Con este dolor hoy va a ser un día muy muy difícil».

Este sufrimiento mental, además de que te hace pasarlo mal, o peor, consume muchísima energía de tu cerebro y te quedas agotado y sin recursos para pensar o establecer estrategias para buscar soluciones a lo que te está sucediendo. Hasta me atrevo a decir a estas alturas de *En el limbo* que, para muchas personas, su enorme cansancio al final del día tiene que ver más con lo que estuvieron pensando en lugar de con lo que estuvieron haciendo. *¿Eres de los que están todo el tiempo quejándose del pasado o preocupándose sin cesar por el futuro?* **Esto genera sufrimiento.** *¿Repites tus pensamientos girando en círculo y creando problemas en tu mente? ¿Eres adicto a tus problemas? ¿Acostumbras a quejarte y culpar a los demás, ser la víctima?* **Tienes que dejar de interpretar lo que sientes como algo negativo, lo cual te quita fuerza y poder sobre tu propia vida.**

Como vimos, tu cerebro está básicamente diseñado para sobrevivir y, en segundo lugar, dada su evolución, lo que más le importa después de sobrevivir es tener razón. Si miras para atrás en tu vida quizá puedas encontrar momentos donde querías tanto tener razón que te olvidaste, no pudiste o no te importó ser feliz. Con el diario del lunes es probable que te cuestiones si valió la pena. Te lo digo una vez más: muchas veces no se puede tener razón y ser feliz. Está en ti elegir qué prefieres para cada circunstancia de tu vida. Si no eliges tú, va a elegir tu cerebro, y tenderá a elegir tener razón. ¡Cuántas parejas, familias o amigos se han dividido o distanciado por el solo hecho de batallar por quién tiene razón! En efecto, ya sabes que el rol principal de tu cerebro no es que seas feliz.

Tu cerebro se adapta rapidísimo a las situaciones nuevas, lo cual es quizá el resultado de la evolución y la necesidad de ajustarse continuamente para poder sobrevivir y reproducirse. Por este motivo, tu nuevo coche o teléfono te hacen feliz tan solo durante un rato. Una vez que la excitación de lo nuevo pasó, vas a desear otra cosa diferente y/o nueva. Esto se conoce como *adaptación hedónica*. En varios estudios que analizaron a ganadores de la lotería y a personas que se habían quedado parapléjicas se comprobó que un año después del evento ambos grupos eran igual de felices —o infelices— que antes de que este sucediera. Si eres de los que crees que vas a ser feliz «cuando lo consigas», te aseguro que estás equivocado. Como vimos en el capítulo anterior, a medio y largo plazo los eventos externos poco tienen que ver con tus niveles de felicidad.

Volvamos a la supervivencia. Estoy seguro de que, a diferencia de tus ancestros, tú no estás cada día en una situación real de vida o muerte. ¡Por suerte! Sin embargo, tus mecanismos cerebrales de supervivencia no han cambiado mucho. Podríamos decir que hay partes de tu cerebro que ya quedaron obsoletas. A pesar de que no estás a segundos de ser devorado por un tigre, tu cerebro sigue prestándoles más atención e importancia a los eventos negativos o amenazantes que a los positivos o de recompensa.

Si hablamos de emociones y dolor, el miedo es una de las principales emociones del ser humano y nos ha permitido sobrevivir en el planeta. El temor a ser rechazado es un claro ejemplo de cómo tu cerebro está sesgado hacia la negatividad. Si en el pasado eras rechazado por tu tribu, se reducían mucho las probabilidades de que sobrevivieras. Por eso aprendiste a estar superatento a cualquier señal de rechazo, y esto ha sido cableado en tu cerebro, o sea, incorporado de manera no consciente. Se convierte en un hábito. Y, por el mismo motivo, cuando te rechazan duele tanto. Mientras que la mayoría de los rechazos no son tan graves, tú sientes ese gran dolor emocional. Y si encima empiezas a rumiar tus pensamientos hay muchas posibilidades de que te creas que no vales o que no mereces que te quieran. Esto puede durar días, semanas, e incluso un rechazo puede llevarte a la depresión.

Rechazado

La doctora Naomi Eisenberger investigó qué pasaba en el cerebro cuando la gente se sentía rechazada. Utilizó voluntarios que jugaban en un ordenador a un juego, Cyberball, mientras se les examinaba el cerebro con un equipo de resonancia magnética nuclear. En el experimento los participantes pensaban que estaban jugando a la pelota con otras dos personas; veían un avatar que los representaba a ellos y otros dos que personificaban a sus compañeros. Después de jugar un rato a atrapar la pelota, dejaban de recibirla y los otros dos supuestos jugadores solo se la arrojaban entre ellos. Aun después de enterarse de que no participaba ningún otro humano, los participantes dijeron haberse *sentido enfadados*, *humillados* o *juzgados*. Lo más interesante, además de sus declaraciones de cómo se sentían, es que estas reacciones se reflejaban, al ser excluidos, en una mayor actividad en la porción dorsal del cingulado anterior, región involucrada en el componente de *sufrimiento*. En síntesis, **la sensación de exclusión o dolor emocional provoca el mismo tipo de actividad en el cerebro que la que causa un dolor físico**.

La hipótesis es que al evolucionar creamos un vínculo en el cerebro entre la conexión social y el malestar físico, ya que para los humanos estar socialmente conectado con quienes lo cuidaban era necesario para una mejor supervivencia. Este es un hallazgo con gran impacto en tu vida cotidiana o en cualquier sistema social. Si te sientes, por ejemplo, traicionado o poco reconocido en tu trabajo, familia o pareja, experimentas la situación como un doloroso golpe en la cabeza. La mayoría aprende a racionalizar o a moderar estas reacciones sociales: «Me lo aguanto». Pero, atención, esto limita tu participación y tu compromiso con ese trabajo, familia o pareja.

Sin embargo, además del miedo al rechazo, hay otros factores sociales que pueden causarte dolor emocional. Por ejemplo, cuando encuentras algo inesperado —una sombra que aparece al mirar de reojo, o un nuevo compañero que se muda a la oficina de al lado—, se activa tu sistema de emociones. Mientras tratas de averiguar, casi siempre de manera inconsciente, si esa nueva entidad representa una oportunidad de recompensa o un potencial peligro, se activan neuronas y se liberan hormonas. Si esa percepción transmite peligro, tu respuesta será evadirla o huir. Dada tu tendencia a estar más atento a lo negativo en situaciones sociales, cuando se te activa la respuesta a una amenaza esta tiende a ser más intensa y duradera que la de recompensa. La información recolectada a través de mediciones de la actividad cerebral sugiere que **las mismas respuestas neuronales que te guían hacia la comida o te alejan de depredadores se activan por tu percepción de la manera en que consideras que eres tratado por los demás**. Muchos estudios recientes muestran que el cerebro equipara las necesidades sociales con la supervivencia. Tener hambre o sentirte aislado activa una respuesta neuronal similar. Claro está que una respuesta de amenaza es mentalmente exigente y fatal para la productividad, ya que esta respuesta, como toda área del cerebro, consume oxígeno y glucosa que extrae de otras partes del cerebro. O sea, en estas situaciones, piensas peor. Otra área perjudicada es la de tu memoria funcional, que procesa la nueva información y las ideas. Esto disminuye tu pensamiento analítico, tu creatividad y la resolución de problemas. O sea, si alguien activa tu respuesta de amenaza, tu cerebro se vuelve mucho menos eficiente. Pero también funciona a la inversa: si alguien procura que te sientas bien, comunica con claridad sus expectativas, te brinda libertad de acción y te trata de forma justa, se te activa una respuesta de recompensa. Te vuelves más eficaz, más abierto a las ideas y más creativo. Empiezas a percibir información que no adviertes cuando tu miedo o tu resentimiento te dificultaban la tarea de concentrar la atención. Hoy sabemos que hay al menos cinco cualidades sociales o emocionales que te permiten minimizar la respuesta de amenaza y habilitan tu respuesta de recompensa. Estas son: *estatus, certezas, autonomía, colaboración y justicia.*

Estatus. Sin que te des cuenta, vives evaluando el modo en que tus encuentros sociales mejoran o empeoran tu estatus. El doctor Hidehiko Takahashi demostró que, cuando crees que la comparación con otro no te favorece, aparece tu respuesta de amenaza, liberas cortisol y otras hormonas relacionadas con el estrés, al igual que cuando te privas de dormir bien o con la ansiedad crónica. El investigador Michael Marmot mostró la correlación que existe entre el estatus alto, la longevidad y la salud humana. Es decir, estás biológicamente programado para preocuparte por tu estatus porque favorece tu supervivencia. La percepción de estatus aumenta, o sea, sientes placer y piensas mejor, cuando recibes un elogio. *¿A quién vas a elogiar hoy?* Empieza elogiándote a ti mismo.

Certezas. Cuando te encuentras ante una situación rutinaria, tu cerebro conserva la energía y se mantiene en una suerte de piloto automático; conexiones neuronales largamente establecidas operan como circuitos fijos y estables. Te limitas a actuar como ya lo hiciste otras veces. Pero en el momento en que tu cerebro registra una ambigüedad o una confusión emite una señal de error en el cingulado anterior. Esto activa la respuesta de amenaza y, como vimos, tu memoria disminuye. Como en general no eres consciente de que está ocurriendo, esto puede ser profundamente debilitante, porque requiere una energía neuronal suplementaria, lo cual disminuye aún más tu memoria, perjudica tu rendimiento y te distrae del presente. Una muy leve incertidumbre atrae tu interés y tu atención. Las situaciones nuevas y desafiantes crean una ligera respuesta de amenaza y aumentan tus niveles de adrenalina y dopamina apenas lo suficiente para despertar la curiosidad e infundir la energía necesaria para resolver problemas. Crear una percepción de certidumbre —creer que sabes— te permite trabajar más seguro y dedicado.

Autonomía. Por otro lado, mientras sientas que puedes tomar tus propias decisiones sin demasiada supervisión o control de otros, tu estrés estará mejor controlado. Presentarte opciones, o permitirte organizarte libremente tu propio trabajo, provoca una respuesta con menor estrés que si te imponen instrucciones y comportamientos rígidos.

Colaboración. Cooperar con los demás para que existan relaciones saludables, basadas en la confianza y la empatía, también disminuye tu dolor emocional y tu respuesta a la amenaza. La capacidad de sentir tales cosas frente a otro está moldeada en el cerebro por la percepción de que uno es parte del mismo grupo social. Puedes observar este patrón en los deportes, por ejemplo, cuando *odias* al equipo adversario. Cuando conoces a alguien, tu cerebro determina muy rápido si es amigo o adversario. Si lo percibe como alguien diferente, la información recorre caminos neuronales que se asocian con sensaciones de incomodidad, a diferencia de las vías neuronales que se activan por personas percibidas como semejantes a ti. La confianza y la empatía se desarrollan cuando tu cerebro empieza a reconocer a alguien como amigo. Una vez que estableces una conexión social más fuerte, cada vez que te encuentras con ese otro el cerebro segrega una hormona, que ya mencionamos, llamada oxitocina, vinculada con el afecto, la conducta maternal, la excitación sexual y la generosidad. Por el contrario, cuando te sientes excluido de una interacción social, se activa la respuesta de amenaza. La soledad y el aislamiento causan un estrés profundo.

Justicia. Por último, otro factor de dolor emocional es la percepción de inequidad o injusticia. Esto genera una fuerte respuesta de tu sistema emocional, promueve tu hostilidad y disminuye la confianza. Un estudio mostró que experimentar la equidad produce respuestas de recompensa similares a las que se producen cuando se come chocolate.

En definitiva, los nuevos hallazgos sobre tu cerebro emocional muestran que, si sufres un dolor emocional o social, como pelearte con un amigo, estar distanciado de algún familiar o tener problemas en el trabajo, se activan las mismas áreas cerebrales que cuando estás con dolor físico, como un dolor de estómago, de cabeza o un esguince de tobillo. Es decir, **para tu cerebro el dolor social es lo mismo que el dolor físico**. Es la explicación de por qué te «duele algo» cuando estás mal con tu jefe o tuviste una discusión con tu hijo. Este dolor es tan real como la fractura de tibia y peroné. Sin embargo, seguramente no tratas ni cuidas el dolor emocional como el dolor físico. ¡Tenlo en cuenta!

Otro factor importante es el sueño. Cómo y cuánto duermes afecta mucho al modo en que te sientes y a tu estado emocional. Si duermes poco es más difícil concentrarte, estás de mal humor y te cuesta mucho más relacionarte y enfrentar emociones no placenteras. Muchos estudios demuestran que la mayoría de las personas que sufren de ansiedad o depresión duermen menos de seis horas diarias. En 2016 un estudio europeo mostró que privarse de dormir entre siete y nueve horas aumenta un 13 % el riesgo de muerte. Además, dormir mal o poco reduce tu habilidad de disfrutar cuando estás atravesando experiencias positivas o placenteras.

Ojo, no estoy diciendo que el dolor *per se* sea algo malo. Muchos de nosotros escondemos el dolor, no nos queremos mostrar vulnerables. Sin embargo, **ser vulnerable es una cualidad propia**. Quizá seas, como fui yo durante mucho tiempo, de los que trata de evitar la vulnerabilidad. De los que creen que ser vulnerable es arriesgarse a que dejen de quererte, te hagan daño o estés más expuesto a críticas. O seas de los que ponen muros y te resguardas al máximo creándote una ilusión de tener cierta seguridad emocional. Sin embargo, bajar la guardia y sentirte vulnerable no es ser débil. Al revés; ser vulnerable es tener coraje, es ser honesto contigo mismo y hace que tus relaciones más importantes se fortalezcan, porque eres más auténtico. Es la piedra fundamental para una comunicación honesta y abierta. Si eres lo suficientemente valiente para ser vulnerable, quizá hasta puedas hablar por aquellos que no lo son. La vulnerabilidad te hace contar la historia que debe ser contada sobre ti.

A pesar de todo esto, *¿no sería bueno doblegar esta tendencia de supervivencia de tu cerebro hacia lo negativo?* Bien, uno de tus más grandes poderes es tu habilidad, que ya a estas alturas de *En el limbo* conoces, de usar tus pensamientos para reconstruir tu realidad y reinterpretar los eventos de tu vida de una forma que te deje en una mejor posición.

Como decía Buda, «ni tu peor enemigo puede hacerte tanto daño como tus propios pensamientos».

Los simuladores

Otra de las formas *fáciles* de impactar en tus estados emocionales es a través del cuerpo. Alterando tu lenguaje corporal y la postura de tu cuerpo puedes modificar el modo en que te sientes. En general, si estás confiado y feliz tu cuerpo se expande y te haces un poquito más grande. La experta en lenguaje corporal Amy Cuddy demostró que, cuando los participantes de un experimento adoptaban una posición física *de poder* durante dos minutos, se producían características hormonales similares a las de una persona fuerte y poderosa. Por ejemplo, después de adoptar esa posición física —brazos en alto abiertos, pecho arriba, vista al frente— aumentaba un 25 % la testosterona (fuerza), bajaba un 10 % el cortisol (estrés) y se incrementaba la tolerancia a asumir riesgos. Realizando la postura contraria, bajaba la testosterona un 10 % y la tolerancia a asumir riesgos, y aumentaba el cortisol un 15 %. Es lo que comúnmente llamamos en biología *fake it until you make it*: simúlalo hasta que te suceda de verdad.

¿Me va a doler?

Ahora bien, nadie, o casi nadie, quiere sentir dolor. Y cuando lo tienes te lo quieres quitar de encima lo antes posible. Esto se debe sencillamente a que el dolor no es placentero. *¿Te acuerdas de la definición de afecto?* Es la capacidad del cerebro de percibir mediante diferentes mensajes interoceptivos provenientes del cuerpo un gradiente que va de la calma total a la gran energía (activación o excitación absoluta) y otro gradiente que va desde el no placer o desagrado hasta el máximo placer. El dolor está en el extremo de este segundo gradiente interoceptivo, el displacer, lo desagradable. **Es justamente el hecho de que no sea agradable lo que hace al dolor eficiente y esencial en nuestra vida**. El dolor te protege, te alerta de los peligros, te hace moverte, pensar y comportarte diferente, lo cual también es vital para curarte. **La vida duele, o sea, el dolor es normal, y es la protección más importante que tienes**.

Existen muchos tipos de dolor, además del que ya vimos relacionado con lo emocional o social: por mordeduras, posturales, por esfuerzos o presiones, torceduras o sencillamente dolores de todos los días que pueden ser explicados por cambios en los tejidos. Cuando esto sucede, tu cerebro entiende que hay tejidos en peligro y que se necesitan ciertas acciones, incluidos comportamientos para favorecer la cura. Sin embargo, tú sabes que el dolor también puede ser una experiencia más compleja. Sentimos dolor en los duelos, la soledad o la enemistad. Nos duele de verdad cuando perdemos a un ser amado. Estos dolores cargados de emociones ayudan a los científicos a tener un panorama más general sobre el dolor. **Todo dolor** —en realidad, todas las experiencias— **involucra pensamientos y emociones**. Es interesante entender cómo y por qué las emociones, los pensamientos —tus creencias— y los comportamientos son importantes para la experiencia del dolor. Si te duele algo, no estás solo. Se calcula que un 20 % de las personas del mundo en cada momento tienen un dolor que ha persistido durante más de tres meses. Yo soy uno de esos. Muchas veces desafortunadamente y otras por fortuna, porque **el dolor enseña**. Es evidente que cuando persiste parece que estuviese arruinando tu vida y es difícil ver cómo podría servir para un buen propósito. Pero cuando se hace crónico y desagradable duele porque tu cerebro concluyó que, por una u otra razón, estás amenazado, en peligro y necesitas protección. Lo importante es entender por qué tu cerebro ha llegado a esa conclusión. En definitiva, lo que te sucede en los tejidos es solo una parte de la experiencia del dolor.

Los dolores más comunes del ser humano son los de cabeza y los lumbares. Sin embargo, expertos en dolores de espalda indican que el daño que existe en esos nervios o discos rara vez se relaciona con la intensidad de dolor que se siente. Muchos cambios en los tejidos son normales, forman parte de estar vivos, y no deberían producir dolor. Esto ocurre porque el cerebro no percibe estos cambios como peligrosos o amenazantes. Entonces, el dolor depende de diferentes factores, pero es siempre el cerebro el que decide cuándo algo duele o no, en el cien por cien de los casos, sin excepción.

En el mundo consumimos unas 40.000 toneladas de aspirina al año ¡y la forma de la droga tiene un efecto sobre el dolor! Un estudio del investigador L. W. Buckalew demostró que las cápsulas transparentes o las perlas de colores funcionan mejor que las cápsulas blancas, que a su vez funcionan mejor que las pastillas de colores, que a su vez funcionan mejor que las pastillas cuadradas a las que les falta la esquina o puntita, que a su vez funcionan mejor que las pastillas redondas. ¡Ver para creer!

También sabemos que **el dolor es contexto-dependiente**. Una torcedura de muñeca en un tenista es más dolorosa que en un corredor de maratón. Es obvio que esa torcedura en un tenista es más amenazante, ya que el tenis tiene un rol clave en la vida de ese profesional y en su identidad. Otros estudios divertidos mostraron que un estímulo doloroso duele más si te dicen que está caliente que si te dicen que está frío. Duele más si el estímulo viene acoplado a una luz roja que si viene con una luz azul. *Separar el dolor físico del emocional no ayuda, ya que el proceso cerebral para el dolor por tejido dañado o por angustia tiene muchas similitudes*. Es más, las señales importantes en estos dos dolores son las mismas. Las experiencias de dolor incluyen mayor o menor daño de tejidos, pero siempre tienen un contenido emocional que puede variar. Cuando estás de duelo por alguien o fuiste rechazado por la chica o el chico que te gusta, hay un alto contenido emocional. Si te torciste un pie y tu pareja rechaza o niega tu dolor, tu carga emocional y física será más fuerte, o sea, puede doler más. Es decir, para tratar de manera efectiva tu dolor es importante que identifiques señales del contexto. Estas señales pueden incluso iniciar experiencias de dolor.

Estoy convencido de que la falta de conocimiento y comprensión también puede iniciar dolores e incrementar el miedo, emoción muchas veces relacionada con el dolor.

Muchos estudios, como los de Johansson y su equipo, mostraron que, cuanto más sabe el paciente sobre el procedimiento quirúrgico al que se va a someter, e incluso tiene claro que luego le dolerá y que es normal, menos cantidad de analgésicos necesita después de la cirugía y menos tiempo se queda ingresado en el hospital.

Un dolor muy estudiado y que parece increíble pero que explica mucho del cerebro es el dolor por el miembro fantasma. Se presenta cuando a una persona le duele una parte del cuerpo que ya no tiene: piernas, brazos, incluso lengua, pene o mamas. Y si esa persona está estresada, duele más. Estos dolores ayudan a explicar los mapas virtuales que tiene el cerebro sobre cada una de las partes del cuerpo. O sea que, a pesar de que te falte, por ejemplo, una pierna, esa pierna virtual y su relación con el resto del cuerpo sigue representada en tu cerebro. El equipo del doctor Melzack estudió incluso que personas que nacían sin alguno de sus miembros también sufrían dolor por miembros fantasma, lo que nos dice que ese mapa virtual del cuerpo está representado en tu cerebro desde que naces y que a medida que creces y haces más cosas se va reconstruyendo y refinando.

Alarma... conectada

Miles de años de evolución te permitieron disponer de un sistema sensorial que está constantemente detectando incluso pequeñísimos cambios en tu cuerpo y comunicándoselo a tu cerebro. Muchas veces este responde a esos cambios sin que te des cuenta. No llegan a la consciencia. Un componente crucial de esta estructura es el **sistema de alarma por peligro**, un sofisticado mecanismo que detecta cambios que son lo suficientemente peligrosos. Es el que le advierte al cerebro, el que le dice cuándo tu cuerpo está en peligro. Le informa sobre la cantidad y la naturaleza del peligro, si se trata de una torsión, quemadura o pinchazo. Su centro operativo está en el cerebro, pero también posees subcentros ubicados en lugares razonablemente seguros, al lado de la columna vertebral. A través del sistema nervioso que recorre todo tu cuerpo existen millones de sensores que reportan permanentemente la actividad en el área. Están anclados en las paredes de las neuronas y les pasan información sobre lo que sucede. Hay sensores especializados en fuerzas mecánicas (como pinchazos o presiones), en cambios de temperatura, y en cambios químicos internos (fluidos, químicos liberados por las células) o externos (alérgenos, irritaciones). Muchos de estos sensores, sobre todo los que responden a cambios químicos, están en el cerebro y **pueden ser encendidos, por ejemplo, por toda clase de pensamientos**. ¡Esto demuestra que la forma y el contenido de tus pensamientos pueden causarte dolor!

La vida de los sensores es corta, de solo unos días, y luego son reemplazados por sensores nuevos, es decir, que tu sensibilidad está en cambio continuo. O sea que, si eres como yo, un sufriente de dolor crónico, todavía hay esperanzas; tus niveles de sensibilidad no son fijos.

¿Cómo funciona esto? Si te tuerces el tobillo, los sensores mecánicos del pie se abren y envían señales a través de los subcentros hasta el centro operativo del cerebro. La anestesia, por ejemplo, cierra los sensores para que no sientas el dolor producido por los estímulos mecánicos que se generarán cuando te estén sacando una muela. Entonces, no hay nervios del dolor,

receptores de dolor ni centros de dolor, sino que tienes neuronas por todo el cuerpo que responden a ciertos estímulos mediante receptores. Si los estímulos son lo suficientemente peligrosos para el tejido, se activa una señal de alarma que viaja desde ese tejido por la médula espinal. Esta señal puede ser enviada al cerebro, pero no siempre. La actividad de las células nerviosas que codifican, procesan y transmiten estímulos potencialmente dañinos es conocida como **nocicepción** (del latín *nocere*, «dañar») o recepción de peligro. Sin embargo, esta recepción no es suficiente ni necesaria para experimentar dolor. La nocicepción ocurre de forma permanente, pero solo a veces termina en dolor. Si bien la nocicepción es el precursor más común del dolor, **algunos pensamientos e incluso lugares pueden activar las señales de alarma directamente en el cerebro sin que esté ocurriendo nocicepción alguna**.

Como ya sabes, las neuronas son excitables eléctricamente. Cada vez que un sensor se abre y una partícula cargada positivamente entra en la neurona, esta se activa un poco más. Cuando son muchos los sensores que se abren y la activación llega a un nivel crítico, una onda rápida de corriente eléctrica viaja por la neurona. Esta corriente es el mensaje, conocido como **potencial de acción**. Pero recuerda que, cuando el mensaje de peligro es enviado desde el tejido a la médula espinal, solo dice «peligro», no dice «dolor». De alguna forma, la médula espinal, y el cerebro tienen que recibir y analizar ese mensaje y crear una experiencia con sentido, que puede incluir o no dolor. Cuando ese mensaje llega al final de la neurona en la médula espinal del cuello o la espalda, se liberan ciertos químicos en el espacio que existe entre esa neurona y sus vecinas, conocido como sinapsis. Es decir, existe una neurona que proviene del cerebro que capta esos mensajes que pueden estar llegando del pie, la rodilla, la mano, etc. Los mensajes de peligro se relacionan con ciertos neuroquímicos que pueden desbloquear los sensores de peligro de la neurona que proviene del cerebro. Cuando esto ocurre a un cierto nivel crítico, se envía un mensaje que dice «¡peligro!» al cerebro. La aparición de mensajeros fabricados en las neuronas, como opioides, serotoninas y algunos derivados de morfinas, puede hacer que estos mensajes de peligro no sean enviados o, al menos, que la señal no sea tan alarmante.

Entonces, si ese mensaje atraviesa el tejido hacia la médula espinal y llega al cerebro, lo hace con un montón de otros mensajes diferentes que el cerebro va a procesar. *El desafío del cerebro es crear una historia lo más sensata posible basándose en toda la información que le está llegando más la gran cantidad de datos que ya posee dentro.* Tiene que buscar un equilibrio y responder haciendo algo. Una forma es darte la percepción de que algo está pasando. Entonces puedes pensar en el dolor como en parte de la respuesta del cerebro a la información que está recibiendo. Otras respuestas pueden ser moverte, sudar, hablar, correr, etc.

Gracias a la tecnología, equipos de trabajo como los de Peyron e Ingvar pudieron observar qué sucede en el cerebro en el momento de experimentar dolor y comprobaron que cientos de áreas están involucradas al mismo tiempo. Si bien algunas de ellas son consistentemente encendidas durante la experiencia del dolor, las partes exactas y la intensidad de la actividad varían entre las personas, incluso en la misma persona según la ocasión. **Cada experiencia de dolor es única**, o sea, **no hay un centro de dolor único en el cerebro**; son muchas las áreas que pueden estar involucradas en la experiencia del dolor, conocidas como *nodos de encendido*. Cuando se trata de dolor crónico, estos nodos están muy sensibilizados, y se cree que se debe a que están siendo secuestrados permanentemente por un mensaje neuronal de dolor.

Ahora bien, el mensaje de peligro transportado a través de la médula espinal al cerebro no es suficiente para causar dolor.

Muchos otros nodos de encendido pueden activarse por una gran variedad de estímulos que llaman tu atención. Esto podría explicar dolores crónicos causados por la luz, la temperatura o por cambios en los sonidos. Pero, independientemente de cuál sea el tejido dañado, existe un proceso de curación similar. Primero se inflama, lo que en principio es bueno, ya que es la entrada del sistema de defensa al lugar dañado. Luego se forma una cicatriz y después se reconstruye el tejido lo más parecidamente posible al original. Lo que determina la velocidad de curación es la entrada de sangre al lugar dañado, con sus células curativas y protectoras y con los requerimientos específicos de cada tejido. El dolor debería disminuir a medida que se va curando, incluso debería desaparecer antes de que el proceso esté completo. *Recuerda que el dolor es una medida de cómo debe protegerse un área del cuerpo y no una medida de las condiciones en que se encuentra ese tejido.* Además, para responder de la mejor manera posible, tu cerebro busca siempre información en sucesos pasados similares. Realiza eventos computacionales relacionados con daños previos y con consecuencias futuras: *¿Me conviene moverme? ¿Me perderé el próximo partido?* Y, por si fuera poco, también busca en la vida de los otros: *¿Me habré fracturado, como Juan? ¿Tendrán que ponerme puntos, como a Silvia?* Todo esto —pasado, futuro y los otros— también contribuye al dolor. Pero de lo único que eres consciente es de que duele.

En definitiva, tu cerebro es el que toma la decisión final sobre si algo es peligroso para ti y si se requiere una acción. Esto significa que también puede identificar un peligro potencial antes o incluso sin que exista información proveniente de un tejido. En los dolores crónicos, cuando el sistema está muy sensibilizado, cualquier información, aunque no esté relacionada con el daño en tejidos, es juzgada por el cerebro como peligrosa, y esto puede ser suficiente para causar dolor. Tú no te das cuenta de que tu cerebro tomó esa decisión, solo sabes que duele. En sintonía con esto último, dado que los pensamientos son reales, o sea, se producen por la liberación de químicos e impulsos eléctricos, pueden también indicar al cerebro que active el sistema de dolor. El miedo a lastimarse de nuevo o a ciertas actividades también puede causar o incrementar el dolor. La investigación científica de grupos como los de los doctores Price y Kendall muestra que los procesos cognitivos, como los de pensar, son lo suficientemente poderosos para mantener estados de dolor. Son, como los describe el experto en dolor Lorimer Moseley, *pensamientos virus*, muy comunes en personas con malestares persistentes y que no entienden la biología del dolor. Espero que hayas comprendido los mecanismos que pueden dispararlo; ahora me parece bueno que sepas cómo responde el cerebro. Existe una respuesta del sistema nervioso simpático, del parasimpático, del sistema endocrino y del sistema inmune.

El sistema nervioso simpático es el que te protege de la mayoría de las amenazas, el que libera adrenalina para que puedas saltar en paracaídas. La adrenalina te ayuda a regular el sistema digestivo, la respiración, la presión arterial y el tamaño de las pupilas, por nombrar algunas de sus funciones. Este sistema es activado por el cerebro en respuesta a información sensorial proveniente de tejidos, ojos, oídos, creencias, pensamientos, percepciones, emociones y hasta recuerdos. El dolor crónico y el estrés están relacionados con niveles persistentes y elevados de adrenalina. Esta no causa dolor, pero puede provocar algunos cambios en partes del cuerpo e intensificar la sensibilidad de tus sistemas de alarma. Mientras que el simpático da lugar a la liberación de energía (para que, por ejemplo, puedas escapar de un peligro), el sistema parasimpático está más pendiente de conservarla. En lugar de a pelear o escapar, te ayuda a descansar y digerir. Cuando alguien es reconocido o apoyado por un familiar, colega o pareja, disminuye la activación del simpático, lo que da lugar al más calmado sistema parasimpático. También se enciende al dormir, meditar o descansar. El sistema endocrino trabaja junto con el simpático, pero sus efectos duran más tiempo, semanas, incluso meses. Cualquier información amenazante, como recuerdos o circunstancias, hace que el hipotálamo libere hormonas que estimulan la glándula pituitaria para que fabrique algo conocido como ACTH. Esta última, una vez que está circulando por la sangre, es captada por la glándula adrenal, que a su vez fabrica diferentes tipos de hormonas clave para mantener una vida equilibrada. Una de ellas es el cortisol, el cual, a pesar de tener mala fama, es un protector. Sobre todo te protege cuando estás siendo desafiado por alguna situación. Por ejemplo, permite que se lentifiquen muchos procesos que no son necesarios en lo inmediato y acelera aquellos que son indispensables para una protección rápida. Por último, el sistema inmune o de defensa también es un jugador clave durante el dolor. Produce unas moléculas conocidas como *citoquinas*, algunas de las cuales promueven la inflamación y otras la detienen. Por supuesto que es bueno tener estos dos tipos de citoquinas de forma equilibrada. Este sistema también puede ser activado por interpretaciones de tu cerebro; por ejemplo, si piensas que algo es muy malo, se puede encender el sistema inmune.

El manejo del dolor es complicado. Lo importante es que recuerdes que eres el dueño de tu dolor, es decir, que si hay alguien que puede hacer algo con él eres tú. Existen diversos profesionales que pueden ayudar con parte del problema, pero estoy convencido de que aprendiendo sobre la biología del dolor como la he descrito en este capítulo vas a poder gestionar y entender mejor estos estados poco agradables. Quiero volver a recordarte que el dolor es el resultado de la combinación de procesos en tejidos y de procesos de mensajes de peligro. Estos son llevados a cabo por diferentes partes del sistema nervioso y es en particular el cerebro el que puede determinar cuál es la mejor forma de responder a esos mensajes y procesos. Los mecanismos que encienden el sistema del dolor son varios y variados: tejidos dañados, emociones, mala información, recuerdos, pensamientos, etc., y, si bien todo ocurre en el cerebro, se manifiesta de manera real, anatómica y biológica. **El dolor es tan único y personal que no existe una receta perfecta**.

Dolor y emociones en tu cuerpo

Creo que puedo ayudarte si sientes dolor o poco confort físico. Yo sufro de migrañas muy a menudo y suelo usar esta técnica para sentirme mejor. La verdad es que a veces me funciona y otras no, pero vale la pena intentarlo. Te proporciono una suerte de guía utilizada en la práctica de meditación de atención plena. La idea es liberar o desbloquear algunos componentes sensoriales del desafiante momento que es atravesar el dolor. Vamos a ir uno por uno, de manera individual, y luego los repasaremos todos juntos para que eventualmente estos componentes se hagan más fluidos y menos problemáticos. Cuando experimentas dolor físico, hay al menos cuatro categorías de experiencias sensoriales involucradas. *La primera es el dolor físico en sí mismo.* Otra se relaciona con *imágenes mentales* disparadas por tu mente asociadas al dolor o cualquier tipo de imagen producto de tus pensamientos. Un tercer componente es la *rumiación o diálogo interno*, cuando te hablas a ti mismo, por ejemplo, juzgando tu dolor. Y, finalmente, *emociones en el cuerpo*. Entonces, en tu mente tienes imágenes y/o diálogo interno y en tu cuerpo, dolor físico, pero también puedes detectar sensaciones emocionales, como miedo o tristeza. Es decir, hay cuatro cosas a las que debes seguirles el rastro durante la meditación. Cuanto más practicas, más fácil es reconocerlas. Al meditar logras que, en lugar de multiplicarse las cuatro, multiplicando por lo tanto el dolor, se sumen y se reduzca tu malestar. Se van haciendo más fluidas, se abren, se liberan. Claramente, vas a percibir mucho menos sufrimiento. Esta es una alternativa que puedes realizar con los ojos cerrados, entreabiertos o abiertos, como prefieras. Empieza prestando atención a tu dolor para darte cuenta de si es físico o emocional —miedo, tristeza, que se puede sentir en el cuerpo—. Si aparecen imágenes mentales o tu diálogo interno, préstales máxima atención. Para facilitar el proceso vamos a usar lo que llamo «etiquetas mentales». Por ejemplo, si llevas tu atención a una imagen mental, esté relacionada con tu dolor o no (una persona, un lugar, un evento), te vas a decir a ti mismo en voz alta o dentro de ti «veo» (del verbo ver), indicándote que estás teniendo una experiencia visual interna. Si llevas tu atención a un diálogo interno, te vas a decir a ti mismo en voz alta o dentro de ti «escucho», y te enfocas en ese diálogo. Puede desaparecer o no; no importa, en ambos casos está bien. Si prestas atención a una sensación física o producto de una emoción, te vas a decir en voz alta o dentro de ti «siento». Y en ese momento, de la mejor manera que puedas, trata de abrirte a esa sensación y hacerla tu amiga. Si de pronto tu atención se focaliza en varias al mismo tiempo —una sensación física, un diálogo y/o una imagen—, elige una para etiquetar y focalízate en esa. *Veo, escucho* y *siento* son las etiquetas. Usa una voz agradable —interna o en voz alta—, que sea amable contigo mismo, tranquila. ¡Ojalá te ayude! Lo más importante es la impermanencia del dolor. Los eventos finalmente pasan. Y si se quedan un rato largo, al meditar tienen más *fluidez*, lo cual los hace más soportables. Súbete a su fluidez. Continúa viendo, escuchando y sintiendo tu mente y tu cuerpo.

El dolor emocional o físico es manifestado y sentido por igual tanto en hombres como en mujeres. Quizá tu cultura, tu crianza o contexto te permitieron expresarlo más o menos, aceptarlo y/o trabajarlo. Ahora bien, no hay dudas de que existe una neurobiología que nos hace diferentes a hombres y mujeres. *¿Tiene esto un impacto en cómo sentimos?*

EJERCICIO. El dolor quiere ser escuchado

A veces llevamos un estilo de vida muy acelerado, en el que apenas hay tiempo o actividades que nos ayuden a conectar con nuestro cuerpo, y estamos tan atrapados en la vorágine que no percibimos los dolores físicos que tenemos. Te propongo el siguiente ejercicio: busca un lugar agradable donde puedas relajarte; si te ayuda, elige alguna música tranquila de fondo. Imagina que tu mente abandona tu cabeza y viaja a través de tu cuerpo hacia uno de tus pies. ¿Cómo se siente tu pie? ¿Está relajado, tenso o dolorido? ¿Hace calor o frío?

Simplemente escanea y observa cómo te sientes. Imagina que los músculos de un pie se tensan y relajan de nuevo. Ahora concéntrate en la pantorrilla, la rodilla y el muslo. Detente en cada parte del cuerpo para repetir el escaneo, la tensión muscular y la relajación. Haz el ejercicio con tu otra pierna. Dirígete hacia una mano y sube ambos brazos. Escanea, tensa y relaja la espalda, el estómago, el pecho, los hombros y la cara. Puedes imaginar tus músculos tensarse y relajarse, o tensarlos físicamente y relajarlos; haz lo que sientas mejor.

Es normal que tu mente deambule a veces. Reconoce cualquier pensamiento que surja de una manera positiva, pero devuelve tu mente suavemente al ejercicio.

No critiques tus emociones. Las emociones nunca están mal. Tienes derecho a sentirte enfadado, triste, decepcionado, etc. Piensa en alguna situación desafiante que hayas tenido y empieza a escribir todas las emociones relacionadas con ella. En vez de reprimir o juzgar tus emociones, úsalas como indicadores de que algo requiere atención. Quizá tus pensamientos necesitan ser desafiados o precisas hacer cambios más significativos en tu vida.

EJERCICIO. Que la fuerza te acompañe

Seguramente alguna vez o algunas veces te has encontrado frente a una situación en la que pensaste que no podías más y aun así continuaste. Piensa y respóndete la siguiente pregunta: ¿cuándo podría ser la próxima vez?

EJERCICIO. Pasado perdonado (perdónate)

Todos cometemos errores y muchas veces somos muy autocríticos. Te propongo que pienses en un error del pasado que estás dispuesto a perdonarte hoy.

EJERCICIO. El cansancio habla

Antes de cerrar los ojos para descansar, tómate unos segundos, pon música tranquila y reflexiona. ¿Qué es lo que tu cansancio te está queriendo decir que no quieres afrontar?

EJERCICIO. Preocupado versus ocupado

Ocuparse de un resultado no es lo mismo que preocuparse. Al ocuparte te permites cambiar cosas. Al preocuparte solo «rumias» dentro de tu cabeza. ¿Hay algo en lo que puedas ocuparte en lugar de preocuparte?

EJERCICIO. ¡Uf!

Recuerda todo lo que anduvo mal en esta última semana y cómo te hizo sentir. ¿Qué podrías hacer la próxima vez para que, si te vuelve a pasar, no te sientas así?

EJERCICIO. ¿Cómo me estoy sintiendo?

- Nunca funciona nada.
- A veces no funciona nada.
- A veces yo no funciono.
- A veces los demás no funcionan.

EJERCICIO. Poniéndose cómodo

El desafío de hoy es registrar tanto tu cuerpo como tu postura en los diferentes momentos del día. Piensa en qué momentos podrías dedicarle unos segundos a hacerte la siguiente pregunta: ¿puedes modificar o estirar alguna parte para estar un poco más cómodo?

EJERCICIO. La transición

Busca un lugar donde puedas estar tranquilo; puedes estar sentado o recostado. Simplemente realizarás algunas respiraciones prestando especial atención al espacio de quietud y calma que se generará entre cada inhalación y exhalación. Lleva toda tu atención allí durante un par de respiraciones.

EJERCICIO. Hazlo nuevamente

Piensa en lo último que hiciste con absoluta atención. Te propongo el desafío de realizar algo hoy de esa misma forma.

EJERCICIO. Respiración 7/11

Esta vez vas a inhalar usando los dedos para contar hasta siete y vas a exhalar contando hasta once. Repítelo varias veces.

EJERCICIO. Pauso-pienso-envío

Esta es una técnica simple que puede prevenir mucho drama innecesario. Te propongo que, antes de apretar «Enviar» al escribir un e-mail o un mensaje, te preguntes esto: «¿Realmente quiero decirlo?».

EJERCICIO. Respiración al cuadrado

Para esta técnica puedes imprimir la figura de un cuadrado y seguir con tu dedo la forma o simplemente realizar estos pasos: inhala contando hasta cuatro. Retén el aire contando hasta cuatro. Exhala contando hasta cuatro. Retén el aire contando hasta cuatro. Repítelo varias veces, hasta que tu respiración se normalice.

EJERCICIO. Pasado, presente, futuro

Conecta el temporizador de tu móvil y configúralo en dos o tres minutos. Durante este tiempo, escribe tus pensamientos. Ahora categorízalos en pasado, presente o futuro. ¿Cuántos pensamientos del presente tienes? ¿Te sorprende algo?

....

....

....

....

....

EJERCICIO. Escaneo

A veces estamos con dolor y ni siquiera nos damos cuenta. Escanea tu cuerpo desde la punta de tus pelos hasta los pies. ¿Tienes algún dolor que no habías percibido?

16

Neurobiología emocional

Te dije que no éramos iguales

Quizá la especialista número uno en las diferencias en cuanto a la calidad y la cantidad de neurotransmisores y hormonas que circulan desde la gestación hasta la edad adulta en hombres y mujeres sea la doctora en neurobiología Louann Brizendine. A partir de sus numerosos artículos podemos comprender que el cerebro femenino y el cerebro masculino están afectados por diferentes, pero a veces también las mismas, hormonas. Te recuerdo que, si bien estas hormonas influyen en quiénes somos y cómo respondemos o reaccionamos a diferentes situaciones, emocionales o no, no debes olvidar que nuestro contexto, cultura, aprendizaje, crianza, pensamientos y experiencias pasadas también poseen una influencia directa en quién y cómo eres.

Pero, si nos concentramos solo en la parte biológica de las fases del desarrollo humano, las hormonas que prevalecen son diferentes en cada sexo. En las futuras **mujeres**, el que manda es el **estrógeno**, que es el que tiene el poder ejecutivo más arrollador. En segundo plano, la **progesterona**, también poderosa, pero con una función intermitente. Junto a ellas, un poco de **testosterona**, que también cumple una función enérgica. Otros factores neurohormonales que afectan al cerebro femenino son la **oxitocina**, que encuentra placer en ayudar y servir; el **cortisol**, con su carácter abrumado y estresado, altamente sensible, física y emocionalmente; y la **vasopresina**, sigilosa, con energías masculinas más sutiles y agresivas. Las más animadas en la juventud femenina son la **dehidroepandrosterona** (DHEA, más fácil) y la **androstenediona**. Finalmente, la **alopregnenolona**, hija apaciguadora de la progesterona. Sin ella, las chicas se sienten muy irritables, ya que es sedativa, calmante. Su partida repentina es central en el síndrome premenstrual.

En el **cerebro masculino**, la reina es la **testosterona**. Construye todo lo relacionado con lo masculino, como el típico comportamiento de querer sobresalir sobre los demás varones, y además activa los circuitos del sexo y la agresividad. También es la responsable de afrontar la búsqueda de pareja. La **vasopresina** realza la masculinidad; es la hormona del cortejo y la monogamia. Gracias a ella los varones defendemos y protegemos el territorio, la pareja y los hijos. El **factor inhibidor mülleriano** (FIM, según su descubridor, Johannes Peter Müller) es muy fuerte, intrépido, y te despoja, si tu embrión es varón, de todo lo femenino. Construye circuitos cerebrales para la conducta exploratoria y anula aquellos relacionados con las conductas típicamente femeninas. También destruye los órganos reproductivos femeninos. **Recuerda que el cerebro de todos los fetos hasta la octava semana de gestación es femenino**. El FIM contribuye a construir tanto los órganos como los circuitos cerebrales masculinos.

La **oxitocina** tiene la función de amansar, incrementa la capacidad empática y aporta confianza, amor romántico y apego a los circuitos cerebrales. Reduce las hormonas del estrés, disminuye la presión sanguínea y tiene un papel esencial en el desarrollo de vínculos afectivos entre los padres y sus bebés. La **prolactina** es la que causa, por ejemplo, lo que se llama «embarazo empático» en los futuros padres. Estimula los circuitos cerebrales que favorecen la conducta paternal y disminuye el impulso sexual. *Es cuando los varones tenemos síntomas de estar embarazados.*

El **cortisol** actúa cuando te sientes amenazado y activa tu disposición a pelear. La **androstenediona**, cuando es segregada por la piel, contribuye a tu atractivo sexual como hombre. La **dopamina**, que ya mencionamos varias veces, es la especialista en la diversión, el disfrute y el entusiasmo, focalizada en ganar y triunfar. El **estrógeno**, aunque no tiene tanto poder como la testosterona, es muy influyente y puede incrementar el deseo masculino de dar abrazos, así como otras actitudes más tiernas, estimulando más fabricación de oxitocina.

En las diferentes fases de tu vida, las hormonas influyen fuertemente en determinar los intereses de tu cerebro, sea masculino o femenino. Esto se ve reflejado en tus distintas conductas: alimentarias, sociales, sexuales y, algunas veces, agresivas.

Como dije al principio, tu contexto y tu crianza también tienen un impacto directo en la producción de hormonas y, obviamente, en tus intereses. Pero si nos basamos solo en la neurobiología podemos resumir de la siguiente manera: durante el desarrollo fetal, las mujeres cuentan con células cerebrales encargadas del desarrollo de los circuitos cerebrales para la comunicación, los sentimientos viscerales, la memoria emocional y la contención de la furia. Estos circuitos continúan su crecimiento, ya que no hay presencia de testosterona masculina elevada. En los hombres, desde la octava semana de gestación, la testosterona masculiniza los circuitos del impulso sexual, la conducta exploratoria y los movimientos musculares bruscos, y a su vez colabora con el FIM para desfeminizar el cerebro masculino.

En el período de la niñez, el cerebro femenino segrega estrógeno en grandes cantidades, desde los seis hasta los veinticuatro meses; luego comienza a hacer una pausa en la producción, lo que mejora los circuitos verbales y emocionales, y en un futuro se evidenciará en un mayor interés en el juego. En cambio, en el cerebro masculino continúa la producción del FIM. Hay bajos niveles de testosterona durante esta pausa más juvenil. Esto ocasiona más circuitos cerebrales de conducta exploratoria y siguen desarrollándose los de la actividad sexual masculina. Se puede ver un mayor interés por la victoria, el movimiento, la persecución de objetos y el juego brusco.

Durante la pubertad, en las mujeres los cambios hormonales se ven en un aumento del estrógeno, la progesterona y la testosterona, junto con el comienzo del ciclo menstrual. Hay más estrógeno que testosterona. Se incrementan los circuitos de estrés, verbales, emocionales y del sexo, lo que conlleva un mayor interés en el atractivo sexual y más distanciamiento de los padres (por eso se desarrollan más rápido que los varones). En los hombres, los niveles de testosterona se multiplican por veinte en la pubertad y también aumenta la vasopresina; en cambio, hay bajos niveles de FIM. Se intensifican la sensibilidad y el desarrollo de circuitos del impulso sexual, como también la agresividad territorial. Los circuitos de la atracción sexual visual se centran en las figuras femeninas, cambia la percepción olfativa de las feromonas y también los ciclos de sueño. Se percibe un mayor interés por el territorio, la interacción social, las partes corporales y evitar a los padres, y hay un desafío a la autoridad.

Ya durante la madurez sexual en la mujer, el estrógeno, la progesterona y la testosterona cambian cada día del mes. Su interés primordial se centra en la búsqueda de una pareja, amor y desarrollo de la carrera. Los circuitos cerebrales de toma de decisiones y del control emocional maduran más tempranamente. En el hombre, la testosterona sigue siendo activa y se ocupa de encender los circuitos del apareamiento, el sexo y la protección. Concede prioridad al sexo y, después, al amor y las relaciones. «Mi amor, no soy yo, es la neurobiología.» Los circuitos visuales cambian para poder detectar varones potencialmente agresivos. El interés será similar al de la mujer; se focalizará en encontrar parejas sexuales, el trabajo, el dinero y el desarrollo profesional.

Durante el embarazo, en el cerebro femenino hay un enorme incremento de progesterona y estrógeno, lo cual implica una contención de los circuitos del estrés; el cerebro se tranquiliza por la progesterona y las hormonas de la placenta y el feto se apoderan del cerebro y el cuerpo. Todo esto genera un interés por el bienestar físico, por no dañar al feto en primer plano, la supervivencia y, luego, el lugar de trabajo. Mientras que durante la lactancia los actores primordiales son la oxitocina y la prolactina, los circuitos del estrés siguen contenidos; se bloquean los circuitos del sexo y la emoción, ya que hay una concentración exclusiva en el bebé. En la crianza se suman la testosterona y el estrógeno cíclicos; por ello, aumentan la función de los circuitos del estrés, la preocupación y los lazos emocionales. El interés principal está focalizado en el bienestar, la educación y el desarrollo de los niños, como también habrá adaptación con respecto al aumento del estrés y del trabajo. Los hombres acompañan estos procesos, y durante el embarazo de la madre de su bebé y después del nacimiento sube la prolactina y desciende la testosterona, lo que se conoce como *síndrome de couvade*. Los circuitos del impulso sexual se atenúan y se agudizan los auditivos. El principal foco es la protección de la madre y el bebé, apoyar a la familia.

En la perimenopausia, los ciclos de estrógeno, progesterona y testosterona serán erráticos. Comienza a fluctuar el interés en el sexo y también se ve afectado el sueño; en consecuencia, hay más fatiga, más irritabilidad y cambios de humor. El interés va a estar puesto en sobrevivir día a día y poder enfrentarse a estas subidas y bajadas emocionales. En los hombres, previamente a la andropausia hay una gradual disminución de la testosterona y la vasopresina; la atención en el sexo, el territorio y las mujeres atractivas continúa, si es que les gustan las mujeres. El principal foco es la educación de los niños y el estatus en el trabajo.

En la menopausia, el estrógeno es bajo y no hay progesterona. Declinan esos circuitos que requieren de estrógeno, oxitocina y progesterona; por ello, el interés estará en conservar la salud, aumentar el bienestar y asumir desafíos. En la andropausia, si bien continúa el descenso gradual de la testosterona, puede seguir reproduciéndose, y por ello se sigue centrando la atención en el sexo. Hay mayores niveles de oxitocina. El interés está, al igual que en la mujer, en conservar la salud y mejorar el bienestar. Es el punto donde los hombres neurobiológicamente se aproximan más a las mujeres, ya que la oxitocina les brinda mayor receptividad al afecto y al sentimiento.

Finalmente, en la posmenopausia, la progesterona y el estrógeno son bajos y constantes, y también desciende la oxitocina. Hay más tranquilidad y los circuitos están menos reactivos al estrés y también son menos emocionales. El interés se centra en uno y no en cuidar a los demás. Te vuelvo a repetir: todo esto es meramente biológico y propiciado por las hormonas. No podemos olvidar la influencia de tu contexto y educación en la acentuación, disminución o desaparición de estos comportamientos recién descritos.

Algo sobre la empatía

La tan de moda **empatía** ha sido estudiada por diversas disciplinas y es definida como «ponerse en el lugar del otro». En efecto, si bien estás muy pendiente, te des cuenta o no, de tus estados internos, también pasas mucho tiempo pensando en las experiencias o situaciones que viven los demás. La empatía es la habilidad y tendencia para compartir y comprender el estado interno de los demás. Es una construcción tuya que tiene componentes que se relacionan entre sí y otros que son distintivos.

Dentro del mundo académico hay **dos procesos** que han llamado particularmente la atención en relación con la **empatía**:

1. El **intercambio de experiencia** (del inglés, *experience sharing*) o la tendencia de los *perceptores.* Los perceptores serían los empáticos, los que perciben lo que le pasa al otro. El que percibe, enfocándose en alguien, reconoce sus estados, o indicadores sensomotores, viscerales y emocionales. También se la conoce como **empatía emocional**.

   Se desarrolla en las primeras semanas de vida en forma rudimentaria y se hace estable durante los primeros años. En efecto, casi inmediatamente después del nacimiento, los bebés son capaces de imitar movimientos faciales, como sacar la lengua. Los niños también despliegan otros signos de este proceso, como expresar malestar al oír llantos de otro niño. Sin embargo, no lo hacen si escuchan la grabación de sus propios llantos. Este tipo de empatía *sucede rápidamente y sin toma de conciencia.* Así, el intercambio de experiencia y la imitación pueden ocurrir rápidamente fuera del alcance de tu conciencia. Durante este proceso, el que percibe muestra patrones de actividad cerebral similares a los que desplegaría si estuviera vivenciándolo él mismo, utilizando las neuronas espejo. Esta propiedad, a la que llamamos *resonancia neuronal,* se caracteriza por la activación de regiones cerebrales tales como las que involucran la actividad motora, sensaciones somáticas o estados como el dolor, el disgusto y la recompensa. Carecen de esta habilidad las personas con psicopatías, algunos trastornos de conducta o pacientes con demencia frontotemporal.

2. **Mentalizar** (del inglés, *mentalizing*) describe el razonamiento explícito de los que perciben sobre los demás utilizando teorías ya internalizadas. También se la conoce como **empatía cognitiva**. Por ejemplo, el *perceptor* combina su intuición con señales que muestran los demás y, a partir, fundamentalmente, de sus expresiones faciales o acciones, realiza inferencias sobre sus emociones, sus intenciones y sus creencias. Las primeras señales de esta habilidad se ven hacia el final del primer año de vida o comienzo del segundo, y se desarrolla durante la infancia temprana, a la par de diferentes procesos cognitivos. A diferencia de la empatía emocional, esta **requiere tiempo, esfuerzo y atención**. El proceso de mentalizar puede estar alterado por la ausencia de atención y tiempo, lo que se nota en aquellos errores en los que caen los que perciben mientras están distraídos o apurados. El proceso de mentalizar involucra estructuras corticales, como el córtex prefrontal medio, que responde a la información de tus estados mentales. También tu córtex cingular posterior, el temporal lateral, el córtex parietal inferior y la intersección temporoparietal. Esta última responde más selectivamente en su rol de orientador de información nueva e inesperada y mantiene representaciones múltiples simultáneamente. Este proceso también se caracteriza por fenómenos como la memoria autobiográfica y la prospección hacia el futuro. En general, carecen de este tipo de empatía o tienen dificultades con ella las personas del espectro autista.

Ambos procesos, el *intercambio de experiencia* y *mentalizar*, se relacionan con un tercer componente clave de la empatía: la **motivación prosocial**. Es cuando *compartes y comprendes* los estados de los demás muy a menudo y te sientes impulsado a ayudarlos. Es decir, son fenómenos que sirven para importantes comportamientos adaptativos. La empatía, entonces, contribuye al comportamiento cooperativo vital a través de esta motivación prosocial, el deseo de ayudar a los demás. Esto se debe a que los individuos que indirectamente comparten y también comprenden los estados de los otros se muestran interesados en ellos. En estudios clásicos y contemporáneos sobre condicionamiento se ha demostrado que aquellos que perciben pueden ser condicionados a tener miedo o disfrutar de un estímulo si esto está relacionado con un castigo o con una recompensa que es administrada por el otro. Tanto los humanos como los monos podemos ser condicionados a repetir una respuesta por el simple hecho de que disminuye el sufrimiento de otro.

El proceso de *intercambio de experiencia* es más viable en relaciones uno a uno y no resulta tan efectivo con grupos; es decir, es posible que el observador no active su motivación prosocial ante la presencia de un grupo. Y en el caso del proceso de *mentalizar*, muchas veces puede ocurrir que, frente a la racionalización, se decida no ayudar; por ende, tampoco habría motivación prosocial.

Procesos de la empatía que se interconectan

En la mayoría de los episodios empáticos naturales, es decir, que ocurren fuera de un laboratorio, los perceptores reciben pistas y señales multimodales dinámicas dentro de un contexto. Esto significa que son señales percibidas por diferentes canales y sen-

tidos. Sin embargo, nuevas investigaciones con vídeos e interacciones en vivo revelan que ambos procesos —el intercambio de experiencia y mentalizar— están involucrados, y, por ende, demuestran la conectividad entre ambas redes cerebrales. En estos contextos naturales, la precisión en los resultados de los predictores —en definitiva, entender lo que le pasa al otro— parece que no está respaldada por ninguno de los dos procesos, sino que depende de la combinación de ambos. En efecto, la precisión requiere «pensar a través». Es decir, lo que el que percibe *siente* es dado, además, por el contexto, y requiere de un tiempo *suficiente* y atención. Sin embargo, los procesos que involucran el intercambio de experiencia acompañan la exactitud interpersonal, en algunos casos, más rápidamente que los procesos de mentalizar. Los perceptores rápidamente interpretan expresiones faciales y posturas. Este intercambio permite a su vez que lean sus propios estados internos en la búsqueda de pistas para comprender lo que los otros están sintiendo. Es decir, buscas dentro de ti para sentir lo que siente el otro. Es importante destacar que, aunque ambos procesos ayudan a la precisión de los resultados, de acuerdo con el contexto, un proceso será más conveniente que el otro. La *experiencia de intercambio* es una herramienta poderosa para la interpretación de estados internos siempre y cuando, si eres tú el que percibe, consideres que es un modelo razonable para comprender al otro.

La naturaleza motivada de la empatía

Una suposición común es que la empatía se activa automáticamente frente a la presencia de determinadas emociones. Sin embargo, hay amplia evidencia de que los perceptores pueden alterar los episodios empáticos basándose en sus propios deseos u objetivos. Por ejemplo, al percibir determinada situación, puedes evitar sentir empatía cuando algo puede ser muy penoso o costoso para ti. O puedes sentir empatía cuando facilita tus objetivos, como podría ser el fortalecimiento de las relaciones sociales en tu oficina.

Algunos casos de fracaso en percibir empatía sugieren que el problema no está en la habilidad de empatizar *per se,* sino en una disminución de la motivación para hacerlo. Otra idea muy frecuente es la suposición de que la empatía es siempre deseable. Si bien provee un sustento emocional para muchos comportamientos sociales adaptativos, no en todos los casos es una fuerza positiva. Por ejemplo, puedes usar el proceso de *mentalizar* para manipular, chantajear y hacer daño a otros. Por último, la empatía puede resultarte emocionalmente agotadora. Existen varios trabajos en los que se observa que muchas personas se distancian de otras y evitan la empatía para no provocar ese agotamiento.

Hombres y mujeres empáticos

Hasta hace muy poco las diferencias entre hombres y mujeres en cuanto a cómo sentimos y expresamos nuestras emociones eran pensadas exclusivamente por nuestra composición hormonal diferente y por cómo habíamos sido criados. Sin embargo, algunos autores, como los doctores Shamay, Schulte, Immordino y Thioux, han realizado varias investigaciones donde demuestran que hombres y mujeres utilizamos los dos sistemas de empatía antes descritos de forma diferenciada. La empatía cognitiva, o *mentalizar*, te recuerdo, es la comprensión intelectual de qué está sintiendo la persona que está enfrente de ti, pero sin sentir lo que ella siente. Es decir, entender pero no quedar «infectado» de la emoción del otro. Este tipo de empatía es más utilizado en varones que en mujeres y permite fortalecer la habilidad analítica y cognitiva para buscar una solución a lo que está pasando. La empatía emocional, o *el intercambio de experiencia*, es la capacidad para acceder intuitivamente a los estados mentales de las otras personas. Esto último es clave para nuestra función social. Esta empatía es más utilizada por las mujeres y les permite comprender lo que el otro siente, cómo actúa y qué es lo que va a hacer. Que quede claro: ambos, mujeres y varones, tenemos los dos sistemas para las dos empatías, pero, al parecer, no los usamos de la misma manera. El cerebro del varón está más estructurado para buscar soluciones que para empatizar. Esto no significa que no le importe. Es tratando de resolver como muestra su afecto y amor por el otro. O sea, sueles entender lo que le pasa a tu novia, pero lanzas la posible solución sin decirle antes: «Mi amor, sé cómo te sientes».

En nuestra cultura occidental, en general, los varones desde la niñez aprendemos a actuar de forma diferente y esconder nuestros miedos y otras emociones poco placenteras. Incluso practicamos mirándonos al espejo. Es lo que definimos en el capítulo 9, «Autorregulación emocional», como *suprimir la expresión de la emoción*. Esto sucede sobre todo cuando sube la testosterona, a los trece años. Hoy existen estudios que miden los músculos faciales en hombres y mujeres en los que se demuestra que haber aprendido y practicado la supresión de nuestras emociones y a no expresarlas nos permite esconder lo que sentimos más fácilmente, de manera automática. La famosa cara de póquer no la ponemos los varones siempre a propósito, de manera consciente, sino que la hemos automatizado con el tiempo.

Una vez una amiga me preguntó por qué los hombres respondemos a temas emocionales usando tanto la lógica en lugar de las emociones. Y yo le respondí: «La pregunta real sería por qué las mujeres no lo hacen».

Algunos científicos estudiaron lo que pasaría en cerebros de hombres y mujeres si les diésemos las hormonas del otro sexo. Encontraron que, si a los varones se les administra una dosis alta de oxitocina —hormona que las mujeres fabrican más que los hombres—, aumenta su capacidad de comprometerse con las emociones de otras personas. *Se hacen temporalmente más em-*

páticos. Cuando se les da a las mujeres más testosterona, estas se focalizan mejor. Es decir, los varones no somos robots insensibles; son miles de años de evolución y baños de testosterona. Por todo esto, podemos concluir que hombres y mujeres no «vemos» el mundo de igual manera.

Otra interesante diferencia en la conformación de cerebros femeninos y masculinos es el septo o *septum*, área responsable, entre otras cosas, de suprimir los potenciales comportamientos disparados por la ira. Adivina quién tiene el *septum* más grande, o sea, más activo y, por ende, suele expresar menos el enfado como respuesta habitual. Sí, las mujeres. Los circuitos de ira y agresión en el hombre se forman antes de haber nacido y encima después son fortalecidos cultural y hormonalmente en la infancia y la juventud. Si bien los estudios indican que hombres y mujeres manifiestan sentir enfado la misma cantidad de minutos al día, los varones nos ponemos físicamente agresivos veinte veces más que las mujeres. Es obvio que la biología del cerebro masculino no nos da permiso a los varones para ser incivilizados, pero nos ayuda a entender por qué acostumbramos defender tan vigorosamente nuestra masculinidad. «Es cosa de hombres», solemos decir.

Cuando se trata de *discusiones entre hombres y mujeres*, los estudios muestran que ambos podemos recordar igual de bien o mal los hechos, pero que las mujeres se acuerdan mucho mejor y durante más tiempo de los detalles emocionales. O sea, si tu novia te dice: «¿Recuerdas hace once años cuando fuimos a esa fiesta de disfraces que organizó la tía de tu amigo en el campo y tú te reíste porque se me caía la peluca?». Obviamente, no tienes idea de qué habla, pero te aseguro que no miente. Se acuerda. Sobre todo si la hiciste sentir mal.

Los hombres, además, tenemos algo que suele llamarse «enfado autocatalítico». Una vez que se dispara la ira, es difícil, no imposible, de parar. Este enfado se ve alimentado por la testosterona, la vasopresina y el cortisol, lo que hace que tengamos menos miedo de «nuestro oponente» y activa una región para luchar por nuestro territorio. Incluso, cuando se llega a un umbral de alta testosterona, produce placer. Existen muchos estudios que muestran que, si bien la ira puede engañar a nuestro pensamiento reduciendo la percepción del riesgo y disparando conductas agresivas, a veces también puede hacernos pensar más claro, es decir, hacernos más racionales. Se ha demostrado que los hombres más enfadados se hacen ver más, no solo por otros hombres, sino también por mujeres. De manera irónica, lo que muchas veces empuja a las mujeres a terminar una relación —los permanentes enfados de él— fue lo que al principio, de forma no consciente, les atrajo del mismo hombre. La buena noticia es que las parejas que discuten más tienen más probabilidades de seguir juntas más tiempo. **Es peor suprimir los enfados durante años que el daño que pueden causar las argumentaciones**.

La mayoría de los cerebros femeninos son como máquinas emocionales de alto rendimiento con motores para identificar, momento a momento, las señales no verbales de las emociones más íntimas de los demás. Los hombres no somos tan aptos para leer las expresiones faciales y los matices emocionales, en especial si se trata de signos de desesperanza y angustia. Solo cuando vemos lágrimas nos damos cuenta de que algo está mal. Quizá sea por esto por lo que biológicamente las mujeres evolucionaron para llorar cuatro veces más fácilmente que los varones, lo cual es una señal indiscutible de tristeza y sufrimiento que los hombres no podemos ignorar.

Por otra parte, los presentimientos son sensaciones físicas reales que sienten más las mujeres que los hombres —recuerda que estoy generalizando— y que transmiten cierta información a algunas áreas del cerebro. Quizá esta diferencia sea determinada por un mayor número de células en el cerebro femenino dedicadas a identificar sensaciones en el cuerpo. Tras la pubertad, estas células se incrementan aún más gracias al estrógeno. O sea que la relación entre los presentimientos y la famosa «intuición femenina» podría ser algo puramente biológico. Cuando una mujer recibe datos e información emocional en el *estómago,* su cuerpo envía mensajes a la ínsula y al cingulado anterior. La primera es un área muy antigua del cerebro que procesa estos datos y el cingulado, que en general es más grande y más activo en las mujeres, es un área crítica para anticiparse, juzgar, controlar e integrar emociones negativas. A las mujeres les sube el ritmo cardíaco y se les forma un nudo en el estómago, y su cerebro interpreta una emoción intensa. Al parecer, los varones no tenemos esa habilidad innata de leer caras, pero podemos aprender. Por todo esto, las chicas son mucho mejores para entender cuándo podrían estar hiriendo los sentimientos de alguien o cómo puede estar sintiéndose un personaje en una historia. Esta capacidad puede ser el resultado de sus neuronas espejo, que no solo les permiten observar en detalle, sino además imitar los gestos, la postura del cuerpo, las expresiones faciales o la respiración de los demás. Esta es la manera que utilizan para *intuir* cómo se siente el otro.

Algunos experimentos con imágenes de resonancias muestran que el mero hecho de observar o imaginar a una persona en un estado emocional particular enciende automáticamente patrones cerebrales similares al observado. Y las mujeres son muy buenas en esto. Muy probablemente era una ventaja en la Edad de Piedra, cuando no existía aún el lenguaje verbal, para ser capaces de leer con rapidez al otro y de esta manera proteger mejor a sus hijos. En los hombres, en general, las emociones disparan menos sensaciones viscerales y más pensamientos racionales. Por ejemplo, los varones solemos decir: «¿Por qué estás llorando? No hagas una historia de esto, que es una tontería». Algunos estudios muestran que los varones necesitamos más tiempo para procesar e interpretar el significado emocional de una situación. Otros muestran que las lágrimas en una mujer evocan dolor en el cerebro masculino.

En síntesis, «estar ahí» en tiempos emocionalmente difíciles está cableado en las mujeres. Por ejemplo, niñas de menos de veinticuatro horas de vida responden más al llanto de otro bebé que los bebés varones, y también a las expresiones de la cara. Los hombres somos capaces de detectar los sutiles signos de tristeza en la cara de una mujer un 40 % de las veces, mientras que las mujeres, un 90 %. Y si bien hombres y mujeres manifiestan igual confort estando cerca de una persona feliz, solo las mujeres dicen estar igualmente bien cerca de alguien triste. Obviamente eso no nos hace a los varones menos sensibles a propósito. Seguro que se trata de un cableado mucho más antiguo en las mujeres. Los hombres solemos evitar el contacto con otros cuando atravesamos momentos duros. Muchas veces preferimos procesar solos y pensamos que las mujeres quieren lo mismo. Por eso parecemos insensibles.

Hay dos excepciones en las que los varones registramos emociones y recordamos sus detalles tan bien como las mujeres: 1) si alguien que interactúa con nosotros está muy enfadado y parece amenazante; aquí, en general, se activan reacciones musculares; y 2) si alguien nos amenaza con dejarnos.

Entonces *sí* somos diferentes emocionalmente, dadas las características hormonales distintivas que nos impactan desde que somos fetos hasta la adultez, pero no olvidemos el tremendo impacto que tienen la crianza, el nivel de conocimiento y las experiencias a la hora de reconocer, expresar y poder regular las emociones.

En el último capítulo de *En el limbo* vamos a abordar un tema muy de moda, que no por ello deja de ser apasionante: la mente cuántica, las emociones cuánticas.

EJERCICIO. Película

Piensa en una decisión que vayas a tomar. Haz una pausa y pregúntate: «Si esto fuera una película, ¿cómo terminaría?». Consúltale a tu novio o novia.

EJERCICIO. Te escucho

En la próxima conversación que tengas, escucha al otro sin pensar en lo que va a decir. Deja que sepa qué piensas sobre lo que escuchaste. Ser escuchado es un regalo que les puedes dar a otros.

EJERCICIO. Color

¿Cuál es tu color favorito? Mira alrededor y fíjate en si puedes encontrarlo en tu ropa, detrás o delante de ti. Durante todo este día permanece atento a encontrar este color.

EJERCICIO. Sabor

¿Qué sabor hay en tu boca en este momento? Incluso si no notas nada, ¿qué sabor tiene la «nada»?

EJERCICIO. Busca

Busca por un momento fuera y dentro de ti hasta encontrar algo hermoso.

EJERCICIO. No lo veía

Viaja por algún lugar al que hayas ido cientos de veces. Ahora, detente y mira en todas direcciones. ¿Qué es lo que te habías perdido?

EJERCICIO. Lo ignoraba

Te invito a prestar atención a algo que normalmente ignoras: el cielo, la lámpara del techo, un árbol, una flor, un cuadro... ¿Hay algo guay en las cosas ordinarias? ¿Te animas a compartirlo?

EJERCICIO. ¿Con quién?

Si pasas mucho tiempo con gente negativa, te vas a contagiar. Entonces, pasa la mayor cantidad de tiempo posible con gente positiva. Evalúa tu vida en este momento: ¿qué tipo de personas te rodean?, ¿creen en ti y te hacen sentir bien, o están constantemente criticándote y menospreciando tus ideas y sueños? Haz una lista de las diez personas con las que pasas la mayor parte de tu tiempo. Al lado, escribe cuánto te apoyan y de qué manera te gustaría que te apoyaran más.

Nombre 1: ....

Nombre 2: ....

Nombre 3: ....

Nombre 4: ....

Nombre 5: ....

Nombre 6: ....

Nombre 7: ....

Nombre 8: ....

Nombre 9: ....

Nombre 10: ....

17

Emociones cuánticas

«Emociones cuánticas» no se refiere a cuántas emociones tienes o puedes tener, sino al rol cada vez más preponderante de la teoría cuántica para comprender, entre otras muchas cosas, ciertas funciones de tu cerebro. La teoría cuántica —que describe el comportamiento de unas partículas muy diminutas— dejó de ser una rareza, antes confinada en el laboratorio. Ahora invade toda tu vida y se encuentra tanto en tu *smartphone* como en el número de la tarjeta de crédito que usas para comprar por internet. Lo cuántico se ha convertido en una palabra de moda. Cuando Max Planck inventó la teoría cuántica en 1900, pensó que solo era un truco matemático. Pero su «truco» explicaba por qué los físicos de la época no podían responder a esta pregunta: «¿Cuál es la naturaleza de la luz emitida por una llama o cualquier otro cuerpo caliente?». Sabían que la luz era una onda electromagnética generada por partículas cargadas eléctricamente, como los electrones, pero **el problema era que los cálculos que usaban para aplicar esta teoría contradecían los resultados** del laboratorio del espectro de luz generado por objetos calientes. Planck probó varias soluciones para resolver el problema antes de dar con la idea de que la luz es emitida por medio de energías «cuánticas». Múltiplos exactos de cierta cantidad mínima, o «cuanto». Llamó a esto «un acto de desesperación», pero produjo el espectro correcto de luz de un cuerpo caliente y eso le valió el Premio Nobel en 1918. Después, Albert Einstein y Niels Bohr obtuvieron sus propio Premio Nobel al extender el trabajo de Planck. Einstein mostró que *la luz viene en discretos paquetes de energía*, luego llamados *fotones*, y Bohr planteó que *los electrones en un átomo absorben o emiten fotones al tiempo que saltan entre niveles de energía cuántica*. Ahora se sabe que los saltos cuánticos son reales y se trata de cantidades de energía muy pequeñas. El brillo tenue de una vela representa un torrente de fotones —trillones por segundo—. La luz que irradia una fuente es como arena derramándose de un cubo. Parece ser una corriente continua, pero en realidad es una multitud de pequeñísimos granos perdidos dentro del flujo mayor. De forma similar, *los saltos cuánticos en los átomos son cambios extremadamente pequeños en la energía, a pesar de que con frecuencia se habla de «saltos cuánticos» como grandes cambios. Esto es incorrecto.*

Esas partículas muy diminutas son, por ejemplo, *átomos*, *cuarks*, *fotones* y todo aquello que compone la realidad a una escala nanométrica o menor. Esta escala representa las cosas que son una millonésima parte de un milímetro. Todavía conocemos muy poco del comportamiento de estas nanopartículas, lo que confirma que aún no sabemos gran cosa del universo en general. Definamos cuarks y fotones. Los **cuarks** son las partículas elementales, o sea, aquellas que no tienen componentes más simples. Como los colores primarios. Su principal particularidad es que son los únicos elementos que desarrollan los cuatro tipos de *interacciones fundamentales*: **interacciones gravitatorias, interacciones electromagnéticas, interacciones nucleares débiles e interacciones nucleares fuertes**. Además, se han definido cuatro clases de cuarks, y la combinación de estas clases permite la conformación de otros tipos de partículas subatómicas, seguramente más conocidas por ti, como los *neutrones* y los *protones*. Es decir, los cuarks combinados forman neutrones y/o protones.

Y la combinación de estos últimos forma átomos. ¿Ya estás mareado? Esto no ha hecho más que empezar. Ponte el cinturón.

Por otra parte, el **fotón** es la partícula elemental responsable de las manifestaciones cuánticas del fenómeno electromagnético. Es la partícula portadora de todas las formas de radiación electromagnética, incluidos *los rayos gamma*, *los rayos X*, *la luz ultravioleta*, *la luz visible*, *la luz infrarroja*, *las microondas* y *las ondas de radio.* La noción de **electromagnetismo** se utiliza para nombrar la **interacción** que se establece entre **campos magnéticos** y **campos eléctricos**. Es decir, se encarga de la descripción de los fenómenos que se desarrollan a partir de la intervención de **cargas eléctricas**, tanto en movimiento como en reposo, que dan lugar a **campos magnéticos** y **eléctricos** y que producen efectos sobre gases, líquidos y sólidos. *¿Ya vas asociando?* **Los pensamientos son energía y las neuronas son materia con descargas eléctricas.**

Ahora bien, la **teoría cuántica** no predice valores definitivos para las propiedades físicas, sino solo *probabilidades*. Einstein no creía que la naturaleza fuera azarosa, como lo expresó en su famoso comentario «Dios no juega a los dados con el universo», pero en teoría cuántica este no parece ser el caso. Una pelota de fútbol pateada por un jugador tiene cierto impulso, pero, en el mundo cuántico, cualquier partícula, incluso esa pelota, lleva en sí todos sus posibles valores físicos al mismo tiempo o superpuestos *hasta que* es medida o interactúa con el ambiente.

Mente cuántica

Todos los seres vivos y todo a tu alrededor, lo que crees que es tu realidad, está formado por átomos. **Gran parte del interior de esos átomos está vacío**. Hoy, gracias al avance de la tecnología, los científicos han demostrado que un átomo se compone de un 99,99999 % de energía y un 0,00001 % de materia. O sea que podríamos decir que la materia es más *nada* (energía) que *algo* (partículas). Los físicos descubrieron que el solo hecho de que una persona *observe* las infinitesimales partículas del átomo afecta a la conducta de la energía y la materia de esas partículas. Es decir, los electrones del átomo existen como una infinidad de posibilidades o probabilidades en un campo de energía que es invisible. El electrón solo aparece cuando un observador se fija en la localización de ese electrón. Esto nos dice que una partícula no puede manifestarse en la realidad del espacio-tiempo, como la conoces tú, hasta que no sea observada. *¡Esto es física cuántica!* Solo cuando un observador busca un electrón se encuentra un punto concreto en el espacio y en el tiempo en el que todas las posibilidades del electrón se colapsan en ese suceso físico, la **observación**. A partir de esta teoría, la mente y la materia (tu cerebro) ya no se consideran como separadas, sino intrínsecamente ligadas. **Porque la mente, que es subjetiva, produce cambios físicos en un mundo perceptible**.

Entonces, las partículas están en un estado de onda —recuerda que son energía en un 99,99999 %— mientras no son observadas. Por lo tanto, son en potencia todo y nada hasta que se observan. Existen por todas partes y en ningún lugar hasta que son observadas. O sea que todo lo que existe en tu realidad física existe como puro potencial. Si las partículas subatómicas pueden existir de forma simultánea en infinidad de posibles lugares, en potencia eres capaz de colapsar en una infinidad de posibles realidades. *¿Te has perdido? Vuelve a leerlo en voz alta y despacio.* Lo increíble es que, **si puedes imaginar un acontecimiento futuro de tu vida basándote en tus deseos, esta realidad ya existe como posibilidad en un campo cuántico y está esperando a que la observes.** ¡Guau!

¿De qué te sirve saber todo esto en un libro cuyo eje principal son las emociones? Es que para la física cuántica tus pensamientos y emociones no son una excepción a esta teoría. **Los pensamientos y las emociones tienen una señal electromagnética**. Cuando piensas, envías una señal eléctrica al campo cuántico y, como ya sabes, ese pensamiento influye en cómo te sientes. Es decir, tus estados emocionales tendrían el poder de atraer *magnéticamente* situaciones particulares en tu vida. *¿Nunca te pasó que cuando estás bien todo parece salir cada vez mejor, o lo opuesto?* Muchos autores sostienen que, cuando se une *ese* pensamiento con *esa* emoción, produces una huella electromagnética que a su vez ejerce influencia en todos los átomos que influyen en tu mundo. Si seguimos con este marco teórico, podríamos asegurar que existen infinitas posibles huellas electromagnéticas que tienen un patrón de frecuencia de energía. Una huella de riqueza, de libertad, de salud, de genialidad, etc. Por lo pronto, esto indicaría que, **si cambias tus formas de pensar (creencias), emociones y comportamientos, estás creando un nuevo campo electromagnético**. Para que esto ocurra debes hacer conscientes todas las creencias que están en tu subconsciente y que, por ejemplo, bloquean algo de tu vida. Si conscientemente quieres un coche, pero tu mente subconsciente te dice lo contrario, es probable que de pequeño tus padres nunca hayan tenido coche o les haya costado muchísimo conseguir uno, o que creas que el transporte público es lo mejor que hay. Esta última es la señal que tu mente subconsciente manda al campo cuántico; por eso no tienes coche. Deberías desbloquear esa creencia, ya que el cambio precisa *coherencia*. *¿A qué me refiero con coherencia?* **El principio de coherencia se da cuando tus pensamientos y tus emociones comienzan a alinearse**. Si tus pensamientos quieren una cosa, pero tus emociones otra, no hay coherencia. *Quiero presentar mi trabajo frente a mi equipo, me hará bien, estoy segu-*

ro, pero mis emociones de miedo y vergüenza a que se rían de mí me indican lo contrario: no presentar el trabajo frente a mi equipo.

Al igual que ocurre cuando pensamientos y emociones están alineados, las ondas de una señal son mucho más potentes cuando son coherentes. Cuando piensas de forma clara y focalizada en un objetivo y acompañas ese pensamiento con una emoción coherente, transmites una señal electromagnética mucho más potente que te va a atraer hacia una posible realidad que coincide con eso que deseas. Según esta teoría, si quieres mucho dinero y piensas en hacerte millonario, pero sientes que jamás lo lograrás, entonces nunca obtendrás ese dinero. **Los pensamientos son el lenguaje del cerebro y las emociones, el del cuerpo**. Piensas una cosa, pero sientes otra. Sin esa coherencia tu campo cuántico tampoco responde de forma coherente. Para el doctor Joe Dispenza, con base en esta teoría de la mente cuántica, tú creas tu futuro. El problema es que, como vives guiado por una serie de pensamientos, emociones y comportamientos que están memorizados en tu subconsciente y los repites sin cesar, tu futuro siempre es un poco lo mismo que tu presente. Dispenza dice que reafirmas tu personalidad. Eres siempre el mismo y por eso es tan difícil cambiar.

Dicho de otra forma, los únicos límites que existen en tu vida son aquellos que interpone tu pensamiento, ya que, si te enfrentas a un nuevo desafío, empleo, estudios o realidad, tu pensamiento te puede limitar, impulsar y desafiar a seguir adelante, detenerte o retroceder. Todo esto depende, además, de tu motivación. Ella, como ya vimos, es la fuerza interior que te lleva a descubrir y aprender cosas nuevas, que te impulsa a satisfacer tus diferentes necesidades y te guía para explorar tus intereses. Es tu motor. Si tu motor se encuentra en perfecto estado y tiene un objetivo que alcanzar, impulsará la máquina hacia ese objetivo. Pero, si se encuentra sin fuerzas, sin objetivos, la máquina se quedará quieta, estática, observando cómo la vida pasa frente a ella, no ella por la vida. **Sin motivación, tu pensamiento no te permite generar las situaciones necesarias para crear la realidad**. Entonces, para este enfoque, **tu motivación es la materia prima fundamental para crear tu realidad, y sus únicos límites los colocan tus pensamientos**. Todos tus pensamientos, sean positivos o negativos, afectan a tu realidad y al rumbo de tu vida.

El físico Werner Heisenberg decía: «Los átomos no son cosas, son tendencias». ¿Nunca has tenido la sensación de haber experimentado una situación, haber estado en un lugar, haber vivido en otra época, etc.? ¿Existen la reencarnación, los universos paralelos, viajar en el tiempo mientras duermo...? ¿Por qué tus sueños son tan vívidos que parecen formar parte de tu realidad? Estas y otras preguntas hoy se pueden responder mediante la física cuántica.

Tu cuerpo, el mar; tu mente, las olas

La posibilidad de conexiones de las neuronas en tu cerebro es mayor que la cantidad de átomos en el universo. Tus neuronas son tridimensionales; más o menos 100.000 neuronas caben en un grano de arena. Aprender implica crear nuevas conexiones sinápticas entre ellas. Como ya vimos, la neuroplasticidad es la habilidad de cambiar el cableado sináptico. Al aprender y registrar experiencias, tu plasticidad permite que evolucionen tus comportamientos o modifiques tus conductas de modo que puedas hacer mejor las cosas en la vida. Por el contrario, si solo usas tus conexiones sinápticas precableadas, es decir, tus memorias, sin hacer nuevas conexiones, no puedes aprender de las experiencias. **Rigidez, en neurociencia, sería procesar los mis-**

mos pensamientos, sentir igual y realizar las mismas acciones y luego esperar que ocurra algo distinto, y eso, por supuesto, no ocurrirá.

Cada vez que piensas produces diferentes neurotransmisores. Si tienes un **pensamiento positivo, produces serotonina**, que te va a hacer sentir feliz. Por lo tanto, un pensamiento, que no es materia, sino energía, activa circuitos en el cerebro para producir neuroquímicos y hormonas que le envían señales a tu cuerpo para que puedas sentir de manera exacta ese pensamiento. Los pensamientos positivos, según algunos científicos, como Teresa Aubele, hacen más dinámicas tus sinapsis (conexión entre neuronas); aumentan tu productividad mental, mejorando tu cognición; permiten que prestes más y mejor atención, y mejoran tu habilidad para pensar, analizar datos nuevos, resolver problemas más rápido y ser más creativo. Si tienes un pensamiento negativo, te hace sentir infeliz. El doctor Robert Saplsky demostró que con pensamientos negativos tu cerebro no puede desempeñarse con su capacidad normal y además te es más difícil incorporar información nueva. El doctor Peter Mariën estudió que con ese tipo de pensamientos se reduce la actividad de tu cerebelo, que controla tu coordinación, tu equilibrio, tus relaciones con los demás y también tu velocidad de pensamiento. Además, los pensamientos negativos apagan tu creatividad, impactan en el lóbulo temporal izquierdo y afectan a tu humor, tu memoria y el control de tus impulsos.

En el momento en que empiezas a sentir de la misma forma en que piensas, esa química produce cierta continuidad de cambio en el cuerpo. Tu cerebro está en constante comunicación con tu cuerpo. Al comenzar a pensar de la forma en que te sientes y a sentir lo que piensas, este pensar-sentir/sentir-pensar va creando tu estado día a día. Estos estados emocionales, para Dispenza, son memorizados por el cerebro y se vuelven parte de tu personalidad. Según él, cuando te defines como «yo soy de esta manera», tu mente y tu cuerpo están trabajando juntos. Por lo tanto, si pasaste los últimos veinte años repitiendo y memorizando, por ejemplo, un estado de negatividad, mantuviste un programa subconsciente que memorizó tus actitudes y comportamientos y te transformó en lo que eres hoy.

Científicos, neurocientíficos y biólogos han comenzado a entender que no solo puedes cambiar los circuitos de tu cerebro, sino que también puedes regenerar las células cerebrales. El aprendizaje se trata de crear nuevas conexiones. Cada vez que tienes una nueva experiencia, grupos de células se reorganizan para reflejar lo que aprendiste de tu entorno. Pero, si no aprendes nada nuevo y no tienes ninguna experiencia nueva, el cerebro permanece literalmente igual, lo que significa que, si realizas las mismas acciones y piensas lo mismo, tu cerebro no cambia. Cuando empiezas a tener nuevas experiencias, el hecho de repetirlas no solo organiza el cerebro en circuitos; las últimas investigaciones demuestran que, mientras el entorno cambie, tu comportamiento continuará modificándose. Ciertas áreas del cerebro crean nuevas neuronas, lo que se conoce como neurogénesis.

Al igual que el cerebro y su neuroplasticidad, hoy los científicos más prestigiosos hablan de la *plasticidad genética.* Hay ciertas áreas de tus genes que son muy plásticas, modificables. Puedes tener algunos genes encendidos y otros apagados, y los mantienes así dependiendo de cómo piensas y sientes. Por ende, cambias tus pensamientos y emociones en la misma correlación en que puedes apagar viejos genes y encender otros nuevos. Sin embargo, a pesar de la neuroplasticidad y la plasticidad genética, en general, solo cuando enfrentas una crisis o una situación difícil en tu vida te tomas en serio la posibilidad de cambiar. Cuando esto ocurre empiezas a buscar a la persona que realmente quieres ser y a saber cómo ya *no* quieres ser, qué no quieres sentir más y qué conductas no quieres repetir. Algunos autores denominan este fenómeno «proceso de desaprendizaje de cambio». Tienes que desaprender tus pensamientos, emociones y comportamientos y volver a aprender otros nuevos. En este proceso se rompen circuitos en el cerebro y se reinventan otros. Pero, cuidado, según la teoría cuántica de la mente, esto va más allá del pensamiento positivo. Si piensas en positivo pero sientes de forma negativa, no sucederá; te recuerdo que tiene que haber *coherencia*.

Podemos decir que tu mente es tu cerebro en acción, tu cerebro trabajando. Como vimos, tu córtex prefrontal es la base de tu voluntad, tus aprendizajes, tus intenciones, atención, invención, especulación, toma de decisiones, etc. Influye en cómo controlas tu conducta, cómo te concentras. Además, es el que restringe o apacigua tus reacciones emocionales. Es la parte más nueva y más evolucionada del cerebro y del sistema nervioso, y es la parte con mayor neuroplasticidad. Cuando tu córtex prefrontal trabaja correctamente, permite que un pensamiento sea más real que todo lo demás. Esto sucede porque tiene conexiones con todas las partes de tu cerebro y puede acallar los demás circuitos para que no se procese nada más que ese pensamiento. Así es como puedes modificar tus comportamientos y combinar todas estas redes neuronales dentro de tu cerebro para crear una nueva idea. La ley cuántica dice que tu ambiente es una extensión de tu mente. Si cambias tu mente, tu vida debería cambiar. Para el doctor Dispenza, si alguna vez tuviste miedo, tristeza, ansiedad, rabia, decepción, etc., sin ningún motivo aparente es porque hubo algún momento de tu vida en el cual durante un tiempo estuviste viviendo con esa emoción. Esto pudo ser provocado por una experiencia determinada e incluso por una etapa en la que tus pensamientos fueron negativos. Según él, pasado un tiempo viviendo con esa emoción, tu cuerpo la memorizó, y ahora, sin pensar nada negativo y sin que haya nada externo que lo provoque, vuelves a tener esa emoción. **Tu cuerpo se hace adicto a esas emociones**. Para ser más exacto, se hace adicto a las sustancias bioquímicas que crean esas emociones. Esto es lo que hace que tu cuerpo pase a ser tu mente. Antes hizo falta algo externo, una experiencia o un pensamiento, para crear esa emoción, pero ahora ya no es necesario. Ahora la emoción viene incluso antes del pensamiento. Y es la emoción la que ahora te hace atraer situaciones no deseadas y pensamientos negativos al respecto. La emoción se activa como si fuese un programa de ordenador que se instaló hace tiempo y que ahora se inicia continuamente cuando menos lo esperas. Según este enfoque, la solución a estas *emociones memorizadas* es la **meditación**. Es cierto que a través de la meditación puedes pasar de las ondas cerebrales *beta*, a ondas *alfa* y *zeta*, que son aquellas con las que puedes acceder de forma más directa a tu inconsciente. Dentro de estas ondas cerebrales puedes cambiar patrones, creencias e incluso añadir la nueva información que sí deseas tener.

Entonces, las nuevas teorías neurocientíficas que estuvimos analizando te dicen que tu cerebro está organizado para reflejar todo lo que conoces de tu medioambiente. Las diferentes relaciones que tuviste con otras personas, todo lo que tienes o te es familiar, los lugares donde estuviste y todas tus experiencias están configuradas en lo plástico de tu cerebro. Incluso toda la variedad de pensamientos, emociones, acciones y comportamientos que vienes repitiendo en tu vida. Podríamos decir que, *en su vasta mayoría, tu cerebro es igual a tu ambiente*. En un día normal, la forma en que respondes y actúas frente a la gente conocida, los encuentros comunes en tus lugares cotidianos y las experiencias recurrentes en tu mundo personal suceden más bien mediante pensamientos, emociones y comportamientos automáticos que fueron memorizados. Por ende, puedes pensar en el cambio justamente pensando más allá de tus circunstancias presentes, más allá de tu ambiente. Tienes en tu cabeza una maravilla de flexibilidad, adaptabilidad y neuroplasticidad que te permite reformular y reconstruir tus conexiones neuronales para producir los comportamientos que quieres. Tienes mucho más poder para alterar tu cerebro, tus acciones e incluso tu personalidad y, de esta manera, tu realidad de lo que los científicos hasta hace muy poco creíamos. Es decir, la **neurociencia ya ha demostrado que puedes cambiar tu cerebro pensando diferente**. A través del concepto de entrenamiento mental, desempeñando múltiples veces una acción imaginada, los circuitos de tu cerebro pueden reorganizarse para reflejar tus intenciones. En un estudio de Álvaro Pascual-Leone se mostraron los mismos cambios cerebrales en personas que imaginaban movimientos con una mano dos horas al día durante cinco días que en aquellas que realmente hicieron los movimientos. O sea, cuando *estás realmente enfocado*, tu cerebro no distingue entre tu mundo interno de la mente y tu ambiente externo. Este proceso interno te permite involucrar tus representaciones internas, tus deseos, tus sueños y tus pensamientos para que tu cerebro modifique su cableado sin siquiera haber vivido la experiencia. **Cuando cambias tu mente, tus pensamientos y tus emociones de manera insistente e idealmente con mucha concentración y foco, independientemente del ambiente, tu cerebro se adelanta a la experiencia externa**. Dicho de otra manera, tu cerebro va a funcionar como si la experiencia ya hubiera ocurrido. Entonces, cuando te desafías a ti mismo y tus pensamientos, permites que los circuitos apropiados se establezcan y puedas comportarte de manera consistente con tus intenciones. **Cuando cambias tu mente, cambias tu cerebro y cuando cambias tu cerebro, cambias tu mente**. Es como si estuvieses viviendo tu futuro, pero en tu cabeza. Y, cuando esto sucede, tu cuerpo va a empezar a cambiar para prepararte para tu nueva experiencia. En un estudio del doctor Vinoth Ranganathan, las personas que imaginaban levantar pesas con sus bíceps durante un corto período cada día mostraban un incremento del 13 % en ese músculo sin siquiera haber tocado una pesa. Tu cuerpo cambia para alinearse con tus intenciones. *Ya tienes la excusa perfecta para no ir al gimnasio: «Me lo dijo Ranganathan».*

Es decir, para los investigadores de la mente cuántica, cuanto más piensas, imaginas o construyes una imagen mental de un comportamiento en un evento futuro, más fácil te resulta realizar ese comportamiento, ya que tu mente y tu cuerpo se alinean para ese fin. Sin embargo, cuando hablamos de cambio, no podemos dejar de lado el producto final de cualquier experiencia de tu vida: **las emociones**. Cuando estás en medio de una experiencia, todos tus sentidos están recolectando datos y enviando información al cerebro. Mientras esto ocurre, muchas neuronas se van a organizar para reflejar ese evento y se liberan neurotransmisores y químicos. Sientes algo, emociones. Podríamos decir que ellas reflejan tu pasado. Emociones como la ira, la frustración, el miedo o la preocupación pueden llevarte en la dirección opuesta al cambio. Tienes que aprender a pensar independientemente de los estímulos de tu ambiente. **Para cambiar, primero tienes que tener claro en qué estás pensando, ser consciente**. Tienes que decidir qué es lo que *no* quieres ser más. Ese nivel de consciencia requiere esfuerzo por tu parte. Esfuerzo que muy pocos están dispuestos a hacer. *Y tú... ¿estás dispuesto?*

El futuro de la humanidad está en tus manos. Tu futuro, en tu cabeza.

¿Te acuerdas del desafío del principio de *En el limbo*?

Durante un mes tienes a las treinta personas que van a dirigir el destino de la humanidad en los próximos cincuenta años.

Puedes hacer con ellas lo que quieras. La idea es capacitarlas para que hagan mejor su desafiante tarea. Cuentas con todos los recursos. ¿Qué harías?

Has empezado un viaje.

Tómate un momento para sentir lo que sientes. Tómate un momento para pensar en lo que estás pensando. Tómate un momento para pensar en lo que sientes. Respira profundamente y lleva la atención al intervalo que existe entre una inhalación y una exhalación.

Está claro y has aprendido que muchas veces no tienes el control de lo que pasa en la vida, incluso en la tuya. Pero espero que con *En el limbo* hayas aprendido también que puedes tener algo de control, puedes gobernar o gestionar cómo reaccionas o cómo respondes. En lugar de que tu resistencia o incomodidad te saquen del camino, estuviste entrenando tu cerebro, usando tu mente, tus pensamientos y tus emociones; y puedes seguir haciéndolo. Ellos no son tus dueños, sino que tú eres dueño de ellos. Son tuyos y de nadie más. Espero que puedas usarlos de una nueva manera, pero que esta vez te convenga a ti. Obviamente, sin hacer daño a los demás. Que se relacionen lo más posible con tus objetivos a corto, medio y largo plazo. Como persona, como profesional o como padre o hijo. Como tú quieras. Por favor, **cree en que puedes** lograrlo, **ten ganas** de que suceda y ponte a **practicar, practicar y practicar**. Ese es el camino que vengo recorriendo y en el que encuentro mayor paz, a pesar de que también tiene baches y obstáculos. Es conociendo cuando siento que logro superarlos más fácilmente. O, al menos, con mayor decisión.

¡Buen viaje!

Agradecimientos

En especial, a Flor Cambariere.

A Joaco, Shumi y Haru.

A Juan Pablo Cambariere y Max Aguirre.

A Fer Lirman, siempre.

A Vale Venegas.

A Caro Madero.

A Santi Schettini, Diego Cheja, Agus Foti y Andy Ovsejevich, por acompañarme.

A Carlota Ramírez y María Teresa Goicochea.

A Alfredo Vidal, Fran Vanoni, Gustavo Marcaccio, Enrique Pichot y José Cochi Pellicena, por enseñarme.

A Marilin Mataloni, Silvia Espínola y Castorina Espinoza.

A la Universidad Torcuato Di Tella, en especial, a Ernesto Schargrodsky, Ariel Yukelson, Luis Pereiro, Daniel Serrot, Mariano Bergman y Grace Villaruel.

A Juli Moret.

A mis estudiantes de la Universidad Torcuato Di Tella.

A Ilan Bajarlia y su Educación Responsable de Uruguay.

A todas aquellas personas que sufren de migrañas y no se dan por vencidas.

A todas aquellas personas que me han enviado mensajes cálidos y positivos acerca de la lectura de *ÁgilMente*, *EnCambio* y *Random*.

Y, en especial, a Jes Barrionuevo, por estos últimos meses de inspiración.

A mis seguidores de @estanislaobachrach.

Bibliografía

Adolphs, R. (1999). «The human amygdala and emotion». *Neuroscientist* 5, 125-137. DOI: 10.1177/107385849900500216.

—, (2016). «Human lesion studies in the 21st century». *Neuron* 90, 1151-1153. DOI: 10.1016/j.neuron. 2016.05.014.

—, (2017). «How should neuroscience study emotions? by distinguishing emotion states, concepts, and experiences». *Soc. Cogn. Affect. Neurosci.* 12, 24-31. DOI: 10.1093/scan/nsw153.

—, Gosselin, F. Buchanan, T. W., Tranel, D., Schyns, P., y Damasio, A. R. (2005a). «A mechanism for impaired fear recognition after amygdala damage». *Nature* 433: 68-72.

—, Tranel, D., Damasio, H., y Damasio, A. R. (1994). «Impaired recognition of emotion in facial expressions following bilateral damage to the human amygdala». *Nature* 372, 669-672. DOI: 10.1038/372669a0.

—, Tranel, D., Damasio, H., y Damasio, A. R. (1995). «Fear and the human amygdala». *J. Neurosci.* 15, 5879-5891.

Aleman, A., y Swart, M. (2008). «Sex differences in neural activation to facial expressions denoting contempt and disgust». *Public Library of Science One* 3(11): e3622.

Almeida, I., Soares, S. C., y Castelo-Branco, M. (2015). «The distinct role of the amygdala, superior colliculus and pulvinar in processing of central and peripheral snakes». *Public Library of Science One* 10:e0129949. DOI: 10.1371/journal.pone.0129949.

Alpers, G. W., Gerdes, A. B., Lagarie, B., Tabbert, K., Vaitl, D., y

Stark, R. (2009). «Attention and amygdala activity: an fMRI study with spider pictures in spider phobia». *J. Neural. Transm.* 116, 747-757. DOI: 10.1007/s00702-008-0106-8.

Anderson, A. K., Christoff, K., Panitz, D., De Rosa, E., y Gabrieli, J. D. (2003). «Neural correlates of the automatic processing of threat facial signals». *J. Neurosci.* 23, 5627-5633.

—, y Phelps, E. A. (2000). «Expression without recognition: contributions of the human amygdala to emotional communication». *Psychol. Sci.* 11, 106-111. DOI: 10.1111/1467-9280.00224.

Anderson, M. L. (2010). «Neural reuse: a fundamental organizational principle of the brain». *Behav. Brain Sci.* 33, 245-266; discussion 266-313. DOI: 10.1017/s0140525x10000853.

— (2016). «Précis of after phrenology: neural reuse and the interactive brain». *Behav. Brain Sci.* 39, e120. DOI: 10.1017s0140525x15000631.

— Kinnison, J., y Pessoa, L. (2013). «Describing functional diversity of brain regions and brain networks». *Neuroimage* 73, 50-58. DOI: 10.1016/j.neuroimage.2013.01.071.

Anderson, S. W., Barrash, J., Bechara, A., y Tranel, D. (2006). «Impairments of emotion and real-world complex behavior following childhood —or adult— onset damage to ventromedial prefrontal cortex». *Journal of the International Neuropsychological Society* 12: 224-35.

Barrett, L. (2006). «Solving the emotion paradox: categorization and the experience of emotion». *Pers. Soc. Psychol. Rev.* 10, 20-46. DOI: 10.1207/s15327957pspr1001_2.

— (2014). «The conceptual act theory: a précis». *Emot. Rev.* 6, 292-297. DOI: 10.1177/1754073914534479.

—, y Russell, J. (2015). *The Psychological Construction of Emotion*. Nueva York, NY: Guilford Publications.

—, Wilson-Mendenhall, C., y Barsalou, L. (2015). «The conceptual act theory: a road map», en *The Psychological Construction of Emotion*, eds. L. F. Barrett y J. A. Russell (Nueva York, NY: Guilford Publications).

— (2017). «How Emotions are made», *HMH*.
—, y Lewis M. (2010). *Handbook of Emotions, The Guilford Press*, 3.ª ed.
— (2017). «The theory of constructed emotion: an active inference account of interoception and categorization». *Soc. Cogn. Affect. Neurosci.* 12, 1-23. DOI: 10.1093/scan/nsx060.
Bastiaansen, J. A., Thioux, M., *et al.* (2009). «Evidence for mirror systems in emotions». *Philos Trans R Soc Lond B Biol Sci* 364 (1528): 2391- 2404.
Bechara, A., Tranel, D., Damasio, H., y Adolphs, R. (1995). «Double dissociation of conditioning and declarative knowledge relative to the amygdala and hippocampus in humans». *Science* 269, 1115-1118. DOI: 10.1126/science.7652558.
Berridge, K. C. (2003). «Pleasures of the brain». *Brain and Cognition* 52: 106-28.
— (2004). «Motivation concepts in behavioral neuroscience». *Physiology and Behavior* 81 (2): 179-209.
Bertini, C., Cecere, R., y Ladavas, E. (2013). «I am blind, but I 'see' fear». *Cortex* 49, 985-993. DOI: 10.1016/j.cortex.2012.02.006.
Bishop, S. J., Duncan, J., y Lawrence, A. D. (2004). «State anxiety modulation of the amygdala response to unattended threat-related stimuli». *J. Neurosci.* 24, 10364-10368. DOI: 10.1523/JNEUROSCI.2550-04.2004.
Blair, R. J., Morris, J. S., *et al.* (1999). «Dissociable neural responses to facial expressions of sadness and anger». *Brain* 122 (Pt. 5): 883-93.
Bradley, M. M., Codispoti, M., *et al.* (2001). «Emotion and motivation II: Sex differences in picture processing». *Emotion* I (3): 300-19.
Bremner, J. D., Soufer, R., *et al.* (2001). «Gender differences in cognitive and neural correlates of remembrance of emotional word». *Psychopharmacol Bull* 35 (3): 55-78.
Brennan, Teresa (2004). *The Transmission of Affect*. Ithaca: Cornell U. P.
Bressler, S. L., y Menon, V. (2010). «Large-scale brain networks in cognition: emerging methods and principles». *Trends Cogn. Sci.* 14, 277-290. DOI: 10.1016/j.tics.2010.04.004.

Brierley, B., Medford, N., Shaw, P., y David, A. S. (2004). «Emotional memory and perception in temporal lobectomy patients with amygdala damage». *J. Neurol. Neurosurg. Psychiatry* 75, 593-599. DOI: 10.1136/jnnp.2002.006403.

Brody, L. (1997). «Gender and emotions: Beyond stereotypes». *Journal of Social Issues* 53: 369-94.

Cahill, L. (2003). «Sex- related influences on the neurobiology of emotionally influenced memory». *Ann NT Acad Sci* 985: 163-73.

Caldara, R. (2017). «Culture reveals a flexible system for face processing». *Current Directions in Prychological Science* 26: 249-55.

Calder, A. J., Keane, J., Manes, F., Antoun, N., y Young, A. W. (2000). «Impaired recognition and experience of disgust following brain injury». *Nat. Neurosci.* 3, 1077-1078. DOI: 10.1038/80586.

—, Lawrence, A. D., y Young, A. W. (2001). «Neuropsychology of fear and loathing». *Nat. Rev. Neurosci.* 2, 352-363. DOI:10.1038/35072584.

Calvo, M. G., y Beltrán, D. (2013). «Recognition advantage of happy faces: tracing the neurocognitive processes». *Neuropsychologia* 51, 2051-2061. DOI: 10.1016/j.neuropsychologia.2013.07.010.

Candra, H., Yuwono, M., Handojoseno, A., Chai, R., Su, S., y Nguyen, H. T. (2015). «Recognizing emotions from EEG subbands using wavelet analysis». *Conf. Proc. IEEE Eng. Med. Biol. Soc.* 2015, 6030-6033. DOI: 10.1109/embc.2015.7319766.

Canli, T., Desmond, J. E., *et al.* (2002). «Sex differences in the neural basis of emotional memories». *Proc. Natl. Acad. Sci. USA* 99 (16): 10789-94.

Caramazza, A. (1986). «On drawing inferences about the structure of normal cognitive systems from the analysis of patterns of impaired performance: the case for single-patient studies». *Brain Cogn.* 5, 41-66. DOI: 10.1016/0278-2626(86)90061-8.

Carlson, J. M., Reinke, K. S., y Habib, R. (2009). «A left amygdala mediated network for rapid orienting to masked fearful faces».

Neuropsychologia 47, 1386-1389. DOI: 10.1016/j.neuropsychologia.2009.01.026.

Carlsson, K., Petersson, K. M., Lundqvist, D., Karlsson, A., Ingvar, M., y Ohman, A. (2004). «Fear and the amygdala: manipulation of awareness generates differential cerebral responses to phobic and fear-relevant (but nonfeared) stimuli». *Emotion* 4, 340-353. DOI: 10.1037/1528-3542.4.4.340.

Caruana, F., Jezzini, A., Sbriscia-Fioretti, B., Rizzolatti, G., y Gallese, V. (2011). «Emotional and social behaviors elicited by electrical stimulation of the insula in the macaque monkey». *Curr. Biol.* 21, 195-199. DOI: 10.1016/j.cub.2010.12.042.

Clark-Polner, E., Johnson, T. D., y Barrett, L. F. (2017). «Multivoxel pattern analysis does not provide evidence to support the existence of basic emotions». *Cereb. Cortex* 27, 1944-1948. DOI: 10.1093/cercor/bhw028.

Craig, A. D. (2002). «How do you feed? Interoception: The sense of the physiological condition of the body». *Nature Reviews Neuroscience* 3 (8): 655-66.

Cecere, R., Bertini, C., y Ladavas, E. (2013). «Differential contribution of cortical and subcortical visual pathways to the implicit processing of emotional faces: a tDCS study». *J. Neurosci.* 33, 6469-6475. DOI: 10.1523/jneurosci.3431-12.2013.

—, Bertini, C., Maier, M. E., y Ladavas, E. (2014). «Unseen fearful faces influence face encoding: evidence from ERPs in hemianopic patients». *J. Cogn. Neurosci.* 26, 2564-2577. DOI: 10.1162/jocn_a_00671.

Celeghin, A., Barabas, M., Mancini, F., Bendini, M., Pedrotti, E., Prior, M., *et al.* (2015a). «Speeded manual responses to unseen visual stimuli in hemianopic patients: what kind of blindsight?». *Conscious Cogn.* 32, 6-14. DOI: 10.1016/j.concog.2014.07.010.

—, De Gelder, B., y Tamietto, M. (2015b). «From affective blindsight to emotional consciousness». *Conscious Cogn.* 36, 414-425. DOI: 10.1016/j.concog.2015.05.007.

—, Diano, M., Costa, T., Adenzato, M., Mosso, C., Weiskrantz, L., *et al.* (2016). «Psychophysiological mechanisms guiding recognition of basic and complex emotions without visual cortex», en *XXIV National Congress of the Italian Society of Psychophysiology*, ed. M. Balconi (Milán: Led on Line), 77.

—, Savazzi, S., Barabas, M., Bendini, M., y Marzi, C. A. (2015c). «Blindsight is sensitive to stimulus numerosity and configuration: evidence from the redundant signal effect». *Exp. Brain Res.* 233, 1617-1623. DOI: 10.1007/s00221-015-4236-6.

Costa, T., Cauda, F., Crini, M., Tatu, M. K., Celeghin, A., De Gelder, B., *et al.* (2014). «Temporal and spatial neural dynamics in the perception of basic emotions from complex scenes». *Soc. Cogn. Affect. Neurosci.* 9, 1690-1703. DOI: 10.1093/scan/nst164.

—, Cauda, F., Crini, M., Tatu, M. K., Celeghin, A., De Gelder, B., *et al.* (2014). «Temporal and spatial neural dynamics in the perception of basic emotions from complex scenes». *Soc. Cogn. Affect. Neurosci.* 9, 1690-1703. DOI: 10.1093/scan/nst164.

Critchley, H. D., Mathias, C. J., y Dolan, R. J. (2002). «Fear conditioning in humans: the influence of awareness and autonomic arousal on functional neuroanatomy». *Neuron* 33, 653-663. DOI: 10.1016/S0896-6273(02)00588-3.

Damasio, A. R. (1994). *Descartes' Error: Emotion, Reason, and the Human Brain.* Nueva York, NY: G.P. Putnam's Sons.

— (1995). «Toward a neurobiology of emotion and feeling: Operational concepts and hypotheses». *Neuroscientist* 1: 19-25.

— (1999). *The Feeling of What Happens: Body and Emotion in the Making of Consciousness.* Nueva York: Harcourt Brace.

—, y Carvalho, G. B. (2013). «The nature of feelings: Evolutionary and neurobiological origins». *Nature Reviews Neuroscience* 14 (2): 143-52.

—, Grabowski, T., *et al.* (2000). «Feeling emotions: Subcortical and cortical brain activity during the experience of self- generated emotions». *Nature Neuroscience* 3: 1049-56.

Damasio, H., Grabowski, T., Frank, R., Galaburda, A. M., y Damasio, A. R. (1994). «The return of Phineas Gage: Clues about the brain from the skull of a famous patient». *Science* 264: 1102-4.

Davis, M. (1992). «The role of the amygdala in fear and anxiety». *Annual Review of Neuroscience* 15: 353-75.

De Gelder, B. (2006). «Towards the neurobiology of emotional body language». *Nat. Rev. Neurosci.* 7, 242-249. DOI: 10.1038/nrn1872.

—, y Hadjikhani, N. (2006). «Non-conscious recognition of emotional bodylanguage». *Neuroreport* 17, 583-586. DOI: 10.1097/00001756-200604240-00006.

—, Hortensius, R., y Tamietto, M. (2012). «Attention and awareness each influence amygdala activity for dynamic bodily expressions-a short review». *Front. Integr. Neurosci.* 6:54. DOI: 10.3389/fnint.2012.00054.

—, Pourtois, G., y Weiskrantz, L. (2002). «Fear recognition in the voice is modulated by unconsciously recognized facial expressions but not by unconsciously recognized affective pictures». *Proc. Natl. Acad. Sci. USA* 99, 4121-4126. DOI: 10.1073/pnas.062018499.

—, y Tamietto, M. (2007). «Affective blindsight». *Scholarpedia* 2:3555. DOI: 10.4249/scholarpedia.3555.

—, Tamietto, M., Van Boxtel, G., Goebel, R., Sahraie, A., Van den Stock, J., *et al.* (2008). «Intact navigation skills after bilateral loss of striate cortex». *Curr. Biol.* 18, R1128-R1129. DOI: 10.1016/j.cub.2008.11.002.

—, Van den Stock, J., Meeren, H. K., Sinke, C. B., Kret, M. E., y Tamietto, M. (2010). «Standing up for the body. Recent progress in uncovering the networks involved in the perception of bodies and bodily expressions». *Neurosci. Biobehav. Rev* 34, 513-527. DOI: 10.1016/j.neubiorev.2009.10.008.

—, Vroomen, J., Pourtois, G., y Weiskrantz, L. (1999). «Non-conscious recognition of affect in the absence of striate cortex». *Neuroreport* 10, 3759-3763. DOI: 10.1097/00001756-199912160-00007.

Dehaene, S., Changeux, J. P., Naccache, L., Sackur, J., y Sergent, C. (2006). «Conscious, preconscious, and subliminal processing: a testable taxonomy». *Trends Cogn. Sci.* 10, 204-211. DOI: 10.1016/j.tics.2006.03.007.

—, y Cohen, L. (2007). «Cultural recycling of cortical maps». *Neuron* 56, 384-398. DOI: 10.1016/j.neuron.2007.10.004.

Demos, Virginia E. (1995). «An Affect Revolution: Silvan Tompkin's Affect Theory». *Exploring Affect: The Selected Writings of Silvan S. Tomkins*. Ed. Virginia E. Demos. Nueva York: Syndicate of the University of Cambridge, 17-26.

Diano, M., Celeghin, A., Bagnis, A., y Tamietto, M. (2017a). «Amygdala response to emotional stimuli without awareness: facts and interpretations». *Front. Psychol.* 7:2029. DOI: 10.3389/fpsyg.2016.02029.

—, Tamietto, M., Celeghin, A., Weiskrantz, L., Tatu, M. K., Bagnis, A., *et al.* (2017b). «Dynamic changes in amygdala psychophysiological connectivity reveal distinct neural networks for facial expressions of basic emotions». *Sci. Rep.* 7:45260. DOI: 10.1038/srep45260.

Dispenza J. (2019). *Becoming Supernatural: How Common People Are Doing the Uncommon*. Audible Hay House Inc.; 2.ª ed.

— (2013). *Breaking the Habit of Being Yourself: How to Lose Your Mind and Create a New One*. Hay House Inc.; reimpresión.

— (2016). *You Are the Placebo: Making Your Mind Matter*, audiolibro de Audible, versión íntegra, 11 de octubre.

Dixon, M. L., Thiruchselvam, R., Todd, R., y Christoff, K. (2017). «Emotion and the prefrontal cortex: An integrative review». *Psychological Bulletin* 143: 1033-81.

Domínguez-Borràs, J., Saj, A., Armony, J. L., y Vuilleumier, P. (2012). «Emotional processing and its impact on unilateral neglect and extinction». *Neuropsychologia* 50, 1054-1071. DOI: 10.1016/j.neuropsychologia.2012. 03.003.

Dubois, J., y Adolphs, R. (2016). «Building a science of individual differences from fMRI». *Trends in Cognitive Sciences* 20: 425-43.

—, Oya, H., Tyszka, J. M., Howard, M., Eberhardt, F., y Adophs, R. (2018, en imprenta). «Causal mapping of emotion networks in the human brain: A framework and preliminary findings». *Neuropsychologia.*

Edelman, G. M., y Gally, J. A. (2001). «Degeneracy and complexity in biological systems». *Proc. Natl. Acad. Sci. USA* 98, 13763-13768. DOI: 10.1073/pnas.231499798.

Eger, E., Jedynak, A., Iwaki, T., y Skrandies, W. (2003). «Rapid extraction of emotional expression: evidence from evoked potential fields during brief presentation of face stimuli». *Neuropsychologia* 41, 808-817. DOI: 10.1016/S0028-3932(02)00287-7.

Ekman, P. (1994). «Strong evidence for universals in facial expressions: A reply to Russell's mistaken critique». *Psychological Bulletin* 115: 268-87.

— (1999). «Basic emotions», en *Handbook of Cognition and Emotion*, eds T. Dalgleish y M. J. Power (Nueva York, NY: John Wiley & Sons Ltd), 45-60.

— (1972). «Universal and Cultural Differences in Facial Expression of Emotion». *Nebraska Symposium on Motivation*. Ed. J. R. Cole. Lincoln: University of Nebraska Press: 207-82.

Esch, T., y G. B. Stefano (2005). «The neurobiology of love». *Neuro Endocrinol Lett* 26 (3): 175-92.

Esslen, M., Pascual-Marqui, R. D., Hell, D., Kochi, K., y Lehmann, D. (2004). «Brain areas and time course of emotional processing». *Neuroimage* 21, 1189-1203. DOI: 10.1016/j.neuroimage.2003.10.001.

Fehr, B., y Russell, J. A. (1984). «Concept of emotion viewed from a prototype perspective». *J. Exp. Psychol.* 113, 464-486. DOI: 10.1037/0096-3445.113.3.464.

Feinstein, J. S., Adolphs, R., Damasio, A., y Tranel, D. (2011). «The human amygdala and the induction and experience of fear». *Curr. Biol.* 21, 34-38. DOI: 10.1016/j.cub.2010.11.042.

Feldman Barrett, L. (2015). «What emotions are (and aren't)». *The New York Times.*

— (2017a). *How Emotions Are Made: The Secret Life of the Brain.* New York Houghton Mifflin Harcourt.

— (2017b). «The theory of constructed emotion: An active inference account of interoception and categorization». *Social Cognitive and Affective Neuroscience* 12: 17-20.

—, Mesquita, B., Ochsner, K. N., y Gross, J. J. (2007). «The experience of emotion». *Annual Review of Psychology* 58: 373-403.

Fleming, K. (2016*). Emotional Agility*, FT Publishing Pearson.

Friston, K. J., y Price, C. J. (2003). «Degeneracy and redundancy in cognitive anatomy». *Trends Cogn. Sci.* 7, 151-152. DOI: 10.1016/S1364-6613(03)00054-8.

Galati, D. (1993). «Conoscenza delle emozioni ed emozioni primarie», en *Le Emozioni Primarie*, ed. D. Galati (Torino: Bollati Boringhieri).

Gallese, V. (2008). «Mirror neurons and the social nature of language: the neural exploitation hypothesis». *Soc. Neurosci.* 3, 317-333. DOI: 10.1080/17470910701563608.

—, y Lakoff, G. (2005). «The Brain's concepts: the role of the sensory-motor system in conceptual knowledge». *Cogn. Neuropsychol.* 22, 455-479. DOI: 10.1080/02643290442000310.

Gendron, M., Robertson, D., Van der Vyver J. M., y Feldman Barrett, L. (2014). «Perceptions of emotion from facial expressions are not culturally universal: Evidence from a remote culture». *Emotion* 14: 251-62.

Georgy, L., Celeghin, A., Marzi, C. A., Tamietto, M., y Ptito, A. (2016). «The superior colliculus is sensitive to gestalt-like stimulus configuration in hemispherectomy patients». *Cortex* 81, 151-161. DOI: 10.1016/j.cortex.2016.04.018.

Gilbert, J. (2004). «Signifying Nothing: 'Culture', 'Discourse' and the Sociality of Affect». *Culture Machine*. <http://culturemachine.tees.ac.uk/>.

Glenn, A. L., Raine, A., y Schug, R. A. (2009). «The neural correlates of moral decision-making in psychopathy». *Mol. Psychiatry* 14, 5-6. DOI: 10.1038/mp.2008.104.

Goleman, D. (2005). *Emotional Intelligence: Why It Can Matter More Than IQ Bantam*; edición por el décimo aniversario.

Goyer, P. F., Andreason, P. J., Semple, W. E., Clayton, A. H., King, A. C., Compton-Toth, B. A., *et al.* (1994). «Positron-emission tomography and personality disorders». *Neuropsychopharmacology* 10, 21-28. DOI: 10.1038/npp.1994.3.

Grabowska, A., Marchewka, A., Seniów, J., Polanowska, K., Jednoróg, K., y Królicki, L. (2011). «Emotionally negative stimuli can overcome attentional deficits in patients with visuo-spatial hemineglect». *Neuropsychologia* 49, 3327-3337. DOI: 10.1016/j.neuropsychologia.2011.08.006.

Grafman, J., Schwab, K., Warden, D., Pridgen, A., Brown, H. R., y Salazar, A. M. (1996). «Frontal lobe injuries, violence, and aggression: a report of the Vietnam head injury study». *Neurology* 46, 1231-1238. DOI: 10.1212/WNL.46.5.1231.

Gross, J.J. (2015). «Emotion regulation: Current status and future prospects». *Psychological Inquiry* 26: 1-26.

Guillory, S.A., y Bujarski, K. A. (2004). «Exploring emotions using invasive methods: A review of 60 years of human intracranial electrophysiology». *Social Cognitive and Affective Neuroscience* 9: 1880-89.

Gur, R. C., Gunning-Dixon, F., *et al.* (2002). «Sex differences in temporo-limbic and frontal brain volumes of healthy adults». *Cereb Cortex* 12 (9): 998-1003.

Hamann, S. (2005). «Sex differences in the responses of the human amygdala». *Neuroscientist* 11 (4): 288-93.

Harenski, C. L., Antonenko, O., Shane, M. S., y Kiehl, K. A. (2010). «A functional imaging investigation of moral deliberation and moral intuition». *Neuroimage* 49, 2707-2716. DOI: 10.1016/j.neuroimage.2009.10.062.

Hurley, S. (2008). «The shared circuits model (SCM): how control, mirroring, and simulation can enable imitation, deliberation, and mindreading». *Behav. Brain Sci.* 31, 1-22; discussion 22-58. DOI: 10.1017/s0140525x07003123.

Immordino-Yang, M. H., McColl, A., *et al.* (2009). «Neural correlates of admiration and compassion». *Proc. Natl. Acad. Sci. USA* 106 (19): 8021-26.

— (2016). *Emotions, learning and the brain*, Norton & Company.

Izard, C. E. (1994). «Innate and universal facial expressions: evidence from developmental and cross-cultural research». *Psychol. Bull.* 115, 288-299. DOI: 10.1037/0033-2909.115.2.288.

James, W. (1884). «What is an emotion?». *Mind* 9: 188-205.

Janak, P. H., y Tye, K. M. (2015). «From circuits to behavior in the amygdala». *Nature* 517: 284-92.

Juruena, M. F., Giampietro, V. P., Smith, S. D., Surguladze, S. A., Dalton, J. A., Benson, P. J., *et al.* (2010). «Amygdala activation to masked happy facial expressions». *J. Int. Neuropsychol. Soc* 16, 383-387. DOI: 10.1017/s1355617709991172.

Kabat-Zinn J. (2016). *Mindfulness for Beginners: Reclaiming the Present Moment and Your Life*. Sounds True; reimpreso el 1 de julio.

Kahneman, D. (2011). *Thinking, Fast and Slow*. Nueva York: Farrar, Straus, and Giroux.

Kentridge, R. W., Heywood, C. A., y Weiskrantz, L. (2004). «Spatial attention speeds discrimination without awareness in blindsight». *Neuropsychologia* 42, 831-835. DOI: 10.1016/j.neuropsychologia.2003.11.001.

Killgore, W. D., y Yurgelun-Todd, D. A. (2004). «Activation of the amygdala and anterior cingulate during nonconscious processing of sad versus happy faces». *Neuroimage* 21, 1215-1223. DOI: 10.1016/j.neuroimage.2003.12.033.

Killingsworth, M. A., y Gilbert, D. T. (2010). «A wandering mind is an unhappy mind». *Science* 330: 932.

Kipps, C. M., Duggins, A. J., McCusker, E. A., y Calder, A. J. (2007). «Disgust and happiness recognition correlate with anteroventral insula and amygdala volume respectively in preclinical Huntington's disease». *J. Cogn. Neurosci.* 19, 1206-1217. DOI: 10.1162/jocn.2007.19.7.1206.

Kirby, L. A. J., y Robinson, J. L. (2015). «Affective mapping: an activation likelihood estimation (ALE) meta-analysis». *Brain Cogn.* DOI: 10.1016/j.bandc.2015.04.006 [publicación electrónica previa a la impresión].

Klein, C. (2012). «Cognitive ontology and region-versus network-oriented analyses». *Philos. Sci.* 79, 952-960. DOI: 10.1086/667843.

Kleinginna, R. K., y Kleinginna, M. A. (1981). «A categorized list of emotion definitions, with suggestions for a consensual definition». *Motivat. Emot.* 5, 345-379. DOI: 10.1007/BF00992553.

Kober, H., Barrett, L. F., Joseph, J., Bliss-Moreau, E., Lindquist, K., y Wager, T. D. (2008). «Functional grouping and cortical-subcortical interactions in emotion: a meta-analysis of neuroimaging studies». *Neuroimage* 42, 998-1031. DOI: 10.1016/j.neuroimage.2008.03.059.

Kokinous, J., Tavano, A., Kotz, S. A., y Schröger, E. (2017). «Perceptual integration of faces and voices depends on the interaction of emotional content and spatial frequency». *Biol. Psychol.* 123, 155-165. DOI: 10.1016/j.biopsycho.2016.12.007.

Kragel, P. A., Knodt, A. R., Hariri, A. R., y LaBar, K. S. (2016). «Decoding spontaneous emotional states in the human brain». *Plos Biology* 14: e2000106.

Krakauer, J. W., Ghazanfar, A. A., Gomez-Marin, A., MacIver, M. A., y Poeppel, D. (2017). «Neuroscience needs behavior: correcting a reductionist bias». *Neuron* 93, 480-490. DOI: 10.1016/j.neuron.2016.12.041.

Kukleta, M., Damborská, A., Roman, R., Rektor, I., y Brázdil, M. (2016). «The primary motor cortex is involved in the control of a non-motor cognitive action». *Clin. Neurophysiol.* 127, 1547-1550. DOI: 10.1016/j.clinph.2015.11.049.

LaBar, K. S., LeDoux, J. E., Spencer, D. D., y Phelps, E. A. (1995). «Impaired fear conditioning following unilateral temporal lobectomy in humans». *J. Neurosci.* 15, 6846-6855.

Labouvie-Vief, G., Lumley, M. A., *et al.* (2003). «Age and gender differences in cardiac reactivity and subjective emotion responses to emotional autobiographical». *Emotion* 3 (2): 115-26.

Ladavas, E., Cimatti, D., Del Pesce, M., y Tuozzi, G. (1993). «Emotional evaluation with and without conscious stimulus identification: evidence from a split-brain patient». *Cogn. Emot.* 7, 95-114. DOI: 10.1080/02699939308409179.

Laird, A. R., Lancaster, J. J., y Fox, P. T. (2005). «Brainmap». *Neuroinformatics* 3, 65-77. DOI: 10.1385/NI:3:1:065.

LeDoux, J. E. (1996). *The Emotional Brain.* Nueva York, NY: Simon & Schuster.

— (2012). «Rethinking the emotional brain». *Neuron* 73, 653-676. onf DOI: 10.1016/j.neuron.2012.02.004.

— (2014). «Coming to terms with fear». *Proc. Natl. Acad. Sci. USA* 111, 2871-2878. DOI: 10.1073/pnas.1400335111.

— (1994). «Emotional experience is an output of, not a cause of, emotional processing», en *The Nature of Emotion*, editado por P. Ekman y R. J. Davidson, 394-96. Nueva York: Oxford University Press.

— (2000). «Emotion circuits in the brain». *Annual Review of Neuroscience* 23:155-84.

—, y Brown, R. (2017). «A higher-order theory of emotional consciousness». *Proc. Natl. Acad. Sci. USA* 114, E2016-E2025. DOI: 10.1073/pnas.1619316114.

Lee, T. M., Liu, H. L., *et al.* (2002). «Gender differences in neural correlates of recognition of happy and sad faces in humans assessed by functional magnetic resonance imaging. Neural activities associated with emotion recognition observed in men and woman». *Mol Psychiatry* 10 (5): 450-55.

Levenson, R. W. (1994). «Human emotion: a functional view», en *The Nature of Emotion: Fundamental Questions*, eds. P. Ekman y R. J. Davidson (Oxford: Oxford University Press), 123-126.

Liddell, B. J., Brown, K. J., Kemp, A. H., Barton, M. J., Das, P., Peduto, A., *et al.* (2005). «A direct brainstem-amygdala-cortical 'alarm' system for subliminal signals of fear». *Neuroimage* 24, 235-243. DOI: 10.1016/j.neuroimage.2004.08.016.

Lindquist, K. A., Wager, T. D., Kober, H., Bliss-Moreau, E., y Barrett, L. F. (2012). «The brain basis of emotion: a meta-analytic review». *Behav. Brain Sci.* 35, 121-143. DOI: 10.1017/s0140525x11000446.

Liu, T. Y., Chen, Y. S., Hsieh, J. C., y Chen, L. F. (2015). «Asymmetric engagement of amygdala and its gamma connectivity in early emotional face processing». *Public Library of Science One* 10: e0115677. DOI: 10.1371/journal.pone.0115677.

Luo, Q., Cheng, X., Holroyd, T., Xu, D., Carver, F., y Blair, R. J. (2013). «Theta band activity in response to emotional expressions and its relationship with gamma band activity as revealed by MEG and advanced beamformer source imaging». *Front. Hum. Neurosci.* 7:940. DOI: 10.3389/fnhum.2013.00940.

Massumi, B. (1987). «Notes on the Translation and Acknowledgements», en Gilles Deleuze y Felix Guattari, *A Thousand Plateaus*. Minneapolis: University of Minnesota.

Mattavelli, G., Rosanova, M., Casali, A. G., Papagno, C., y Romero Lauro, L. J. (2016). «Timing of emotion representation in right and left occipital region: evidence from combined TMS-EEG». *Brain Cogn.* 106, 13-22. DOI: 10.1016/j.bandc.2016.04.009.

Mavratzakis, A., Herbert, C., y Walla, P. (2016). «Emotional facial expressions evoke faster orienting responses, but weaker emotional responses at neural and behavioural levels compared to scenes: a simultaneous EEG and facial EMG study». *Neuroimage* 124 (Pt. A), 931-946. DOI: 10.1016/j.neuroimage.2015.09.065.

Mitchell, I. J., Heims, H., Neville, E. A., y Rickards, H. (2005). «Huntington's disease patients show impaired perception of disgust in the gustatory and olfactory modalities». *J. Neuropsychiatry Clin. Neurosci.* 17, 119-121. DOI: 10.1176/jnp.17.1.119.

Morel, S., Ponz, A., Mercier, M., Vuilleumier, P., y George, N. (2009). «EEG-MEG evidence for early differential repetition effects for fearful, happy and neutral faces». *Brain Res.* 1254, 84-98. DOI: 10.1016/j.brainres. 2008.11.079.

Morris, J. S., Ohman, A., y Dolan, R. J. (1998). «Conscious and unconscious emotional learning in the human amygdala». *Nature* 393, 467-470. DOI: 10.1038/30976.

—, Ohman, A., y Dolan, R. J. (1999). «A subcortical pathway to the right amygdala mediating 'unseen' fear». *Proc. Natl. Acad. Sci. USA* 96, 1680-1685. DOI: 10.1073/pnas.96.4.1680.

Motzkin, J. C., Philippi, C. L., Wolf, R. C., Baskaya, M. K., y Koenigs, M. (2015). «Ventromedial prefrontal cortex is critical for the regulation of amygdala activity in humans». *Biological Psychiatry* 77: 276-84.

Murphy, F. C., Nimmo-Smith, I., y Lawrence, A. D. (2003). «Functional neuroanatomy of emotions: a meta-analysis». *Cogn. Affect. Behav. Neurosci.* 3, 207-233. DOI: 10.3758/CABN.3.3.207.

Nakamura, A., Maess, B., Knösche, T. R., y Friederici, A. D. (2014). «Different hemispheric roles in recognition of happy expressions». *Public Library of Science One* 9: e88628. DOI: 10.1371/ journal.pone.0088628.

Nordmark, P. F., Pruszynski, J. A., y Johansson, R. S. (2012). «BOLD responses to tactile stimuli in visual and auditory cortex depend on the frequency content of stimulation». *J. Cogn. Neurosci.* 24, 2120-2134. DOI: 10.1162/jocn_a_00261.

Ochsner, K. N., y Gross, J.J. (2005). «The cognitive control of emotions». *TICS* 9: 242-49.

Öhman, A. (2009). «Of snakes and faces: an evolutionary perspective on the psychology of fear». *Scand. J. Psychol.* 50, 543-552. DOI: 10.1111/j.1467-9450.2009.00784.x.

—, Flykt, A., y Esteves, F. (2001). «Emotion drives attention: detecting the snake in the grass». *J. Exp. Psychol. Gen.* 130, 466-478. DOI: 10.1037/0096-3445.130.3.466.

Ortony, A., y Turner, T. J. (1990). «What's basic about basic emotions?» *Psychol. Rev.* 97, 315-331. DOI: 10.1037/ 0033-295x. 97.3.315.

Oya, H., Howard, M. A., Magnotta, V. A., Kruger, A., Griffiths, T. D., Lemieux, L., Carmichael, D. W., Petkov, C. I., Kawasaki, H., Kovach, C. K., *et al.* (2017). «Mapping effective connectivity in the human brain with concurrent intracranial electrical stimulation and BOLD-fMRI». *Journal of Neuroscience Methods* 277: 101-12.

Panksepp, J. (1998). *Affective Neuroscience: The Foundations of Human and Animal Emotions.* Oxford: Oxford University Press.

Papagno, C., Pisoni, A., Mattavelli, G., Casarotti, A., Comi, A., Fumagalli, F., *et al.* (2016). «Specific disgust processing in the left insula: new evidence from direct electrical stimulation». *Neuropsychologia* 84, 29-35. DOI: 10.1016/j.neuropsychologia.2016.01.036.

Pascual-Leone, Á., *et al.* (1995). «Modulation of muscle responses evoked by transcranial magnetic stimulation during the acquisition of new fine motor skills». *Journal of Neurophysiology* 74 (3): 1037-1045.

Pasley, B. N., Mayes, L. C., y Schultz, R. T. (2004). «Subcortical discrimination of unperceived objects during binocular rivalry». *Neuron* 42, 163-172. DOI: 10.1016/S0896-6273(04)00155-2.

Penfield, W., y Faulk, M. E. (1955). «The insula: further observations on its function». *Brain* 78, 445-470. DOI: 10.1093/brain/78.4.445.

Pessoa, L. (2008). «On the relationship between emotion and cognition». *Nat. Rev. Neurosci.* 9, 148-158. DOI: 10.1038/nrn2317.

— (2010). «Emergent processes in cognitive-emotional interactions». *Dialogues Clin. Neurosci.* 12, 433-448.

— (2013). *The Cognitive - Emotional Brain: From Interactions to Integration*. Cambridge, MA: MIT Press.

— (2014). «Understanding brain networks and brain organization». *Phys. Life Rev.* 11, 400-435. DOI: 10.1016/j.plrev.2014.03.005.

— (2017). «A network model of the emotional brain». *Trends Cogn. Sci.* 21, 357-371. DOI: 10.1016/j.tics.2017.03.002.

—, McKenna, M., Gutierrez, E., y Ungerleider, L. G. (2002). «Neural processing of emotional faces requires attention». *Proc. Natl. Acad. Sci. USA* 99, 11458-11463. DOI: 10.1073/pnas.172403899.

Phan, K. L., Wager, T., Taylor, S. F., y Liberzon, I. (2002). «Functional neuroanatomy of emotion: a meta-analysis of emotion activation studies in PET and fMRI». *Neuroimage* 16, 331-348. DOI: 10.1006/nimg.2002.1087.

Phillips, M. L., Young, A. W., Scott, S. K., Calder, A. J., Andrew, C., Giampietro, V., *et al.* (1998). «Neural responses to facial and vocal expressions of fear and disgust». *Proc. Biol. Sci.* 265, 1809-1817. DOI: 10.1098/rspb.1998.0506.

—, Young, A. W., Senior, C., Brammer, M., Andrew, C., Calder, A. J., *et al.* (1997). «A specific neural substrate for perceiving facial expressions of disgust». *Nature* 389, 495-498. DOI: 10.1038/39051.

Plutchik, R. (1980). *Emotion: A Psychoevolutionary Synthesis.* Nueva York, NY: Harper and Row.

— (1994). *The Psychology and Biology of Emotion.* Nueva York, NY: Harper Collins.

Pockett, S., Purdy, S. C., Brennan, B. J., y Holmes, M. D. (2013). «Auditory click stimuli evoke event-related potentials in the visual cortex». *Neuroreport* 24, 837-840. DOI: 10.1097/WNR.0b013e328364fe82.

Premi, E., Cauda, F., Costa, T., Diano, M., Gazzina, S., Gualeni, V., *et al.* (2016). «Looking for neuroimaging markers in frontotemporal lobar degeneration clinical trials: a multi-voxel pattern analysis study in granulin disease». *J. Alzheimers Dis.* 51, 249-262. DOI: 10.3233/JAD-150340.

Radua, J., Mataix-Cols, D., Phillips, M. L., El-Hage, W., Kronhaus, D. M., Cardoner, N., *et al.* (2012). «A new meta-analytic method for neuroimaging studies that combines reported peak coordinates and statistical parametric maps». *Eur. Psychiatry* 27, 605-611. DOI: 10.1016/j.eurpsy.2011.04.001.

Raine, A., Lencz, T., Bihrle, S., LaCasse, L., y Colletti, P. (2000). «Reduced prefrontal gray matter volume and reduced autonomic activity in antisocial personality disorder». *Arch. Gen. Psychiatry* 57, 119-127; discussion 128-119. DOI: 10.1001/archpsyc.57.2.119.

Ranganathan, V. K., Siemionowa, V., Liu, J. Z., Sahgal, V., y Yue, G. H. (2004) «From mental power to muscle power; gaining strength by using the mind». *Neuropsychologia* 42, 944-150: 956.

Rosch, E. H. (1973). «Natural categories». *Cognit. Psychol.* 4, 328-350. DOI: 10.1016/0010-0285(73)90017-0.

Saarimäki, H., Gotsopoulos, A., Jaaskelainen, I. P., Lampinen, J., Vuilleumier, P., Hari, R., *et al.* (2016). «Discrete neural signatures of basic emotions». *Cereb. Cortex* 26, 2563-2573. DOI: 10.1093/cercor/bhv086.

Sacks, O. (1984). *A Leg to Stand On*. Nueva York: Touchstone.

Salzman, C. D., y Fusi, S. (2010). «Emotion, cognition, and mental state representation in amygdala and prefrontal cortex». *Annual Review of Neuroscience* 33: 173-202.

Savazzi, S., y Marzi, C. A. (2002). «Speeding up reaction time with invisible stimuli». *Curr. Biol.* 12, 403-407. DOI: 10.1016/S0960-9822(02)00688-7.

Scarantino, A. (2012). «Functional specialization does not require a one-to-one mapping between brain regions and emotions». *Behav. Brain Sci.* 35, 161-162. DOI: 10.1017/s0140525x11001749.

— (2015). «Basic emotions, psychological construction and the problem of variability», en *The Psychological Construction of Emotion*, eds. J. Russell y L. F. Barrett (Nueva York, NY: Guilford Press), 334-376.

— (2016). «The philosophy of emotions», en *Handbook of Emotions*, 4.ª ed., editado por L. Feldman Barrett, M. Lewis y J. M. Haviland-Jones. Nueva York: Guilford Press.

—, y Griffiths, P. (2011). «Don't give up on basic emotions». *Emot. Rev.* 3, 444-454. DOI: 10.1177/1754073911410745.

Scherer, K. R. (2009). «Emotions are emergent processes: they require a dynamic computational architecture». *Philos. Trans. R. Soc. Lond. B Biol. Sci.* 364, 3459-3474. DOI: 10.1098/rstb.2009.0141.

Schirmer, A., y Adolphs, R. (2017). «Emotion perception from face, voice, and touch: comparisons and convergence». *Trends Cogn. Sçi.* 21, 216-228. DOI: 10.1016/j.tics.2017.01.001.

Schulre-Ruther, M., Markowitsch, H. J., *et al.* (2008) «Gender differences in brain networks supporting empathy». *Neuroimage* 42 (1): 393-403.

Scott, S. K., Young, A. W., Calder, A. J., Hellawell, D. J., Aggleton, J. P., y Johnson, M. (1997). «Impaired auditory recognition of fear and anger following bilateral amygdala lesions». *Nature* 385, 254-257. DOI: 10.1038/385254a0.

Sergerie, K., Chochol, C., y Armony, J. L. (2008). «The role of the amygdala in emotional processing: a quantitative meta-analysis of functional neuroimaging studies». *Neurosci. Biobehav. Rev* 32, 811-830. DOI: 10.1016/j.neubiorev.2007.12.002.

Shackman, A. J., Fox, A. S., Lapate, R. C., y Davidson, R. J., eds. (2018). *The Nature of Emotion: Fundamental Questions.* 2.ª ed. Nueva York: Oxford University Press.

Shamay-Tsoory, S. G., Aharon-Peretz, J., *et al.* (2009). «Two systems for empathy: A double dissociation between emotional and cognitive empathy in inferior frontal gyrus versus ventromedial prefrontal lesions». *Brain* 132 (3): 617-27.

Shariff, A. F., y Tracy, J. L. (2011). «What are emotion expressions for?» *Curr. Dir. Psychol. Sci.* 20, 395-399. DOI: 10.1177/0963721411424739.

Smith, T. W. (2016). *The Book of Human Emotions: An Encyclopedia of Feeling from Anger to Wanderlust.* Londres: Wellcome Collection.

Sprengelmeyer, R. (2007). «The neurology of disgust». *Brain* 130 (Pt. 7), 1715-1717. DOI: 10.1093/brain/awm127.

—, Rausch, M., Eysel, U. T., y Przuntek, H. (1998). «Neural structures associated with recognition of facial expressions of basic emotions». *Proc. Biol. Sci.* 265, 1927-1931. DOI: 10.1098/rspb.1998.0522.

—, Young, A. W., Calder, A. J., Karnat, A., Lange, H., Hömberg, V., *et al.* (1996). «Loss of disgust. Perception of faces and emotions in Huntington's disease». *Brain* 119 (Pt. 5), 1647-1665. DOI: 10.1093/brain/119.5.1647.

—, Young, A. W., Schroeder, U., Grossenbacher, P. G., Federlein, J., Buttner, T., *et al.* (1999). «Knowing no fear». *Proc. Biol. Sci.* 266, 2451-2456. DOI: 10.1098/rspb.1999.0945.

Suzuki, A., Hoshino, T., Shigemasu, K., y Kawamura, M. (2006). «Disgust-specific impairment of facial expression recognition in Parkinson's disease». *Brain* 129, 707-717. DOI: 10.1093/brain/awl011.

Tamietto, M., Castelli, L., Vighetti, S., Perozzo, P., Geminiani, G., Weiskrantz, L., *et al.* (2009). «Unseen facial and bodily expressions trigger fast emotional reactions». *Proc. Natl. Acad. Sci. USA* 106, 17661-17666. DOI: 10.1073/pnas.0908994106.

—, Cauda, F., Celeghin, A., Diano, M., Costa, T., Cossa, F. M., *et al.* (2015). «Once you feel it, you see it: insula and sensory-motor contribution to visual awareness for fearful bodies in parietal neglect». *Cortex* 62, 56-72. DOI: 10.1016/j.cortex.2014.10.009.

—, y De Gelder, B. (2008). «Emotional contagion for unseen bodily expressions: evidence from facial EMG». *Paper Presented at the 2008 8th IEEE International Conference on Automatic Face and Gesture Recognition*, Ámsterdam. DOI: 10.1109/AFGR.2008.4813317.

—, y De Gelder, B. (2010). «Neural bases of the non-conscious perception of emotional signals». *Nat. Rev. Neurosci.* 11, 697-709. DOI: 10.1038/nrn2889.

—, Geminiani, G., Genero, R., y De Gelder, B. (2007). «Seeing fearful body language overcomes attentional deficits in patients with neglect». *J.Cogn.Neurosci.* 19,445-454.DOI:10.1162jocn.2007.19.3.445.

—, Latini Corazzini, L., Pia, L., Zettin, M., Gionco, M., y Geminiani, G. (2005). «Effects of emotional face cueing on line bisection in neglect: a single case study». *Neurocase* 11, 399-404. DOI: 10.1080/13554790500259717.

—, y Morrone, M. C. (2016). «Visual plasticity: blindsight bridges anatomy and function in the visual system». *Curr. Biol.* 26, R60-R82. DOI: 10.1016/j.cub.2015.11.026.

—, Pullens, P., De Gelder, B., Weiskrantz, L., y Goebel, R. (2012). «Subcortical connections to human amygdala and changes following destruction of the visual cortex». *Curr. Biol.* 22, 1449-1455. DOI: 10.1016/j.cub.2012.06.006.

Thioux, M., Gazzola, V., *et al.* (2008). «Action understanding: How, what and why». *Curr. Biol.* 18 (10): R431-R434.

Tomasino, B., y Gremisse, M. (2016). «The cognitive side of M1». *Front. Hum. Neurosci.* 10:1-20. DOI: 10.3389/fnhum.2016.00298.

Tomkins, S. (1995). *Exploring Affect: The Selected Writings of Silvan S. Tomkins*. Ed. Virginia E. Demos. Nueva York: Press Syndicate of the University of Cambridge.

— (1962). *Affect Imagery Consciousness: The Positive Affects*, vol. 1. Nueva York, NY: Springer.

Tooby, J., y Cosmides, L. (1990). «The past explains the present: emotional adaptations and the structure of ancestral environments». *Ethol. Sociobiol.* 11, 375-424. DOI: 10.1016/0162-3095(90)90017-Z.

Touroutoglou, A., Lindquist, K. A., Dickerson, B. C., y Barrett, L. F. (2015). «Intrinsic connectivity in the human brain does not reveal networks for 'basic' emotions». *Soc. Cogn. Affect. Neurosci.* 10, 1257-1265. DOI: 10.1093/scan/nsv013.

Tracy, J. L., y Randles, D. (2011). «Four models of basic emotions: a review of Ekman and Cordaro, Izard, Levenson, and Panksepp and Watt». *Emot. Rev.* 3, 397-405.

Tremblay, L., Worbe, Y., Thobois, S., Sgambato-Faure, V., y Féger, J. (2015). «Selective dysfunction of basal ganglia subterritories: from movement to behavioral disorders». *Mov. Disord.* 30, 1155-1170. DOI: 10.1002/mds.26199.

Troiani, V., y Schultz, R. T. (2013). «Amygdala, pulvinar, and inferior parietal cortex contribute to early processing of faces without awareness». *Front. Hum. Neurosci.* 7:241. DOI: 10.3389/fnhum.2013.00241.

Turkeltaub, P. E., Eden, G. F., Jones, K. M., y Zeffiro, T. A. (2002). «Meta-analysis of the functional neuroanatomy of single-word reading: method and validation». *Neuroimage* 163 (Pt. 1), 765-780. DOI: 10.1006/nimg.2002.1131.

Tybur, J. M., Lieberman, D., Kurzban, R., y DeScioli., P. (2013). «Disgust: Evolved function and structure». *Psychological Review* 120: 65-84.

Van den Stock, J., De Gelder, B., Van Laere, K., y Vandenbulcke, M. (2013). «Face-selective hyper-animacy and hyper-familiarity misperception in a patient with moderate Alzheimer's disease». *J. Neuropsychiatry Clin. Neurosci.* 25, E52-E53. DOI: 10.1176/appi.neuropsych.12120390.

—, De Jong, S. J., Hodiamont, P. P., y De Gelder, B. (2011a). «Perceiving emotions from bodily expressions and multisensory integration of emotion cues in schizophrenia». *Soc. Neurosci.* 6, 537-547. DOI: 10.1080/17470919.2011.568790.

—, Tamietto, M., Hervais-Adelman, A., Pegna, A. J., y De Gelder, B. (2015). «Body recognition in a patient with bilateral primary visual cortex lesions». *Biol. Psychiatry* 77, e31-e33. DOI: 10.1016/j.biopsych.2013.06.023.

—, Tamietto, M., Sorger, B., Pichon, S., Grezes, J., y De Gelder, B. (2011b). «Cortico-subcortical visual, somatosensory, and motor activations for perceiving dynamic whole-body emotional expressions with and without striate cortex (V1)». *Proc. Natl. Acad. Sci. USA* 108, 16188-16193. DOI: 10.1073/pnas.1107214108.

—, Tamietto, M., Zhan, M., Heinecke, A., Hervais-Adelman, A., Legrand, L. B., *et al.* (2014). «Neural correlates of body and face perception following bilateral destruction of the primary visual cortices». *Front. Behav. Neurosci.*8:30. DOI: 10.3389/fnbeh.2014.00030.

Vuilleumier, P., Armony, J. L., Clarke, K., Husain, M., Driver, J., y

Dolan, R. J. (2002). «Neural response to emotional faces with and without awareness: event-related fMRI in a parietal patient with visual extinction and spatial neglect». *Neuropsychologia* 40, 2156-2166. DOI: 10.1016/S0028-3932(02)00045-3.

—, Armony, J. L., Driver, J., y Dolan, R. J. (2001). «Effects of attention and emotion on face processing in the human brain: an event-related fMRI study». *Neuron* 30, 829-841. DOI: 10.1016/S0896-6273(01)00328-2.

—, y Schwartz, S. (2001). «Emotional facial expressions capture attention». *Neurology* 56, 153-158. DOI: 10.1212/WNL.56.2.153.

Vytal, K., y Hamann, S. (2010). «Neuroimaging support for discrete neural correlates of basic emotions: a voxel-based meta-analysis». *J. Cogn. Neurosci.* 22, 2864-2885. DOI: 10.1162/jocn.2009.21366.

Wager, T. D., Kang, J., Johnson, T. D., Nichols, T. E., Satpute, A. B., y Barrett, L. F. (2015). «A bayesian model of category-specific emotional brain responses». *PLOS Comput. Biol.* 11: e1004066. DOI: 10.1371/journal.pcbi. 1004066.

—, Lindquist, M. A., Nichols, T. E., Kober, H., y Van Snellenberg, J. X. (2009). «Evaluating the consistency and specificity of neuroimaging data using meta-analysis». *Neuroimage* 45(1 supl.), S210-S221. DOI: 10.1016/j.neuroimage.2008.10.061.

Wang, L., y Bastiaansen, M. (2014). «Oscillatory brain dynamics associated with the automatic processing of emotion in words». *Brain Lang.* 137, 120-129. DOI: 10.1016/j.bandl.2014.07.011.

Weiskrantz, L., Warrington, E. K., Sanders, M. D., y Marshall, J. (1974). «Visual capacity in the hemianopic field following a restricted occipital ablation». *Brain* 97, 709-728. DOI: 10.1093/brain/97.1.709.

Wendt, J., Lotze, M., Weike, A. I., Hosten, N., y Hamm, A. O. (2008). «Brain activation and defensive response mobilization during sustained exposure to phobia-related and other affective pictures in spider phobia». *Psychophysiology* 45, 205-215. DOI: 10.1111/j. 1469-8986.2007.00620.x.

Whalen, P. J., Kagan, J., Cook, R. G., Davis, F. C., Kim, H., Polis, S., *et al.* (2004). «Human amygdala responsivity to masked fearful eye whites». *Science* 306:2061. DOI: 10.1126/science.1103617.

—, Rauch, S. L., Etcoff, N. L., McInerney, S. C., Lee, M. B., y Jenike, M. A. (1998). «Masked presentations of emotional facial expressions modulate amygdala activity without explicit knowledge». *J. Neurosci.* 18, 411-418.

Williams, L. M., Das, P., Liddell, B. J., Kemp, A. H., Rennie, C. J., y Gordon, E. (2006a). «Mode of functional connectivity in amygdala pathways dissociates level of awareness for signals of fear». *J. Neurosci.* 26, 9264-9271.

—, Liddell, B. J., Kemp, A. H., Bryant, R. A., Meares, R. A., Peduto, A. S., *et al.* (2006b). «Amygdala-prefrontal dissociation of subliminal and supraliminal fear». *Hum. Brain Mapp.* 27, 652-661. DOI: 10.1002/hbm.20208.

Williams, M. A., McGlone, F., Abbott, D. F., y Mattingley, J. B. (2005). «Differential amygdala responses to happy and fearful facial expressions depend on selective attention». *Neuroimage* 24, 417-425. DOI: 10.1016/j.neuroimage.2004.08.017.

Wrase, J., Klein, S., *et al.* (2003). «Gender differences in the processing of standardized emotional visual stimuli in humans: A functional magnetic resonance imaging study». *Neurosci Lett* 348 (1): 41-45.

Yang, Y., Raine, A., Colletti, P., Toga, A. W., y Narr, K. L. (2009). «Abnormal temporal and prefrontal cortical gray matter thinning in psychopaths». *Mol. Psychiatry* 14, 561-562,555. DOI: 10.1038/mp.2009.12561-562, 555.

Yoon, K. L., Hong, S. W., Joormann, J., y Kang, P. (2009). «Perception of facial expressions of emotion during binocular rivalry». *Emotion* 9, 172-182. DOI: 10.1037/a0014714.

Zald, D. H. (2003). «The human amygdala and the emotional evaluation of sensory stimuli». *Brain Res Rev* 41 (1): 88-123.

«Para viajar lejos no hay mejor nave que un libro».

Emily Dickinson

Gracias por tu lectura de este libro.

En **penguinlibros.club** encontrarás las mejores recomendaciones de lectura.

Únete a nuestra comunidad y viaja con nosotros.

penguinlibros.club

Penguin Random House Grupo Editorial

penguinlibros